U0814222

21 世纪高职高专规划教材·汽车系列

汽车电路分析

罗国玺　石爱勤　主编
李文时　主审

北京交通大学出版社
·北京·

内容简介

本书以最新标准和规范为依据，深入浅出地介绍了汽车电路分析的内容。全书共7章，内容包括：汽车电路识图基础知识、汽车电路的基本知识、汽车电气系统电路分析、汽车电子控制部分电路分析、典型车系汽车电路图识图与分析、车载诊断系统、汽车局域网中的现场总线。

本书可作为高职高专汽车类相关专业教材，亦可作为相关行业岗位培训或自学用书。

图书在版编目（CIP）数据

汽车电路分析／罗国玺，石爱勤主编．—北京：北京交通大学出版社，2009.3
ISBN 978-7-81123-513-5

Ⅰ．汽…　Ⅱ．①罗…　②石…　Ⅲ．汽车-电路分析　Ⅳ．U463.6

中国版本图书馆CIP数据核字（2009）第017558号

责任编辑：刘　洵
出版发行：北京交通大学出版社　　电话：010-51686414　　http：//press.bjtu.edu.cn
北京市海淀区高梁桥斜街44号　　邮编：100044
印 刷 者：北京东光印刷厂
经　　销：全国新华书店
开　　本：185×230　　印张：11　　字数：247千字
版　　次：2009年3月第1版　　2009年3月第1次印刷
书　　号：ISBN 978-7-81123-513-5/U·30
印　　数：1～4 000册　　定价：20.00元

本书如有质量问题，请向北京交通大学出版社质监组反映。对您的意见和批评，我们表示欢迎和感谢。
投诉电话：010-51686043，51686008；传真：010-62225406；E-mail：press@bjtu.edu.cn。

Preface

前　言

汽车是交通运输的主要组成部分。它以灵活、快速、方便等优点在交通运输体系中起着举足轻重的作用。随着汽车高新技术的迅速发展，汽车的车型、结构和性能不断改变，电子化程度不断提高，尤其是汽车电气与电控装置日益增多，使汽车电路更加复杂，增加了汽车电路故障诊断和维修工作的难度。因此，快速、准确地识读汽车电路图，对于正确诊断和快速检修汽车电路故障有着十分重要的意义。为使从业者尽快熟悉、掌握汽车电路及其相关知识，更好、更快地从事汽车电路故障诊断和维修工作，我们特意编写此书。

本书满足职业教育课程改革之急需，是高等职业院校职业教育课程改革的配套教材。本书内容包括：汽车电路识图基础知识、汽车电路的基本知识、汽车电气系统电路分析、汽车电子控制部分电路分析、典型车系汽车电路图识图与分析、车载诊断系统、汽车局域网中的现场总线。

本书作为职业教育课程改革的配套教材，具有以下特点：一是全面贯彻素质教育理念，注重学生个性与创新精神及实践能力和动手能力的培养，注重技能型、紧缺型人才的培养，以实用、实际、实效为原则，体现职业教育特色，紧密跟踪汽车工业的发展，采用最新的标准和规范；二是从实用人才培养原则出发，内容全面、重点突出、资料新颖、数据准确、层次分明。在理论体系、组织结构和文字论述方面均有新的尝试，能够满足汽车运用技术领域实用型高素质人才的需要。

本书由青海交通职业技术学院罗国玺、石爱勤主编，青海交通职业技术学院李文时主审。在本书编写过程中参考了一些专家学者的研究成果，在此表示衷心的感谢。本书在编辑出版过程中得到了北京交通大学出版社的大力支持，有关负责同志为把好出版质量关付出了辛勤的劳动，青海交通职业技术学院汽车工程系马焕萍对本书的编写提出了宝贵的意见，在此一并表示感谢。

由于时间紧，加之作者水平有限，书中难免存在疏漏和不当之处，恳请有关专家和广大读者批评指正。

编者

2009 年 3 月

Contents

目　录

第1章

汽车电路识图基础知识

1.1　电路的基本概念

1.1.1　电路的基本组成

所谓电路，就是电流的通路。有的电路很简单，有的电路则很复杂，但任何一个具有某种特定功用的电路都必须有电源、负载和连接导线这三个基本组成要素。

1. 电源

电源在电路中提供能量，分为交流电源和直流电源两种。汽车上的蓄电池和发电机是直流电源。蓄电池是将储存的化学能转变成电能，向汽车上的用电设备供电；而发电机则是将发动机的部分机械能转变成电能向外输出电流。

2. 负载

负载在电路中消耗电能，它将电能转变成光能、声能、热能、机械能等能量，完成人们所需的功能要求。负载有电阻性负载、电容性负载和电感性负载3种类型，实际使用中的负载可能是以电阻性、电容性、电感性中的某种特性为主，兼有其他一种或两种负载特性。

3. 连接导线

连接导线在电路中连接电源和负载，起传输和分配电能的作用。连接导线通常是由铜、铝、银等金属导体制成，并用绝缘材料包装。汽车电路的连接导线就是连接电源与各用电设备的配线。发动机的机体、车身及车架等金属部分也作为汽车电路回路的一部分。

1.1.2　电路的基本物理量

1. 电动势

电动势的物理定义是非静电力把单位正电荷从电源的负极移到正极所做的功。在电源的内部，电源的正极和负极之间存在着电场，要保持电源对外的供电能力，就必须用非静电力克服电源内部的电场力，将正电荷从电源的负极转移到电源的正极，如图1－1所示。

电动势反映了非静电力对电荷做功的能力，单位为伏特，简称伏。非静电力可由热能、机械能、化学能等其他能量转化而来。

2. 电压

电压就是静电场或电路中两点之间的电位差，它反映电场力对电荷做功的能力，其数值等于电场力把单位正电荷从电源的正极经外电路移到电源的负极所做的功。电压的单位为伏特，但其物理含义与电动势截然不同。

3. 电流

电荷的有规律运动称为电流。导体通电流的实质是导体内的自由电子在电场力作用下作定向运动。电流的大小以单位时间内通过的电荷来度量，以正电荷运动的方向为电流的方向，如图 1－1 所示。电流的单位是安培。

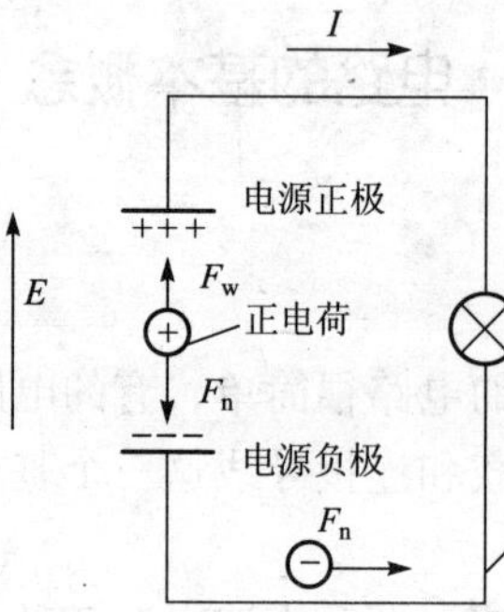

图 1－1 电动势与电压

4. 电阻与欧姆定律

电路中具有阻碍电流通过作用的元件称为电阻，电阻的单位为欧姆，简称欧。电路中流过电阻 R 的电流 I 与电阻两端的电压 U 成正比，这称为欧姆定律。

1.1.3 电路的工作状态

1. 有载工作状态

电源和负载很多的复杂电路都可等效简化成如图 1－2 所示的简单电路。

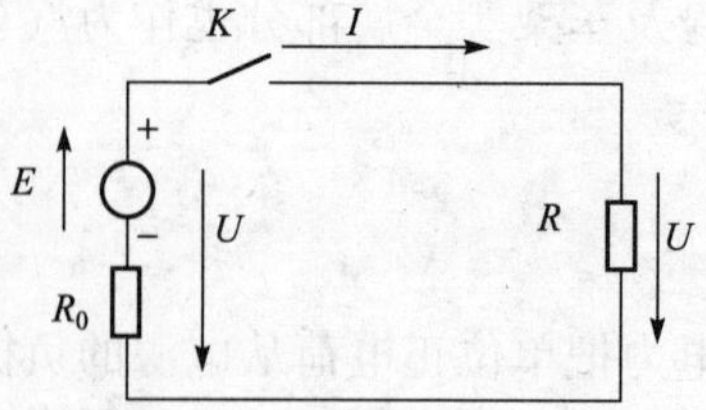

图 1－2 简单电路

电路在电源开关 K 接通时就处于有载工作状态。有载工作状态下，电源输出电流 I、电源端电压 U、电动势 E、负载电阻 R、电源内阻 R_0之间的关系如下：

$$\left.\begin{aligned} I &= \frac{E}{R+R_0} \\ U &= IR \\ U &= E - IR_0 \end{aligned}\right\} \qquad (1-1)$$

从式（1-1）可知：

① 电源输出电流的大小与电动势、负载电阻及电源内阻的大小有关；

② 加在负载上的电压降，其数值等于电流和负载电阻的乘积；

③ 电源电动势减去电源内阻上的电压降才是电源的输出端电压。例如：汽车蓄电池的电动势为 12 V，而在起动时，由于起动电流很大，蓄电池内阻上的电压降可达 2～4 V，因此，此时蓄电池输出的端电压就只有 8～10 V。

2. 电源断路

将电源开关断开，电源输出电流 $I=0$，此时电源的端电压就等于电源电动势：

$$U = E$$

汽车上所有的用电设备均不通电时，蓄电池对外不输出电流，此时测得的蓄电池正负极之间的电压与蓄电池的电动势相同。

3. 电源短路

电源短路就是负载电阻为零的情况，此时电源端电压 $U=0$，其电流大小为：$I=E/R_0$。由于电源的内阻一般都很小，故短路电流很大，可将电源和线路烧坏。

1.1.4 电路中电阻的串联与并联

1. 电阻串联

电路中有若干个电阻，各电阻通过同一电流的连接方式称为电阻串联，如图 1-3 所示。电路中串联电阻的等效电阻是各个串联电阻值之和：

$$R = R_1 + R_2$$

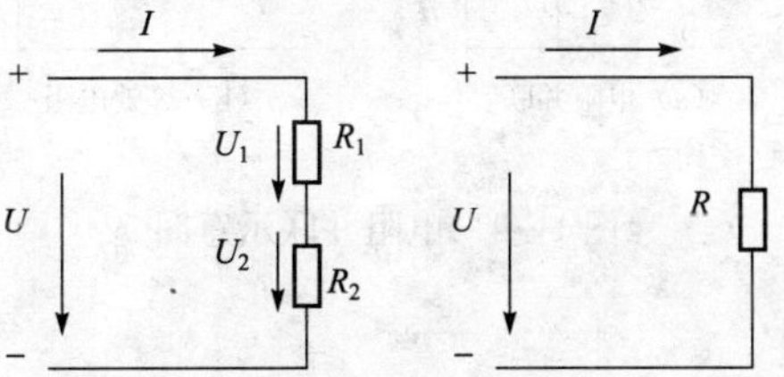

（a）电阻串联　　（b）等效电阻

图 1-3 电阻串联示意图

电路中串联电阻上的电压与其电阻值成正比，图 1－3 所示的两个串联电阻上的电压分别为

$$U_1=\frac{R_1U}{R_1+R_2}$$

$$U_2=\frac{R_2U}{R_1+R_2}$$

从以上两式可以看到，如果 $R_1 \ll R_2$，则 $U_1 \ll U_2$，即当串联的电阻相差太大时，小电阻上的电压降可以忽略不计，电压几乎都加在大电阻上了。

2. 电阻并联

对电路中两个或两个以上的电阻施加同一电压的连接方式称为电阻并联，如图 1－4 所示。两个并联电阻的等效电阻为

$$\frac{1}{R}=\frac{1}{R_1}+\frac{1}{R_2}$$

即

$$R=\frac{R_1R_2}{R_1+R_2}$$

可见，多个并联电阻的等效电阻比并联电阻中最小的电阻还小。各并联电阻通过的电流为

$$I_1=\frac{U}{R_1}=I\frac{R}{R_1}=I\frac{R_2}{R_1+R_2}$$

$$I_2=\frac{U}{R_2}=I\frac{R}{R_2}=I\frac{R_1}{R_1+R_2}$$

并联电阻上的电流分配与电阻值成反比，如果 $R_1 \ll R_2$，则 $I_1 \gg I_2$，即在电阻值相差很大时，电阻大的支路的电流可以忽略不计。

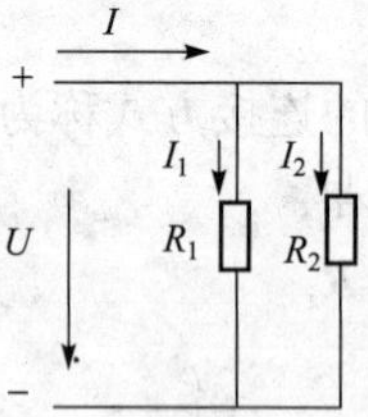

（a）电阻并联

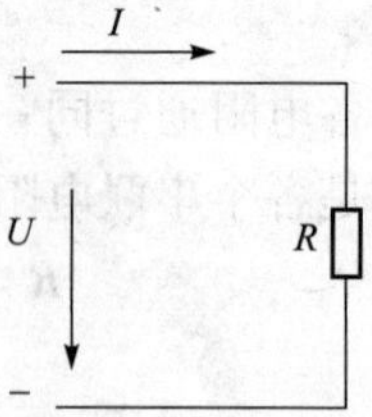

（b）等效电阻

图 1－4　电阻并联示意图

1.1.5　电路中电位的概念

电路中各点的电位实际上就是其相对于参考点的电压。选择的参考点不同，电路中各点的电位也不同。下面以图 1－5 所示的电路为例，说明电路中电位的概念。

假设 $E_1=140\ \text{V}$，$E_2=90\ \text{V}$，$I_1=4\ \text{A}$，$I_2=6\ \text{A}$，$I_3=10\ \text{A}$，则各段电路的电压为

$$U_{AB}=10\times 6=60\ (\text{V})$$
$$U_{CA}=4\times 20=80\ (\text{V})$$
$$U_{DA}=6\times 5=30\ (\text{V})$$
$$U_{CB}=140\ (\text{V})$$
$$U_{DB}=90\ (\text{V})$$

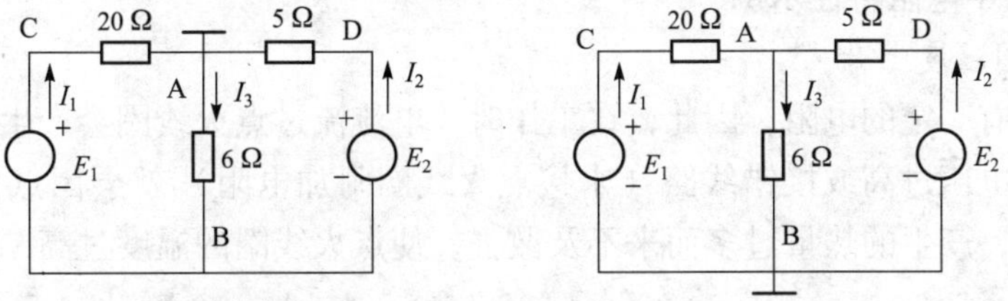

（a）以A点为参考点　　（b）以B点为参考点

图1－5　电路中的电位

若以 A 点为参考点，电路中其他各点的电位为

$$V_B=-60\ \text{V}\qquad V_C=80\ \text{V}\qquad V_D=30\ \text{V}$$

若以 B 点为参考点，电路中其他各点的电位为

$$V_A=60\ \text{V}\qquad V_C=140\ \text{V}\qquad V_D=90\ \text{V}$$

由此可见，电路中各点的电位是相对于参考点而言的，而两点间的电压是绝对的。

1.2　电路中的电阻、电容与电感

电路中电阻、电容和电感元件对交流电和直流电所具有的特性是不同的。纯电阻、纯电容或纯电感电路很少，一般的电路中可能包含有电阻、电容和电感这 3 个元件参数，但是在电路的某一段或某一个电路负载中可能主要是一种或两种元件参数起作用，而其余元件参数可以忽略不计。例如，灯泡的灯丝、电阻器等主要表现出电阻特性，相比之下，其电容特性和电感特性完全可以忽略，可以把它们看成是纯电阻元件；电容器呈电容特性，是电容元件；匝数较少的电感线圈则可以看成是纯电感元件。点火线圈在电流变化中主要表现出电感特性，同时也表现出电阻特性，因此，在作电路分析时，其电感参数和电阻参数都应考虑。

1.2.1　电阻元件的基本特性

电阻元件对电路中的电流具有阻碍作用，是耗能元件。

1. 电阻的降压作用

电流流经电阻时具有电压降。对于一个定值的线性电阻来说，电阻 R 上的电压降 U 与

流经电阻的电流 I 成正比关系：

$$U = IR$$

2. 电阻消耗电能，并产生热量

通电电阻会将电能转化为热能，产生的热量 Q 不仅与电阻值有关，还与通电电流 I 的大小和通电时间 t 成正比关系：

$$Q = 0.24IRt$$

3. 汽车电路中电阻特性示例

1）点火线圈温度上升

点火线圈具有一定的电阻，因此，在工作时，电流流过点火线圈会产生热量而使其温度上升。如果电源电压过高或接错线路（未接点火线圈附加电阻）就会因点火线圈初级绕组流过的电流过大，产生的热量过多而来不及散去，使点火线圈的温度过高，易使点火线圈被烧坏。

2）接触不良造成电压降

点火开关、线路连接端子及蓄电池导线接头等接触不良时，就会具有一定的接触电阻，接触电阻产生的电压降会使用电设备的电压降低，电流减小，造成用电设备工作不正常或不能工作。

3）接触不良造成温升

电流流过接触电阻所产生的热量，会使该接触不良处温度升高。因此，对于像起动电路、充电电路这样一些通过电流比较大的线路连接处，可以用手触摸，以查看该处是否存在异常高温来判断该处是否存在接触不良。

1.2.2 电容元件的基本特性

电容元件是由中间隔有介质的两个电极构成，可以储存电场能量。电容元件本身不消耗能量。

1. 电容储存电场能量

当电流对电容充电时，在电容的两个电极上就集聚起电荷，在电极之间形成一个电场。对电容的充电过程就是电容将电源的电能转变成其内部电场能量的过程，其电场能量 W_C 的大小与电容量 C 和电容两端的电压 U 的关系如下：

$$W_C = \frac{1}{2}CU^2$$

2. 电容对直流电开路

在直流电路中，如图 1－6 所示，直流电源对电容的充电使其两端的电压 U_C 升高，当 U_C 升高至与电源端电压 U 相等时，充电电流降为零。此后，只要电容不放电或本身不漏电，连接电容的电路就不可能有电流通过。因此，电容对直流电可以看成是开路的。

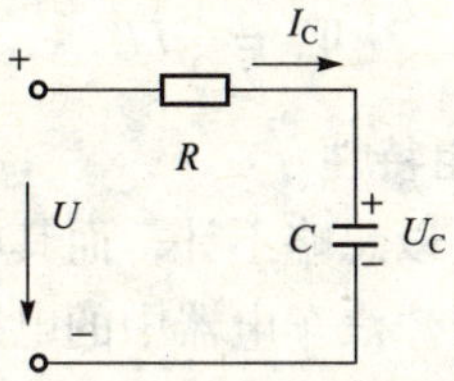

图1－6　直流电路中的电容

3. 电容对交流电具有容抗作用

电容对交流电的容抗 X_C 的大小与交流电的频率 f 有如下关系：

$$X_C = \frac{1}{2\pi fC}$$

电容量越大，对交流电的阻碍作用就越小。电容的容抗与交流电的频率 f 也成反比。对于高频交流电，电容的容抗很小，可以忽略。也就是说，电容对高频交流电可以看成是通路的。

4. 电容两端的电压不能突变

当电路中有瞬变的电压产生时，瞬变电压对电容形成充电电流，使电容两端的电压上升。电压上升的速率与电容量及所形成的充电电流的大小有关。电容量越大，电压上升就越慢，上升后的电压也越低。

5. 汽车电路中电容特性示例

1）电容吸收自感电动势

触点式点火系统分电器上的电容器并联于断电器的两端，这是为了利用电容电压不能突变的特性来吸收点火线圈初级绕组的自感电动势，以减少触点火花。

2）电容吸收高频波

一些电子点火系统的点火线圈处接一个电容，用于吸收点火系统产生的高频振荡波，以减小对无线电的干扰。

3）蓄电池的电压安全保护作用

蓄电池相当于一个大容量的电容，用它可以吸收电路中的瞬变过电压，使电压稳定，对电子元件起到保护作用。

1.2.3　电感元件的基本特性

变压器绕组、电机绕组、点火线圈绕组及继电器线圈等都有电感特性，可储存磁场能量。电感元件不消耗能量。

1. 电感线圈储存磁场能量

当电感线圈通电后，就会在电感线圈周围形成一个磁场，把电源的电能转变成磁场能量。其磁场能量 W_L 的大小与电感量 L 和通电电流 I 的关系如下：

$$W_L = \frac{1}{2}LI^2$$

2. 电感线圈对直流电通路呈电阻特性

对于匝数较少的线圈，其电阻可以忽略不计，而其电感对直流电不起作用，因此，电感线圈对直流电来说就相当于一根导线。汽车电器中的电感元件都由多匝线圈构成，其电阻参数不可忽略。因此，这种匝数较多的线圈对直流电而言就相当于一个电阻。

3. 电感线圈对交流电具有感抗作用

电感线圈对交流电的感抗 X_L 与交流电的频率 f 的关系如下：

$$X_L = 2\pi fL$$

感抗 X_L 与交流电频率成正比。对于高频交流电，X_L 很大，可以把电感看成是断路的。

4. 电感线圈两端的电流不能突变

当电路中有电流突变（如开关关闭、电路突然断开等），电感线圈会产生一个自感电动势 e_L 去阻碍电流的变化，如图 1－7 所示，使得流过电感线圈的电流 i 的变化有一个过程。电感线圈自感电动势 e_L 与电感量 L 和通过电感线圈的电流变化速率 $\mathrm{d}i/\mathrm{d}t$ 有如下关系：

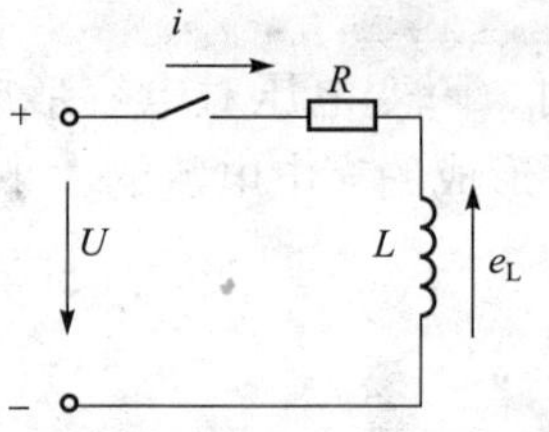

图 1－7　开关电路中的电感

$$e_L = L\frac{\mathrm{d}i}{\mathrm{d}t}$$

电感量越大，产生的自感电动势越大，电流的变化就越慢。

5. 汽车电路中电感特性示例

1）点火线圈储存能量

点火线圈初级绕组通电时，将电源的电能变为磁场能量，并在点火线圈初级绕组断电时，再转换为火花塞电极的点火能量。

2）电感的自感电动势造成过电压

点火线圈、继电器线圈、发电机和电动机的绕组等电感元件在电路开关开闭或通电线路突然断开时，会产生自感电动势，这些瞬变的电压可以很高，会对汽车上的电子元件造成危害。因此，现代汽车电气设备出于对汽车电路中电子元件的保护考虑，特别强调蓄电池的连接要可靠。因为蓄电池可吸收瞬变过电压，对稳定电源电压可起到很重要的作用。

1.3 电子元件基本特性

1.3.1 半导体的导电特性

1. 物体的导电性

1）金属导体

金属导体能导电，这是因为金属的原子与原子之间的结合键是金属键，内有受分子束缚力较小的自由电子，其在外电场的作用下可作定向运动，形成电流。金、银、铜、铁等都是金属导体。

2）绝缘体

绝缘体不能导电，这是因为绝缘体的原子与原子之间的结合键是共价键，比较稳固，外电场力很难使其价电子脱离原子的束缚，因此，加电压后不会形成电流。如橡胶、陶瓷、塑料等都是绝缘体。

3）半导体

半导体的原子与原子之间的结合键也是共价键，如图1－8所示，但其价电子受原子的束缚力较小，它能够脱离共价键，成为一个自由电子，自由电子带负电。脱离一个电子的共价键留下一个空穴，它是带正电的。由于自由电子和空穴是成对出现的，因此，整个半导体仍呈中性。

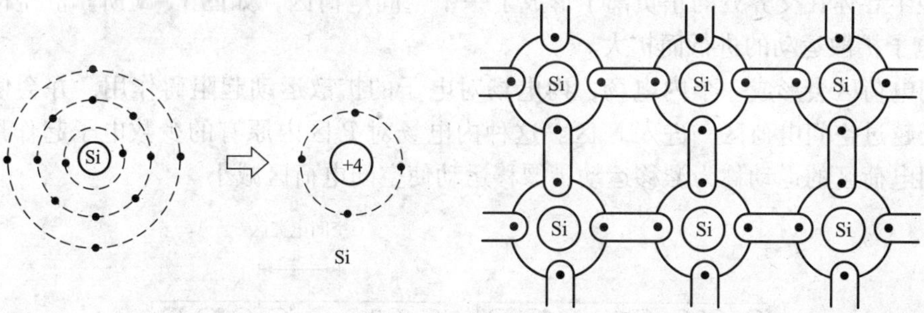

（a）硅的原子结构　　（b）硅半导体的共价键结构

图1－8　硅半导体的结构模型

当电压施加于半导体时，在外电场力作用下，脱离了共价键的电子被前面临近的空穴所吸引，从而填补空穴，而后面的自由电子又填补刚留下的空穴。电子在电场力作用下不断地向前移动，形成电子的定向运动，称为电子电流；而空穴的位置发生了与电子运动方向相反的变化，可以把它看成是空穴的移动，并称其为空穴电流。

2. 本征半导体

半导体材料有硅、锗及一些硫化物和金属氧化物等。纯的半导体称为本征半导体，它的自由电子和空穴是很有限的，所以其导电能力很低，具有如下特点。

① 半导体温度升高后，自由电子和空穴的数量会增加，其导电能力会提高。根据这一特性可以用半导体制作热敏元件。

② 半导体受光照射后，自由电子和空穴的数量也会增加，其导电能力也会提高。根据这一特性可以用半导体制作光敏元件。

3. N 型半导体

在硅、锗等半导体材料中掺入磷等五价元素，组成共价键后就多出一个电子，这样就使自由电子的数目大增，使其导电能力得到提高。此类半导体称为 N 型半导体。

4. P 型半导体

在硅、锗等半导体材料中掺入硼等三价元素，组成共价键后就少一个电子，这样就使空穴的数目大增，使其导电能力得到提高。此类半导体称为 P 型半导体。

1.3.2 PN 结

1. PN 结的形成

如果将 P 型半导体和 N 型半导体“结合”，在其交界之处，N 型半导体中的自由电子浓度大，会向 P 区运动，并与 P 型半导体的空穴复合，这种电子自发的运动称为扩散运动。N 区少了电子，就形成了带正电的离子；P 区则得到电子，就形成了带负电的离子。N 型半导体和 P 型半导体在交界处的正负离子形成了一个空间电荷区，如图 1－9 所示。空间电荷区随 N 区电子扩散运动的进行而扩大。

空间电荷区会形成一个内电场，内电场对电子的扩散运动起阻碍作用，并会使 P 区少量的电子越过空间电荷区，进入 N 区。这种内电场对 P 区内原有的少数电子起作用，使其穿过空间电荷区的运动称为漂移运动，漂移运动使空间电荷区减小。

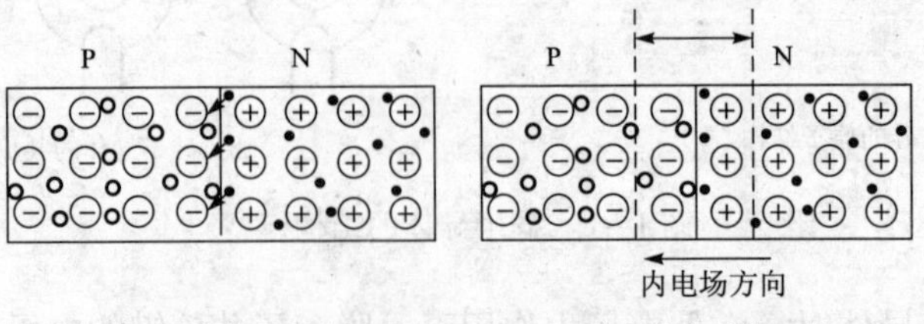

(a) PN结的形成过程　(b) 稳定状态下的PN结

图 1－9　PN 结

随着空间电荷区的扩大，其内电场增大，使扩散运动减弱、漂移运动增强，当扩散运动和漂移运动的速率相等时，空间电荷区的宽度就稳定下来，这个空间电荷区就称为 PN 结。

2. PN结的单向导电性

对PN结加正向电压，即PN结的P端接电源正极，N端接电源负极，如图1-10（a）所示。这时，外电场的方向与PN结内电场方向相反，削弱了内电场，阻挡层变薄，电子的扩散运动占主导。由于扩散运动使N区数量很多的电子向P区运动，所形成的电流很大，因此，PN结呈现的电阻很小。

对PN结加反向电压时，即PN结的P端接电源负极，N端接电源正极，如图1-10（b）所示。这时，外电场的方向与PN结内电场方向相同，加强了内电场，阻挡层变厚，电子的漂移运动占主导。由于漂移运动使P区数量很少的电子向N区运动，所形成的电流很小，因此，PN结呈现的电阻很大。

利用PN结的单向导电性，可制成各种不同的电子元件。

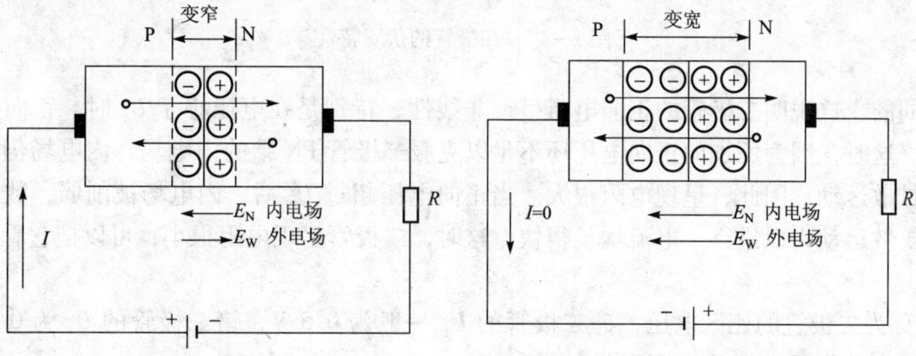

（a）加正向电压　　（b）加反向电压

图1-10　PN结的单向导电性

1.3.3　二极管

1. 二极管的结构

二极管实际上就是一个PN结加引线和管壳构成的。二极管的结构及符号如图1-11所示。

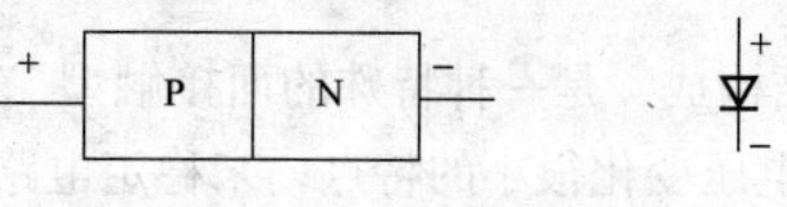

图1-11　二极管的结构与符号

2. 二极管的特性

二极管的核心就是一个PN结，因此具有单向导电性。二极管的伏安特性如图1-12所示。

从二极管的伏安特性曲线可知，二极管上所加的正向电压较低时，在不同电压下的电阻

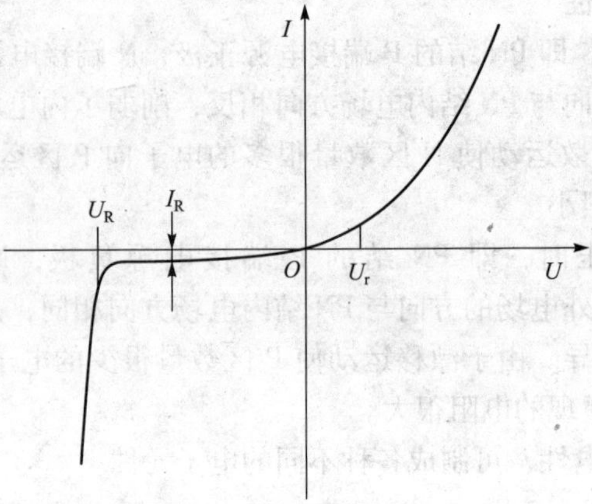

图 1－12　二极管的伏安特性

值是不同的。这说明二极管的正向电阻呈现非线性，特别是在电压小于 U_r 时，正向电流几乎为零。这时，因为所加的正向电压还不足以克服二极管 PN 结的内电场，内电场仍阻挡着电子的扩散运动，因此，呈现电阻很大。当正向电压超过 U_r 后，内电场被削弱，数量很多的电子扩散运动得以进行，电流增长很快。这时，二极管呈现电阻很小，可以把它看成金属导体。

U_r 称为二极管的死区电压，硅二极管的 U_r 一般为 0.5 V，锗二极管的 U_r 为 0.2 V 左右。当温度变化时，U_r 会有所变化。

二极管加反向电压时，由少数电子的漂移运动形成电流 I_R，称为反向饱和电流，二极管的反向饱和电流很小，因而可以近似看成是二极管反向断路。

当二极管的反向电压超过 U_R 时，反向电流会突然增大，二极管会失去单向导电特性。这种特性称为二极管反向击穿。

1.3.4　稳压管

1. 稳压管的结构

稳压管也是由一个 PN 结构成，是一种特殊的面接触型二极管。稳压管是利用二极管反向击穿时，电流变化很大而电压变化很小的特点，来稳定电路中的电压。稳压管与普通二极管不同的是，普通二极管反向击穿后就失去了作用，而稳压管的反向击穿是可逆的，即去掉电压后，稳压管又可恢复正常。

2. 稳压管的伏安特性与稳压电路

稳压管的伏安特性、符号及稳压电路如图 1－13 所示。

当电源电压 U_i 上升或负载电阻 R_L 增大而使 U_0 有上升趋势时，通过稳压管的电流会有较大的增加，使限流电阻 R 上的电压降随之增大，从而使负载两端的电压 U_0 基本保持不变。

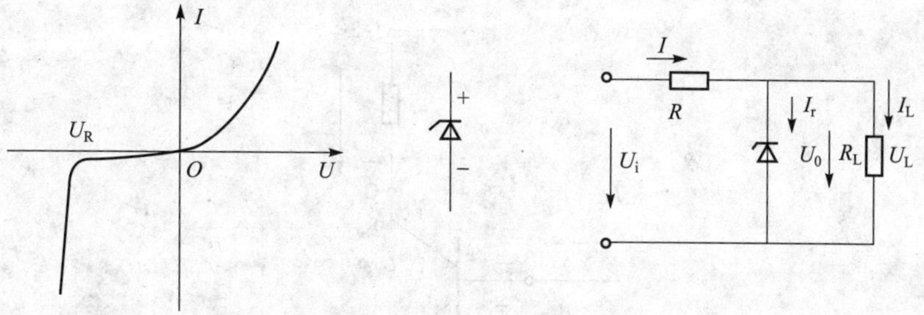

图 1－13 稳压管的伏安特性、符号及稳压电路

当电源电压 U_i 下降或负载电阻 R_L 减小而使 U_0 有降低趋势时，通过稳压管的电流会有较大的减小，使限流电阻 R 上的电压降随之减小，从而使负载两端的电压 U_0 基本保持不变。

1.3.5 三极管

1. 三极管的结构

三极管是由两个 PN 结构成。三极管有两种型式，如图 1－14 所示。

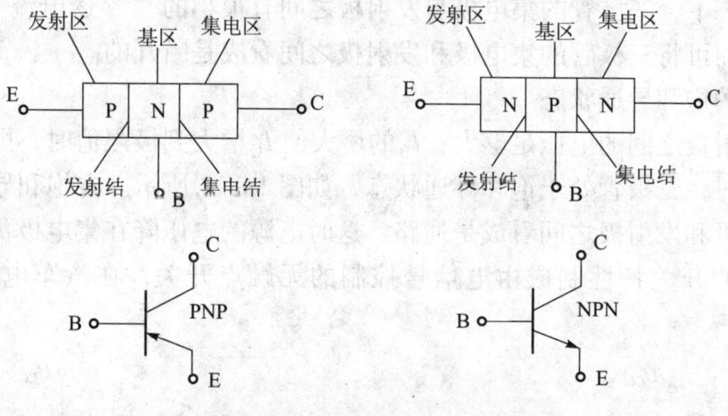

图 1－14 三极管的结构与符号

2. 三极管的特性

1）三极管的放大特性

当加在基极与发射极之间的电压 U_{BE} 达到三极管的导通电压 U_r 后的一个电压范围，三极管将处于放大状态，如图 1－15 所示。图 1－15 中，U_{CC} 为电源电压；U_{CB} 为加在集电结上的电压；U_{BE} 加在发射结上的电压；U_{CE} 为集电极与发射极之间的电压；R_C 为集电极负载电阻。这时 U_{BE} 发生很小的变化就会引起集电极电流发生很大的改变，而基极电流的变化则很小。正是因为具有这一特性，三极管被广泛应用于电压放大、电流放大和功率放大电路中。

2）三极管的开关特性

三极管除了放大状态外，还有截止状态和饱和导通状态，即三极管还有开关特性。

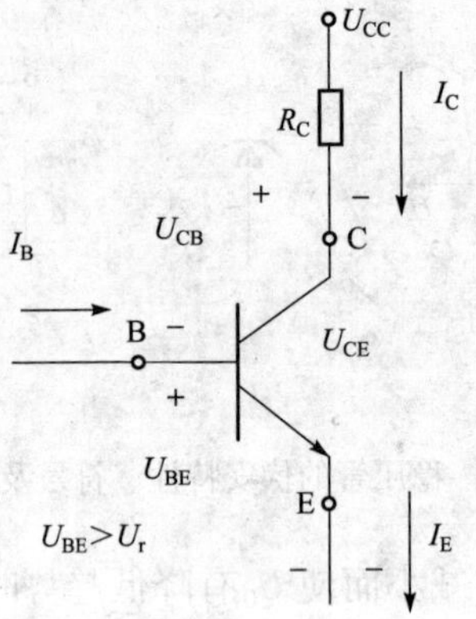

图 1-15　三极管的放大状态

(1) 三极管的截止状态

当加在基极与发射极之间的电压 U_{BE} 小于发射结的导通电压时，发射区大量的自由电子不能扩散到基区，就形不成集电极电流，此时的三极管工作状态称为截止状态，如图 1-16 所示。在截止状态下，三极管的集电极与发射极之间有很小的“穿透电流”，通常情况下可以把它忽略，因而可将三极管的集电极和发射极之间看成是断开的。

(2) 三极管的饱和导通状态

当基极和发射极之间的电压足够大，I_B 的增大使 I_C 增大到极限值时，即使 I_B 再增大，I_C 也不再增大，此时，三极管处于饱和导通状态，如图 1-17 所示。在饱和导通状态下，可以把三极管的集电极和发射极之间看成是通路。这时电源的电压降在集电极负载电阻 R_C 上。

利用三极管的开关特性制成由电信号控制的无触点开关，在汽车电气系统中被广泛应用。

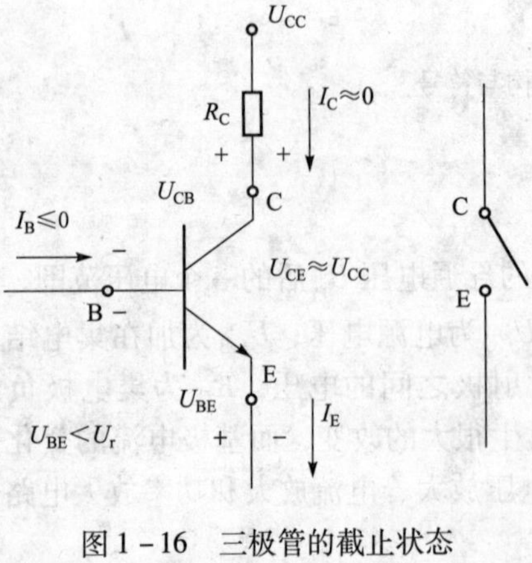

图 1-16　三极管的截止状态

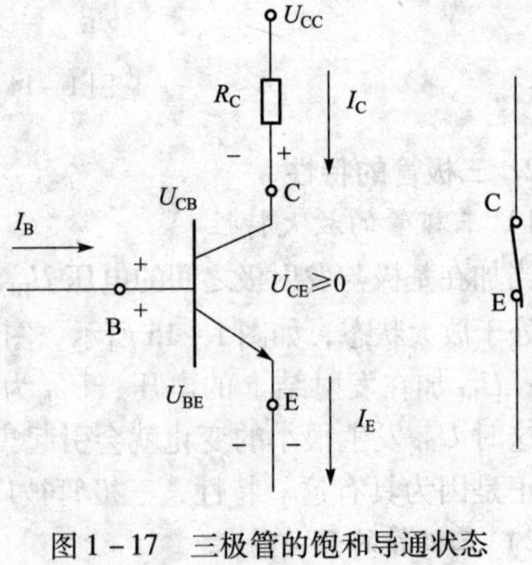

图 1-17　三极管的饱和导通状态

1.4 微型计算机基础知识

1.4.1 微型计算机的基本组成

微型计算机由中央处理器、存储器、输入/输出（I/O）接口等组成。

1. 中央处理器

中央处理器（Central Processing Unit）简称CPU，包含运算器、控制器、寄存器等。

运算器：用于对数据进行算术运算和逻辑运算。

控制器：按事先编排的程序发出控制脉冲，控制微型计算机系统各部分自动协调地工作。

寄存器：用于暂时存储运算器的中间运算数据。

CPU在控制器控制脉冲的控制下，按其时钟脉冲的频率自动协调地进行数据的运算、寄存、传送等操作。

2. 存储器

存储器用于记忆数据和程序，有只读存储器（ROM）和随机存储器（RAM）两种类型。

1）只读存储器

只读存储器（Read Only Memory）简称ROM，一般用于存储计算机的控制程序、控制用标准参数等一些固定的信息，在制造时写入，不能更改。在工作时只能读取，电源切断时其存储的信息不会消失。

2）随机存储器

随机存储器（Read Access Memory）简称RAM，在计算机工作时随时可存入或读取信息，电源切断后，RAM中的信息随即消失。汽车电子控制系统的故障代码和自适应学习修正参数一般用RAM存储，这些信息需要在点火开关断开后仍然保留。因此，汽车电子控制系统的微型计算机都有一个不经点火开关控制的常接电源。

3. 输入/输出接口

输入/输出接口（Input/Output）简称I/O，它是CPU与外接设备进行数据传输的纽带，在CPU与外接设备之间起着数据缓冲、电压和时序匹配等多种作用。

1.4.2 微型计算机在汽车电子控制系统中的作用原理

1. 微型计算机的作用

在汽车电子控制系统中，微型计算机是控制的核心，其作用是接受相关传感器及开关的电信号，并根据事先设定的程序对输入信号进行综合处理，然后输出信号，控制相关的执行机构工作，以实现设定的控制目标。以微型计算机为核心的汽车电子控制系统（ECU）的基本组成如图 1－18 所示。

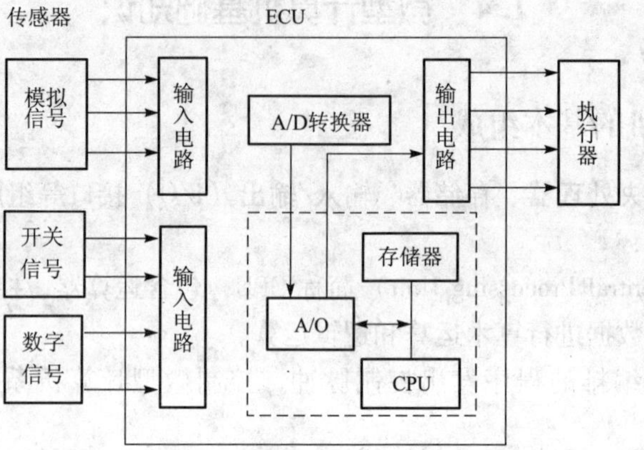

图 1－18　汽车电子控制系统的基本组成

2. 输入信号的预处理

汽车电子控制系统各传感器和开关所提供的电信号需经输入电路的预处理，转变为相应的数字信号才能被 ECU 接受。输入信号有模拟信号、数字信号及开关信号几种，其预处理方式各有不同。

1）模拟信号预处理

模拟信号的电量连续变化，通常用信号电压的幅值表示信号的量值。模拟信号必须通过模数转换器（A/D）转变为数字信号后才能被 ECU 接受。

2）数字信号预处理

数字信号的电量按某种波形呈周期性变化，通常用脉冲数值表示信号的量值。这些信号也需要通过处理才能被 ECU 接受。对交变信号，一般需经滤波、整流、整形和电压匹配；对矩形波脉冲信号，一般经整形和电压匹配后就可以被 ECU 接受。

3）开关信号预处理

开关信号以高/低电压表示状态信息，在汽车电子控制系统中应用较多。开关信号通常只需经过电压的匹配就可输入 ECU。

3. 信号处理过程

CPU 中的控制器按储存于 ROM 中的控制程序产生控制脉冲，使 ECU 各功能组件自动、协调地进行取数、查找、运算、存入、比较与判断等一系列操作，然后产生控制信号，并通过输出电路控制执行器工作。CPU 产生控制信号的方式大致可分为达目标值启动方式和标准值比较调整方式两类。

1）达目标值启动方式

对输入信号进行综合数据处理后，与设定的目标值进行比较，若达到或超过了目标值，即产生使执行器动作的控制信号。如自动变速器换挡控制、发动机怠速控制等就是采用此种方式。

2）标准值比较调整方式

对输入信号进行综合数据处理后，得到一个最佳的目标值，并与当前的实际状态值进行比较，如果有差异，即产生使执行器改变工作状态的控制信号。如发动机点火时间控制、喷油时间控制等就是采用此种方式。

4. 输出控制信号的形式

1）占空比控制方式

如图1－19（a）所示，控制信号脉冲的周期T不变，通过控制信号脉冲宽度A的变化使执行器的平均通电时间改变，实现对执行器动作的控制。

2）相位移动方式

如图1－19（b）所示，控制信号脉冲与发动机运转同步，通过控制信号脉冲相对于曲轴转角的位置α的改变，实现对执行器动作的控制。

3）通断控制方式

如图1－19（c）所示，控制信号只有高电平和低电平，用于控制执行器工作或不工作。

4）顺序脉冲控制方式

如图1－19（d）所示，步进电机类执行器有几个控制端，通过顺序逐个输出控制脉冲，使执行器各端子按顺序逐个通电，实现对执行器动作的控制。

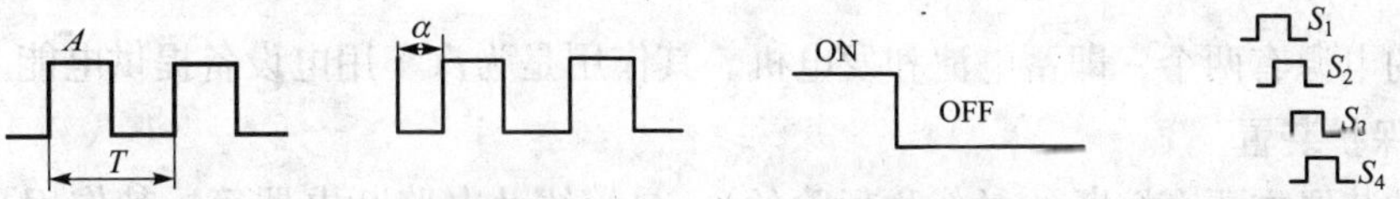

（a）占空比控制方式　（b）相位移动方式　（c）通断控制方式　（d）顺序脉冲控制方式

图1－19　输出控制信号的形式

第2章

汽车电路的基本知识

2.1 汽车电路的组成和特点

为了使汽车的电器设备工作，用导线和车体把电源、电路保护装置、控制器件及用电设备等装置连接起来，构成能使电流流通的闭合回路，称为汽车电路。

2.1.1 汽车电路的组成

1. 电源

汽车上的电源有两个，即蓄电池和发电机。其作用是为汽车用电设备提供电能。

2. 电路保护装置

电路保护装置主要有熔断丝（俗称保险丝）、易熔线及电路断电器等。其作用是在电路中对用电设备起保护作用。

3. 控制器件

除了传统的各种手动开关、压力开关及温控开关外，现代汽车普遍使用电子控制单元(ECU)。其作用是对用电设备进行控制。

4. 用电设备

用电设备包括电动机、电磁阀、灯泡、仪表及各种电子控制器件和部分传感器等。

5. 导线

导线用于将以上各种装置连接起来构成电路。此外，汽车上通常用车体代替部分从用电器返回电源的导线。

2.1.2 汽车电系的基本组成

现代汽车电系是一个很庞大的系统，包括车载电源和用电设备两大部分。用电设备按其功能大致可分为起动系统、点火系统、仪表系统、照明系统、信号系统、辅助系统、汽车电子控制系统等，如图 2-1 所示。

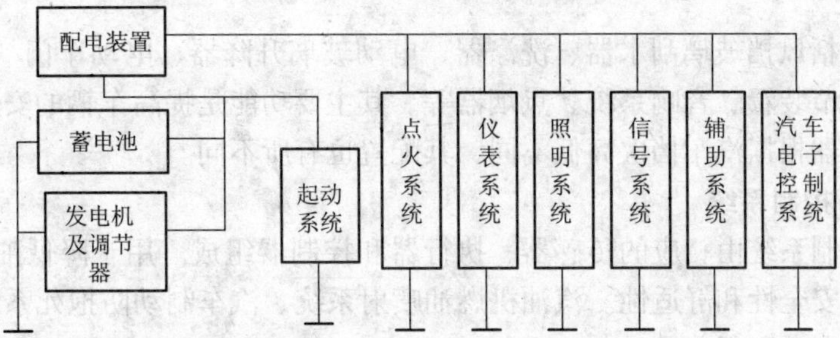

图2-1　汽车电系的基本组成

1. 车载电源

车载电源包括蓄电池、发电机及调节器。蓄电池主要提供发动机起动电能，发电机则是在发动机工作时向用电设备供电，并向电能不足的蓄电池充电。

车载电源通过配电装置向各用电设备供电。配电装置包括线路保护装置、控制装置及线路连接器等。现代汽车配电装置通常集装在接线盒中。

2. 起动系统

起动系统由起动开关、起动继电器和起动机组成。当需要起动发动机时，起动系统工作，使发动机由静态转变为动态，自行运转。

3. 点火系统

点火系统主要由点火开关、点火线圈、分电器、火花塞等组成。点火系统用于准确、及时地向发动机燃烧室提供电火花，点燃可燃混合气，使发动机正常运转。有些电子控制式点火系统无分电器。

4. 仪表系统

仪表系统包括各指示仪表和各指示/警告灯，用于向驾驶员反映汽车工作状况，以确保行车安全并及时发现故障。传统的仪表有电流表、机油压力表、发动机温度表、车速里程表、燃油表等，由各指示表和相应的传感器组成。现代轿车上一般都装有发动机转速表，但不装电流表。

5. 照明系统

照明系统由照明灯和各灯开关组成，用于汽车夜间或能见度较低的阴雨天、雾天的道路照明和车内照明。在一些汽车上照明系统还配有自动变光（远光/近光）、前照灯延时关灯等控制装置。

6. 信号系统

汽车信号系统包括声响信号装置和灯光信号装置，用于向附近行人和汽车驾驶员发出警告，以确保行车安全。汽车的声响信号装置由电喇叭、喇叭按钮、喇叭继电器组成；有的汽车还装有倒车蜂鸣器。灯光信号包括转向信号灯、制动灯、示廓灯等发出的信号。转向信号装置由闪光器、转向开关和转向灯组成，其他灯光信号装置由各灯具和相应的灯开关组成。

7. 辅助系统

辅助系统包括风挡玻璃刮水器、洗涤器、电动玻璃升降器、电动车门/中央门锁控制装置、电动座椅调节装置、音响系统、点烟器等。其主要功能是提高车辆的安全性、舒适性和方便性。辅助电器根据汽车档次高低不同，其配置也有所不同。

8. 汽车电子控制系统

汽车电子控制系统由相应的传感器、执行器和控制器组成。用于降低油耗和排放污染，提高汽车行驶的安全性和舒适性。汽油机燃油喷射系统、汽车制动防抱死系统等汽车电子控制系统在现代汽车上已很普及。

2.1.3 汽车电路的特点

汽车电路有着与其他设备电路不同的特点，了解这些特点对认识汽车电路有很大的帮助。汽车电路有以下共同特点。

1. 低压

汽车电路有 12 V 和 24 V 两种额定电压，现代汽车普遍采用 12 V 额定电压。重型载货汽车有采用 24 V 额定电压的。有的重型载货汽车只是柴油发动机的起动机采用 24 V 电源，其他用电设备仍采用 12 V 电源，通过电源转换开关来改变电源的电压。采用低压电源的原因主要是安全、电源简单（蓄电池单格数少，体积小）。

2. 直流

汽车采用直流电的原因是需采用蓄电池（直流电源）作为发动机电力起动的电源，蓄电池电能消耗后也必须用直流电充电。因此，汽车电气系统一直都是直流电系统。

3. 单线并联

汽车上的两个电源及所有的用电设备都是并联的，用电设备只用一根导线与电源正极相连，利用发动机、车身及车架等金属体作为公共回路，与电源的负极相连。单线制电路具有线路清晰、节约材料、安装检修方便等优点。

4. 负极搭铁

为了使汽车单线制电路构成回路，蓄电池、发电机及各用电设备的一极必须与其安装位置的发动机、车身及车架等机体相连，此连接称为“搭铁”。现代汽车均采用负极搭铁。

2.2 汽车电路基础元件

2.2.1 导线

1. 导线的截面积

导线是组成汽车电路的基础元件，汽车用导线均采用多股铜线。导线的截面积根据所接用电设备的电流值确定。为保证导线有足够的机械强度，规定其截面积不能小于 0.5 mm^2。

各种低压导线标称截面积所允许的载流值如表2－1所示。

表2－1　汽车低压导线标称截面积允许载流值

导线标称截面积/mm^2	1.0	1.5	2.5	3.0	4.0	6.0	10	13
导线允许载流值/A	11	14	20	22	25	35	50	60

导线标称截面积是根据规定换算方法得到的截面积值，它既不是线芯的几何面积，也不是各股铜线几何面积之和。汽车主要线路导线的标称截面积推荐值如表2－2所示。

表2－2　汽车12 V电源主要电路导线标称截面积推荐值

标称截面积/mm^2	适用的电路范围
0.5	尾灯、顶灯、仪表灯、指示灯、牌照灯、燃油表、油压表等
0.8	转向灯、制动灯、停车灯、点火线圈初级绕组等
1.0	前照灯、电喇叭（3 A以下）等电路
1.5	前照灯、电喇叭（3 A以上）等电路
1.5～4.0	其他电流在5 A以上的电路
4.0～6.0	柴油机电热塞电路
6.0～25	电源电路
26～95	起动电路

2. 导线的颜色

为配合和检修的方便，汽车各条线路均采用不同的颜色，各国对汽车导线颜色有不同的规定。例如，我国要求截面积在4.0 mm^2以上的导线采用单色，其他导线则采用双色（在主色基础上加辅助色条）。国产汽车各电路导线主色的规定如表2－3所示。

表2－3　国产汽车低压导线主色的规定

导线主色	电路系统的名称	导线主色	电路系统的名称
红	电源系统	棕	仪表、警报系统、电喇叭
白	点火系统、起动系统	紫	—
蓝	前照灯、雾灯等车外照明系统	灰	—
绿	灯光信号系统	黑	—
黄	车内照明系统		

导线配色的基本原则是：在同一电气系统，双色线主色与单色线的颜色相同；电路分支线的辅助色则按允许的颜色选配。日本汽车电气系统容许的导线颜色搭配如表2－4所示。

表 2-4 日本汽车电气系统导线颜色的搭配

电气系统	导线颜色		
	导线的基色	或选的基色	导线可配的辅色
起动与点火系统	黑	—	白、黄、红、浅蓝
电源（充电系统）	白	黄	黑、红、浅蓝
照明电路	红	—	黑、白、绿、浅蓝
信号电路	绿	浅绿、棕	黑、白、红、黄、浅蓝
仪表电路	黄	—	黑、白、红、绿、浅蓝
辅助电路	浅蓝	红、黄、绿	黑、白、红、黄、绿
搭铁	黑	—	—

3. 导线颜色代码

在导线的接线端和电路图上，一般都标有导线颜色代码。国际标准化组织（ISO）规定采用各颜色的英文字母为导线颜色代码，我国及英国、美国、日本等均采用英文字母，但也有一些国家则采用本国母语字母作为导线颜色代码。部分国家的导线颜色代码如表 2-5 所示。

表 2-5 部分国家的导线颜色代码

颜色	英国	日本	德国	法国	颜色	英国	日本	德国	法国
黑	B	B	Sw	N	灰	Gr	Gr	Gr	G
白	W	W	Ws	B	紫	V	V	Li	Mv
红	R	R	Ro	R	橙	O	O	—	Or
绿	G	G	Gn	V	粉	—	P	—	Ro
黄	Y	Y	Ge	J	浅蓝	—	L	Hb	—
棕	Br	Br	Br	M	浅绿	—	Lg	—	—
蓝	Bl	—	—	Bl					

汽车电路图中双色线的标注是主色在前、辅色在后。如“BW”表示该导线的主色是黑色，辅色是白色。也有在主、辅色代码之间加“/”或“—”的标注方法。

2.2.2 熔断丝与易熔线

熔断丝与易熔线在电路中起安全保护作用，当电路过载或短路时，串联在汽车电路中的熔断丝与易熔线便会发热而熔断，切断被保护电路，以防止线路和用电设备烧毁。

1. 熔断丝

熔断丝串联在其所保护的电路中，一般情况下，当熔断丝的电流达到额定电流的 1.35

倍时，熔断丝会在 60 s 内熔断；当电流达到额定电流的 1.5 倍时，20 A 以下的熔断丝在 15 s 内熔断，30 A 熔断丝在 30 s 以内熔断。

熔断丝通常固定在可插式塑料片上或封装在玻璃管内。汽车电路有多个熔断丝，通常是安装在一个或几个接线盒中。各个熔断丝都编号排列，有的还涂有不同的颜色，以便于辨别。各种熔断丝的额定电流如表 2-6 所示，各种熔断丝保持特性的比较如表 2-7 所示。熔断丝的安装示例与符号如图 2-2 所示。

表 2-6　各种熔断丝的额定电流

品　种	额　定　电　流/A
管式、片式熔断丝	2，3，5，7.5，10，15，20，25，30
金属丝熔断丝	7.5，10，15，20，25，30
平板熔断丝	30，40，60

表 2-7　各种熔断丝保持特性的比较

项　目 ＼ 熔断丝型式	玻璃管式	片　式	金属丝式
110% 额定电流能持续的通电时间/h	4	100	4
135% 额定电流能持续的通电时间/min	<60	0.75～30	
200% 额定电流能持续的通电时间/s	<10	0.15～5	≯30
350% 额定电流能持续的通电时间/s		≮0.08	

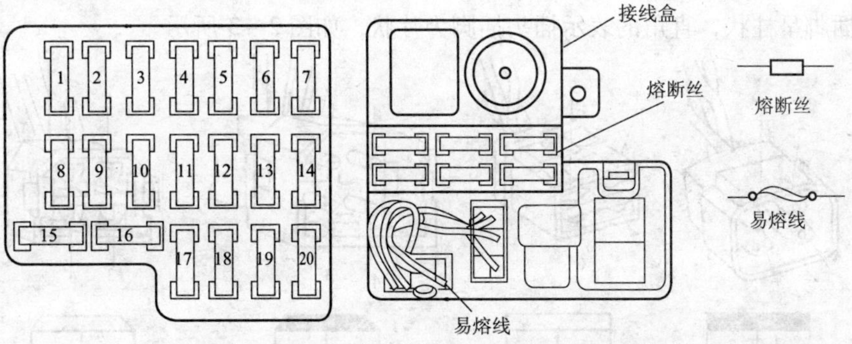

图 2-2　熔断丝及易熔线安装示例与符号

2. 易熔线

易熔线由多股熔断丝绞合而成，用于保护工作电流较大的电路。易熔线的不同规格通常以不同的颜色来区分，几种常见易熔线的规格如表 2-8 所示。

表 2 -8　易熔线的规格

颜色	截面积/mm^2	构成/股	1 m 长的电阻值/Ω	连续通电电流/A	5 s 内熔断的电流/A
茶色	0.3	ϕ0.32×5	0.047 5	13	约 150
绿色	0.5	ϕ0.32×7	0.032 5	20	约 200
红色	0.85	ϕ0.32×11	0.020 5	25	约 250
黑色	1.25	ϕ0.5×7	0.014 1	33	约 300

易熔线通常也被集中安装在接线盒内，其安装示例及在电路图中的符号，如图 2 -2 所示。

2.2.3　插接器

1. 插接器的组成与作用

插接器也称连接器，由插头和插座两部分组成，用于电器设备与线路的连接和线路之间的连接。插接器连接方式具有接线方便、迅速，线束结构简捷、紧凑，避免接线错误等优点，已被现代汽车普遍采用。

2. 插接器的结构与识别

汽车上不同位置所用插接器的端子数目、几何尺寸和形状各不相同。为保证连接可靠，插接器设有锁止装置，大多数插接器都具有良好的密封性，以防止油污、水及灰尘等侵入而使端子锈蚀。

不同国家、不同汽车公司其汽车电路图上插接器的图形符号表示方法不尽相同，但方格中的数字都是代表插接器各端子号。通常用涂黑的表示插头，不涂黑的表示插座；有倒角的表示插头插脚呈柱状，直角的表示插头插脚为片状，如图 2 -3 所示。

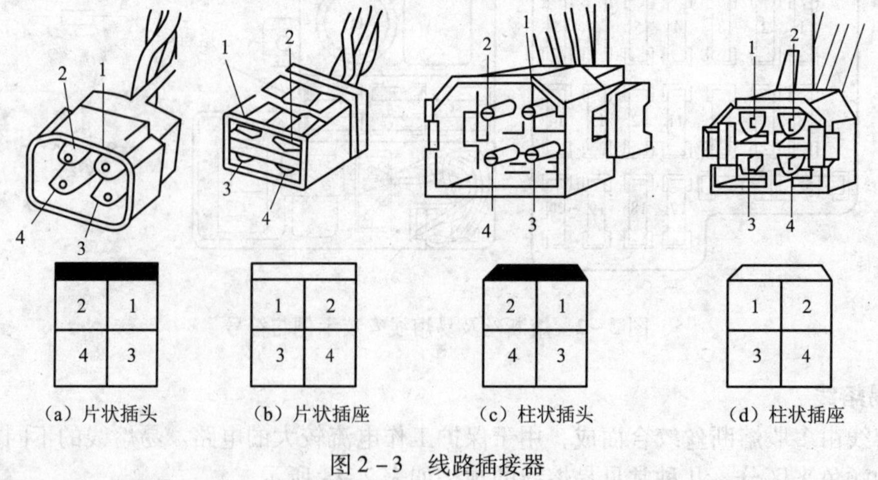

(a) 片状插头　(b) 片状插座　(c) 柱状插头　(d) 柱状插座

图 2 -3　线路插接器

2.2.4　开关

1. 开关的作用与类型

开关在汽车电路中起接通/断开电路的控制作用。汽车电路中的开关很多，其种类也很多。按操作方式不同有：手动（旋转、推拉、按压）开关、压力控制开关、温度控制开关、机械控制开关等。按开关的通断状态分有：常开开关和常闭开关。

汽车电路中的有些开关是复合型开关，开关的动作有两挡或两挡以上，具有两个或两个以上的电路通断功能，如点火开关、灯光开关等。现代汽车上还使用了组合开关，它是将两种或两种以上的开关集装在一起，可使操作更加方便。

2. 开关功能识别

对于复合型开关和组合开关，其控制电路比较多，认清开关在各种状态下其线路连接端子和电路通断关系，对理解电路原理及故障诊断是必要的。可通过开关原理图和开关挡位图了解开关的功能和内部触点的通断情况。

3. 开关原理图

在一些汽车电路原理图中，用开关原理图来表示复合开关各挡位电路的通断情况。如图2－4所示为用开关原理图表示的点火开关控制电路。

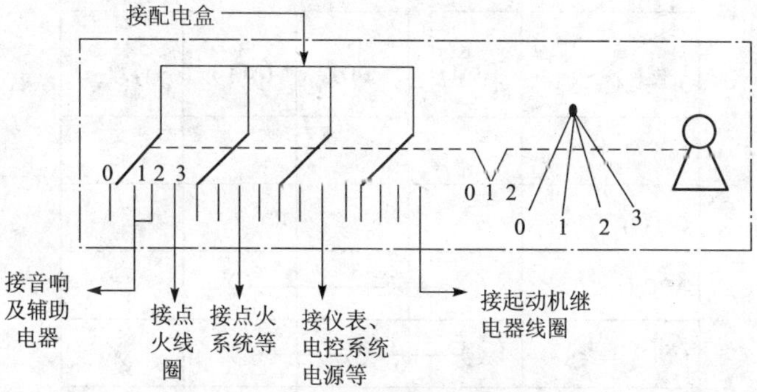

图2－4　点火开关原理图

图2－4右侧表示此开关为旋转式3挡钥匙开关。虚线中间以下三角及数字表示开关在0、1、2位可以定位，在3位不能定位，即将开关旋转至3位松开时，能自动回到2位。

图2－4左侧表示开关的通断功能：0位为OFF位，不接通任何控制电路；1位为辅助挡，接通辅助电器电源电路；2位为点火挡，接通点火系统、仪表系统、汽车电子控制系统等电源电路；3位为起动挡，接通起动系统和点火系统等。

4. 开关挡位图

如图2－5所示是用开关挡位图表示的点火开关控制电路。

图2－5表示该开关有4个接线端子：

1 号（BAT）端子为电源端子，连接蓄电池与发电机的正极；

2 号（IG）端子为点火接线端子，连接点火电路、仪表电路、发电机励磁电路及电子控制系统电源电路等；

3 号（ACC）端子为辅助电器接线端子，连接收放机、电动车窗等辅助电器的控制开关；

4 号（ST）为起动接线端子，连接起动电路。

图 2-5 表示该点火开关有 5 个挡位：

“LOCK”挡位，是转向盘锁止挡，从“OFF”挡位逆转至该挡位，可锁止转向盘；

“OFF”挡位，是点火开关的断开挡位，点火开关在该挡位时，2、3、4 号接线端子与 1 号接线端子均为断开状态。

“ACC”挡位，是辅助电器挡（从“OFF”挡位顺转 1 位），点火开关在该挡位时，1 号和 3 号端子相连接，使辅助电器电路接通电源；

“ON”是点火挡，点火开关在该挡位时，1、2、3 号端子相连接，使点火电路、仪表电路等接通电源；

“ST”是起动挡，点火开关在该挡位时，1、2、4 号端子相连接，使点火电路、起动电路接通电源。

开关挡位 \ 接线柱	1 (BAT)	2 (IG)	3 (ACC)	4 (ST)
LOCK(−1)				
OFF(0)	○			
ACC(1)	○	—	○	
ON(2)	○	○	○	
ST(3)	○	○	—	○

图 2-5　点火开关挡位图

2.2.5　继电器

1. 继电器的作用

继电器主要由电磁线圈和触点等组成，其作用是通过线圈电流控制经过触点的用电器的工作电流。

2. 继电器的符号

继电器在电路图中用电器符号表达，符号由线圈与开关组成，线圈与开关用虚线连接，表示此开关受该线圈控制。继电器中开关一般表现该系统处于不工作状态时的位置，也就是开关如断开即为常开继电器，如图 2－6 所示。反之，则为常闭继电器。

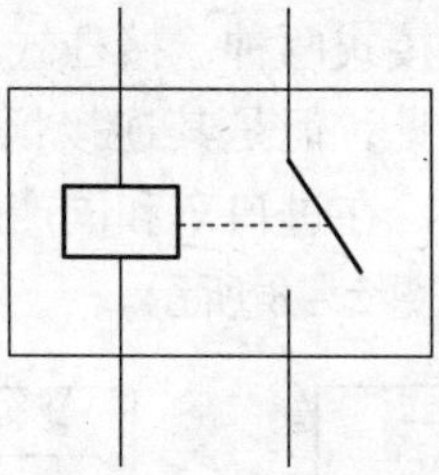

图 2－6　常开继电器符号

3. 继电器的种类

继电器分为电流型和电压型两种型式。

1）电流型继电器

电流型继电器的特点是：电磁线圈通过的电流较大，而经过触点的电流较小。如图 2－7 所示的舌簧继电器，圆玻璃管内有两个舌簧触点，玻璃管外有粗导线线圈。电磁线圈通电时，触点闭合；电磁线圈断电时，触点断开。常用于对灯的监测电路。

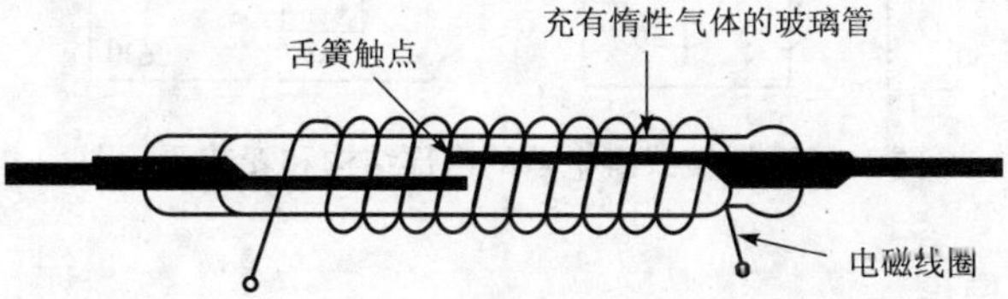

图 2－7　舌簧继电器

2）电压型继电器

电压型继电器的特点是电磁线圈通过的电流较小，而经过触点的电流较大。电压型继电器一般有以下几种。

（1）常开继电器

常开继电器线圈断电时，继电器触点在弹簧力作用下保持张开；继电器线圈通电后触点闭合，接通相应的电路。

（2）常闭继电器

常闭继电器线圈断电时，继电器触点在弹簧力作用下保持闭合，继电器线圈通电后触点张开，断开相应的电路。

（3）混合式继电器

混合式继电器有常开和常闭触点，继电器线圈通电后常开触点闭合，常闭触点张开，以控制通断相应的电路。

双线圈继电器大致有两种，一种是两线圈同时通电时触点才动作；另一种是只要有一个线圈通电，触点就动作。

4. 继电器的连接

继电器的连接方式有接柱式和插接式两种。接柱式继电器的触点容量可以做得较大，在国产车的起动电路、喇叭电路中很常见，但是其连接烦琐，正逐渐被插接式继电器所取代。插接式继电器因安装方便、体积较小，在进口车和国产新型汽车上得到广泛应用。几种插接式继电器的内部结构和安装示意图如图 2－8 所示。

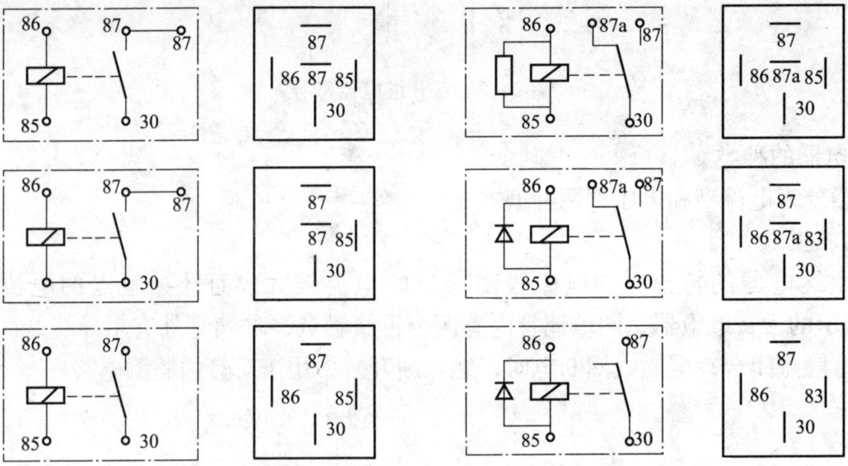

图 2－8 插接式继电器的内部结构和安装示意图

5. 继电器的工作原理

1）继电器的保护作用原理

继电器的保护作用原理如图 2－9 所示。该继电器用于保护喇叭按钮触点。喇叭的工作电流较大，直接由喇叭按钮控制，其触点很容易烧坏。该电路中加了继电器后，喇叭按钮开关只控制继电器线圈电路的通断，由继电器线圈通电产生的电磁力使继电器触点闭合，接通喇叭电路。喇叭按钮只通过继电器线圈中较小的电流，使喇叭按钮触点不容易烧坏，延长使用寿命。

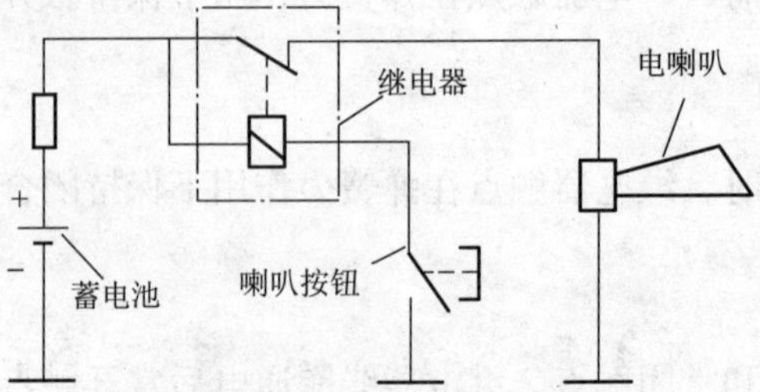

图 2－9 继电器的保护作用原理

2）继电器的自动控制原理

继电器的自动控制原理如图2－10所示。该继电器控制电路用于自动控制充电指示灯的亮和灭，以提示充电系统工作是否正常。继电器线圈连接发电机的中性点接线柱N，继电器的常闭触点串联在充电指示灯电路中。当发电机正常发电时，中性点电压使继电器线圈通电而打开触点，充电指示灯自动熄灭，指示充电系统正常。当接通点火开关而发动机未工作或发电机出现故障时，中性点N无电压输出，使继电器线圈电流断流，触点闭合，充电指示灯亮，指示充电系统未工作或有故障。

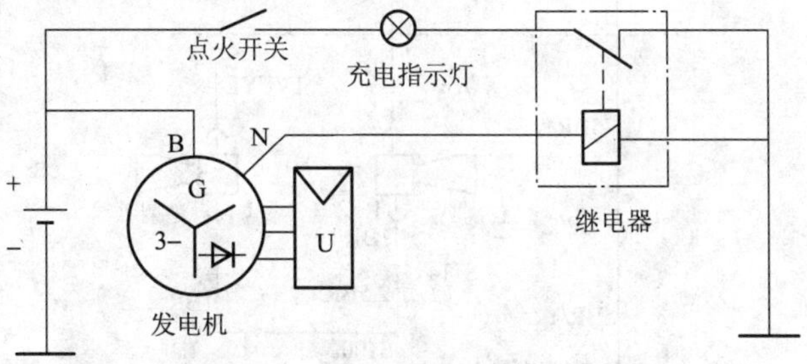

图2－10 继电器的自动控制原理

6. 继电器电路图的识读

继电器电路分为控制电路和工作电路。控制电路即与线圈连接的电路，一般与外接的开关串联，以决定电磁线圈是否通电。工作电路，即与继电器开关连接的电路，也称为主电路。

识读继电器电路图的关键是区别控制电路和主电路，然后分别根据回路原则，识读各自的电路。如图2－11所示为宝马汽车喇叭电路。

控制电路：电源→点火开关→喇叭继电器86号接线端子→电磁线圈→喇叭继电器85号接线端子→C202插接器12号接线端子→喇叭电刷及滑环总成→喇叭开关→G201搭铁点→G200搭铁点。

主电路：30号线→C100插接器30号接线端子→喇叭继电器30号接线端子→开关触点→喇叭继电器87号接线端子→7号熔断丝→左、右喇叭2号接线端子→左、右喇叭→左、右喇叭1号接线端子→S100铰接点→G104搭铁点。

7. 继电器的安装

现代汽车继电器通常集中安装在专门的继电器盒中，一些汽车电路图提供了继电器位置，从该图中可得到各继电器的具体位置及其各端子的排列情况，以方便故障查找。继电器的安装示例如图2－12所示。

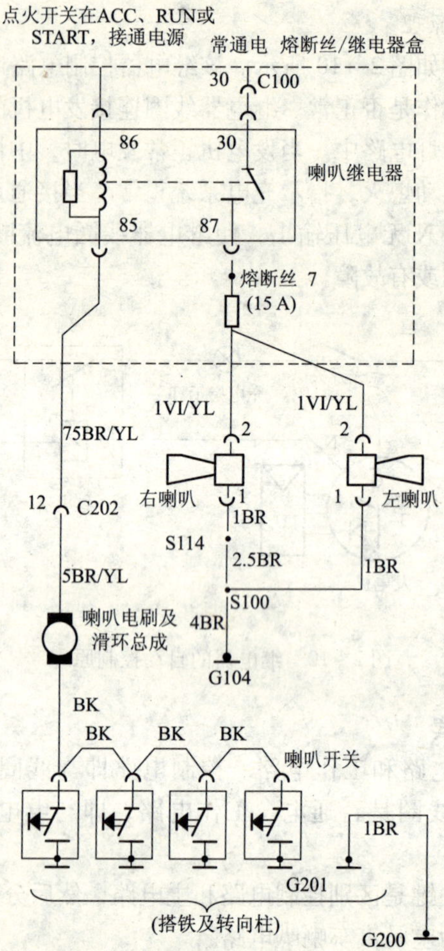

图 2－11　宝马汽车喇叭电路

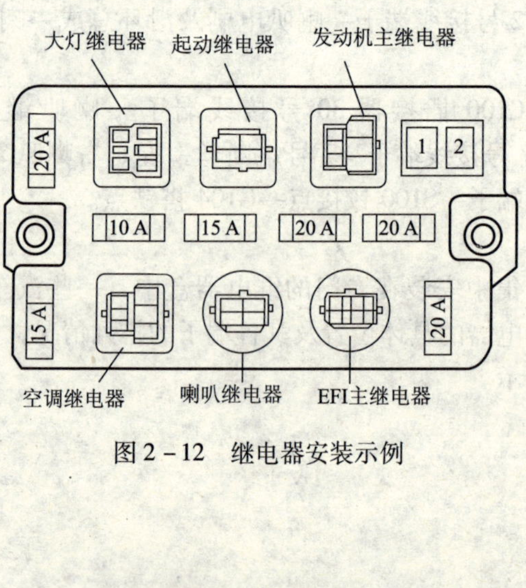

图 2－12　继电器安装示例

2.2.6　中央配电盒

现代汽车一般均设有中央配电盒，汽车电气系统以中央配电盒为核心进行控制。大部分继电器和熔断丝都安装在中央配电盒正面，当故障产生时，便于更换和检修。中央配电盒上一般标有线束和导线插接位置的代号及接点的数字号，主线束从中央配电盒背面插接后通往各用电设备。桑塔纳轿车中央配电盒的正面如图2－13所示。

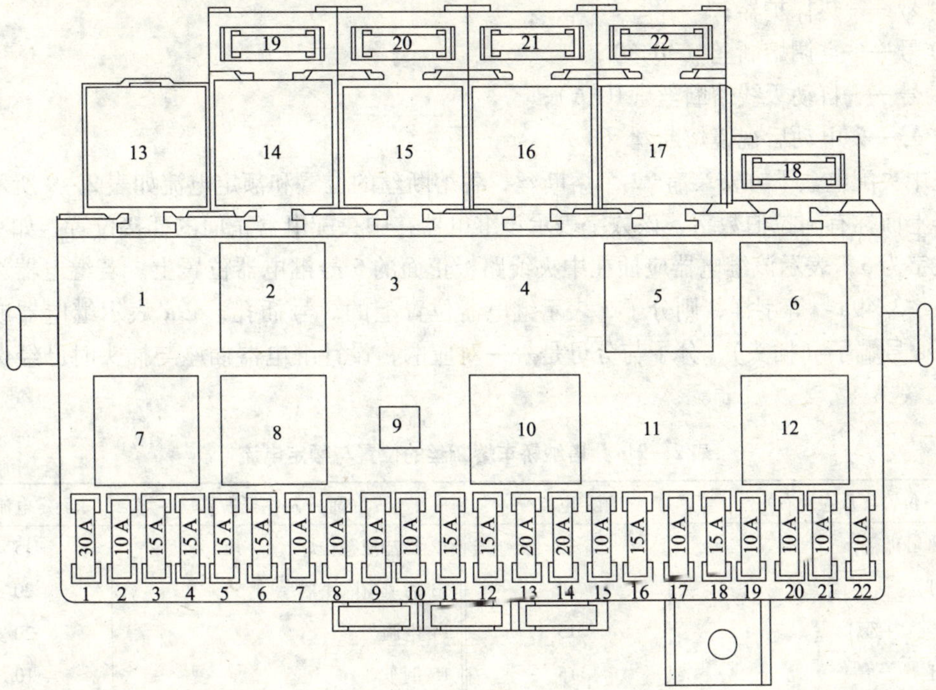

图2－13　桑塔纳轿车中央配电盒正面图

图2－13中：

1、3、4、11号——空位；

2号——进气歧管预热继电器；

5号——空调继电器；

6号——双音喇叭继电器；

7号——雾灯继电器；

8号——减荷继电器；

9号——拆卸熔断丝专用工具；

10号——前风窗刮水器和清洗器继电器；

12号——报警、转向继电器；

13 号——冷却风扇继电器；

14 号——门窗电机自动继电器；

15 号——门窗电机延迟继电器；

16 号——内部照明继电器；

17 号——冷却液液面指示控制器；

18 号——后雾灯熔断丝；

19 号——热保护器；

20 号——空调熔断丝（30 A）；

21 号——自动天线熔断丝（10 A）；

22 号——电动后视镜熔断丝（3 A）。

在中央配电盒下方安装有 22 个熔断丝，各熔断丝的位置和额定电流如表 2-9 所示。在继电器上面标有阿拉伯数字，该数字表示该继电器在中央配电盒正面的插接位置。如小圆圈中的数字为 5，表示该继电器应插在中央线路板正面的 5 号继电器位置上。若继电器端子上标有如"3/49a"等字样，则分子 3 表示继电器位置上的 3 号插孔，49a 表示继电器或控制器的 49a 号端子（插头），分子与分母是一一对应的，设计继电器插座与插头时已经保证不会插错。

表 2-9 桑塔纳轿车熔断丝的位置与额定电流

位置（从左至右）	额定电流/A	位置（从左至右）	额定电流/A
1 冷却风扇	30	12 冷却液警告灯	15
2 制动灯	10	13 后风窗除霜器	20
3 点烟器、内部灯	15	14 空调	20
4 警告灯	15	15 倒车灯	10
5 空位	15	16 单音喇叭	15
6 雾灯	15	17 化油器怠速截止阀	10
7 尾灯和侧灯（左）	10	18 喇叭继电器、手制动灯	15
8 尾灯和侧灯（右）	10	19 转向灯	10
9 前照灯远光（右）	10	20 牌照灯	10
10 前照灯近光（左）	10	21 前照灯近光（左）	10
11 刮水器与洗涤器	15	22 前照灯远光（右）	10

桑塔纳轿车中央配电盒背面的结构如图 2-14 所示，各插接器的插座均固定在中央线路板背面，与相应的线束插头连接后通往各电器元件。每个插座的位置代号均用英文字母标注在线路板上，插接线束插头时注意插头的颜色、字母代号应与插座相同，如表 2-10 所示。

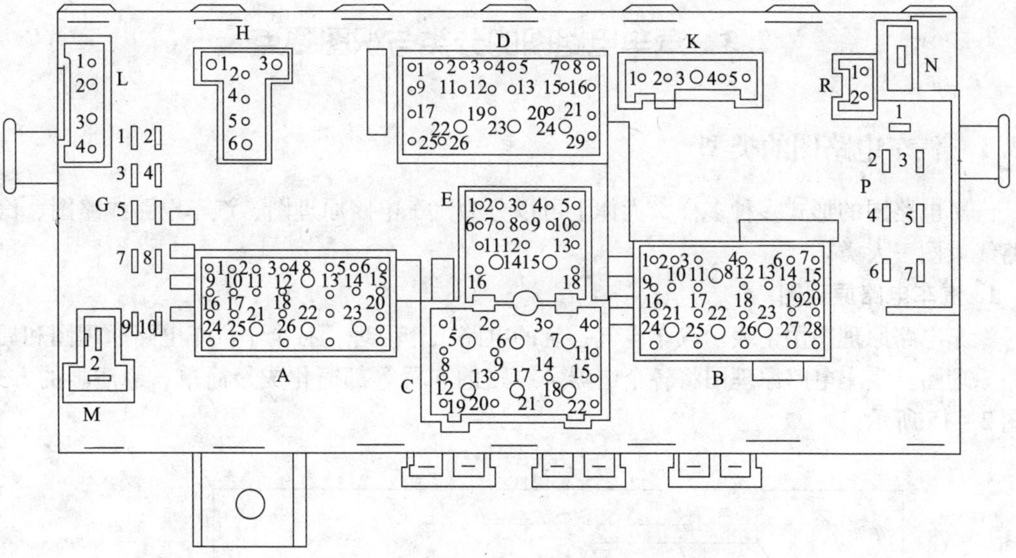

图2－14　桑塔纳轿车中央配电盒背面布局图

表2－10　桑塔纳轿车中央配电盒背面插座的用途与颜色

组合插头代号	用于连接的线束名称	插座颜色
A	用于连接仪表板线束	蓝色
B	用于连接仪表板线束	红色
C	用于连接发动机室左侧线束	黄色
D	用于连接发动机室右侧线束	白色
E	用于连接尾灯线束	黑色
G	用于连接单个插头	不定
H	用于连接空调装置线路	棕色
K	用于连接安全带－报警系统线路	无色
L	用于连接喇叭/双音喇叭线路	灰色
M	用于连接车灯开关接线柱56和变光灯开关接线柱56b的分接头	黑色
N	单个插头	不定
P	单个插头（接线柱30）	不定
R	空位	—

2.3 汽车电路图的分类与识图要点

2.3.1 汽车电路图的类型

汽车电路图的形式多种多样，大体上可以分为汽车电路原理图、汽车电路线路图、汽车电路线束图三大类。

1. 汽车电路原理图

汽车电路原理图用于表示汽车电气系统的电路工作原理，有全车汽车电路原理图和局部电路原理图。汽车电路原理图将各个电器、线路的布置等都简化成最简单、最清晰的方式，如图 2－15 所示。

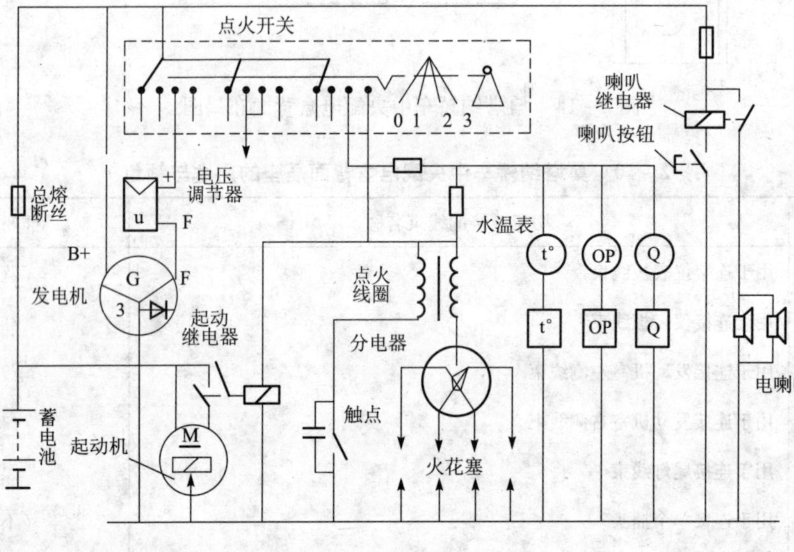

图 2－15 汽车电路原理图

汽车电路原理图的特点如下。

① 汽车电器元件用符号表示，这些符号通常还载有该电器的功能与基本结构信息。

② 汽车电路的电源线与搭铁线通常是上下布局，电路经简化后较少有迂回曲折，使各电器的连接关系十分明确。

③ 汽车电气系统按系统布局，方便了系统电路原理分析。

关于汽车电路原理图的几点说明如下。

① 不同国家、不同的汽车生产厂家，其汽车电路原理图中汽车电器的符号和电路的简化方式有不同的形式。

② 一些汽车电路原理图为避免过多地交叉，采用了如下的处理：

- 将同一电器装置分成两处，如继电器线圈和触点不在一处；
- 将一根导线断开，在两断开处用同一符号表示它们的连接关系；
- 某些电路的电源端子或搭铁端子单独画出。

③ 一些汽车电路原理图上还标有导线的颜色与规格、插接器的颜色、端子编号或代码、接线柱标记等。这些都是为了方便查找电器和线路在汽车上的实际位置，有助于电路原理分析和故障查寻。

2. 汽车电路线路图

汽车电路线路图又分为线路分布图和接线图两种。

1）线路分布图

线路分布图表示汽车电器的大致位置和线路的连接关系，如图 2－16 所示。其优点是：可以从该图中了解汽车电气系统各电器的大致布置情况和线路的实际走向和连接情况。其缺点是：线路密集，纵横交错，查寻线路和进行电路原理分析比较复杂。因此，现代汽车全车电气系统用线路分布图表示的比较少见。

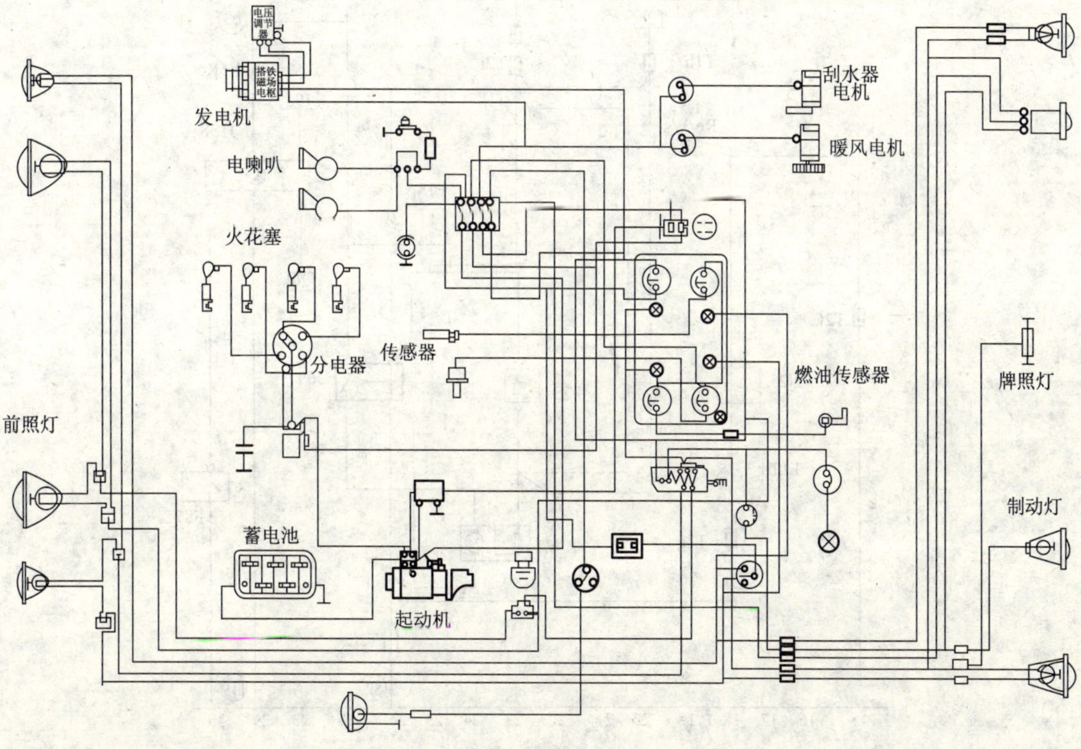

图 2－16 汽车线路分布图

2）接线图

接线图表示各电器与电源之间的实际连接关系，但对各电器的位置和线路的布置等都作了简化。如图 2－17 所示为捷达轿车散热器风扇控制电路的接线图，图中：

F18——散热器风扇热敏开关；

F23——高压开关；

J69——风扇二挡继电器；

J138——风扇控制单元；

N25——空调电磁离合器；

V7——散热器风扇；

F87——风扇起动温度开关；

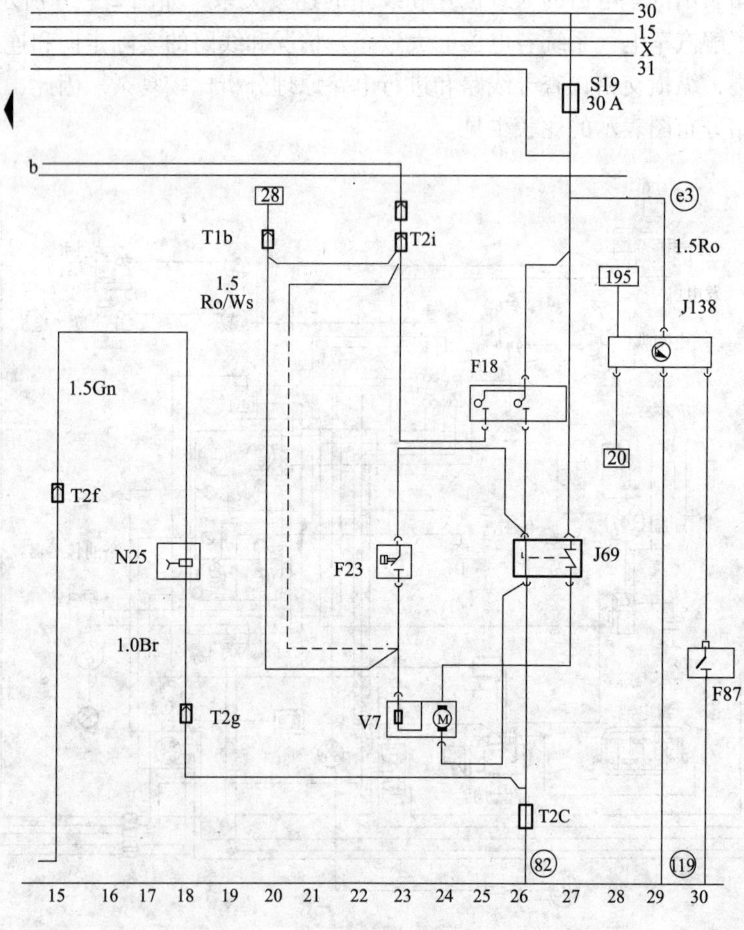

图 2－17　捷达轿车散热器风扇控制电路的接线图

T1b——单孔插接器；

T2c，T2g，T2f——2 孔插接器。

接线图通常作为汽车电路原理图使用，但用其分析汽车电路原理不如汽车电路原理图简单明了。其优点是对故障查寻的帮助要比汽车电路原理图作用大，比汽车线路分布图则要简明得多。因此，现代汽车电路接线图应用较多。

3. 汽车电路线束图

汽车电路线束图是根据电器设备在汽车上的实际安装部位绘制的全车电路图，主要用于表明线束与各用电器的连接部位、接线端子的标记、线头、插接器的形状及位置等。这种图一般不详细描绘线束内部的电线走向，只将露在线束外面的线头与插接器作详细编号或用字母标记。它是一种突出装配记号的电路表现形式，非常便于安装、检测与维修。根据所表现的侧重点不同，汽车电路线束图大致可分为线束结构图、线束定位图和线束布线图 3 种。

1）线束结构图

线束结构图用于表示汽车电路线束的结构，如图 2－18 所示为东风 EQ1090 汽车车架线束结构图。

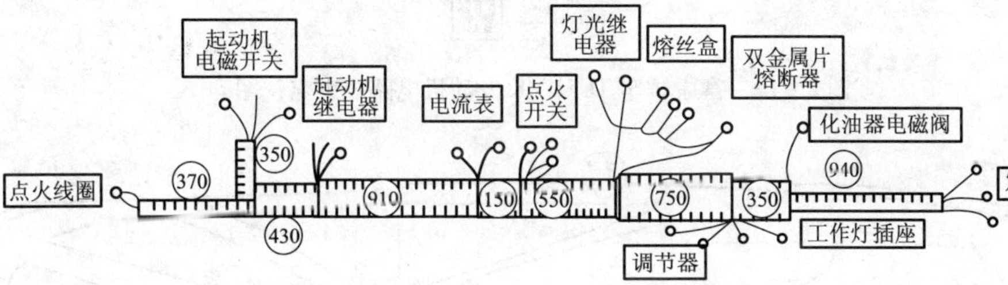

图 2－18　东风 EQ1090 汽车车架线束结构图

2）线束定位图

线束定位图用于表达一条或几条电路线束的走向、连接点及线束固定等信息。如图 2－19 所示为富康轿车 TU5JP/K 发动机电路线束的定位情况。

3）线束布线图

线束布线图用于表达某个电路系统的线束及所连接电器部件的分布情况。如图 2－20 所示为富康 998 轿车仪表系统布线图。

各种类型的汽车电路图都有各自的特点，具有某种互补性。因此，在一些汽车维修资料中，可能有两种或两种以上的汽车电路图，以便于读者理解电路原理，并准确无误地进行故障分析和查寻。

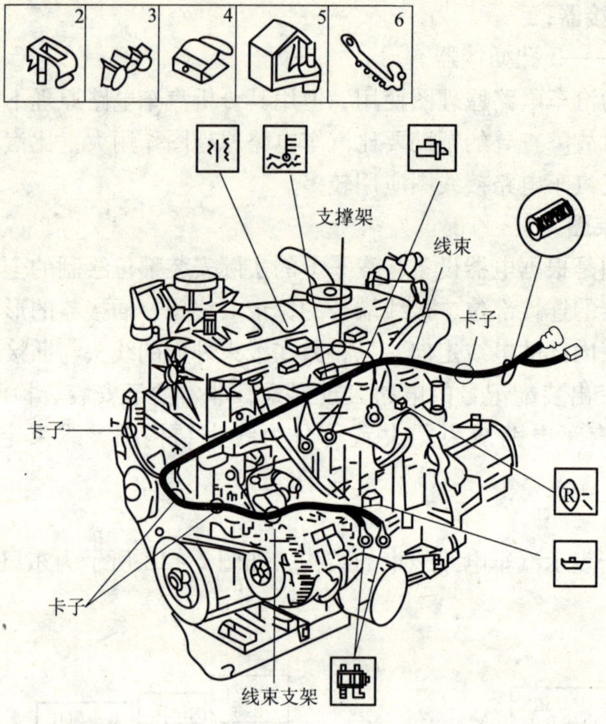

图 2－19　富康轿车 TU5JP/K 发动机电路线束定位图

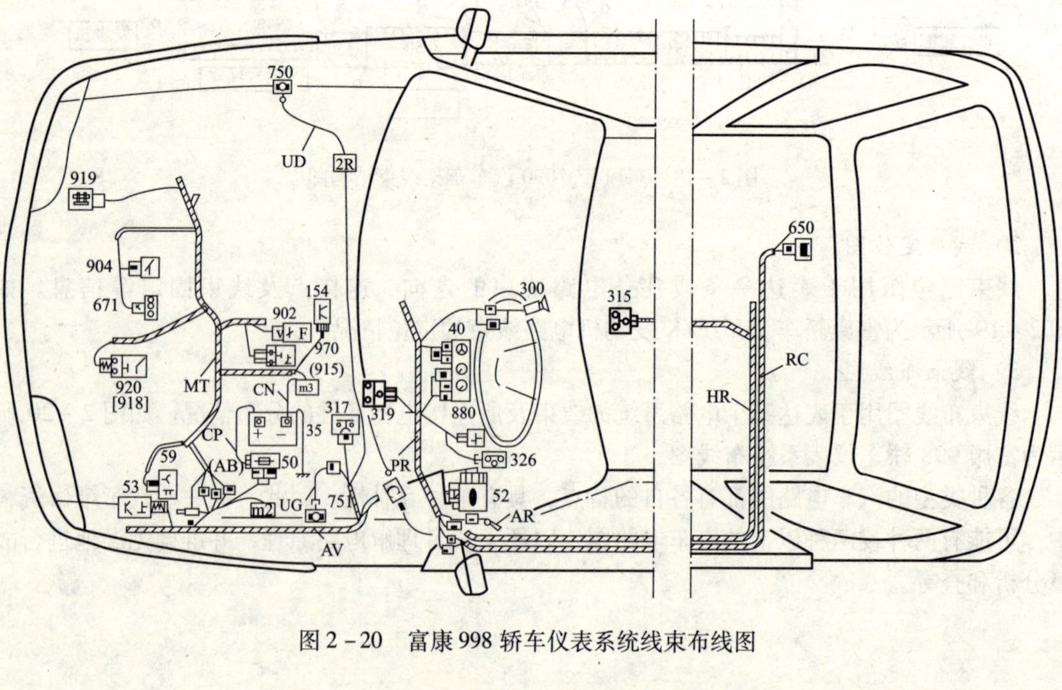

图 2－20　富康 998 轿车仪表系统线束布线图

2.3.2　汽车电路图的识图要点

熟悉并掌握汽车电路图的识图要点，对阅读和理解汽车电路图十分重要。汽车电路图识图要点概括如下。

1. 了解电路图的特点与规定

对汽车电路图的表示方法目前世界上无统一规定，不同国家、不同汽车公司其绘制的汽车电路图都有各自的特点。读图前必须熟悉汽车电路图所具有的特点、汽车电路图中各种图形符号及其含义、各电器表示方法、导线与接柱的标注等。

2. 牢记汽车电路的基本特点

牢记汽车电路的特点是单线、并联、负极搭铁，这样在识图和查寻故障时就不会面对复杂的线路而感到困惑。用电设备连接都是一根导线与电源的正极相连接，如果该用电设备的电源线还连接其他用电设备，则是与其他用电设备共用电源线；用电设备与电源之间可能串联了熔断器、开关或继电器等，但与其他电气系统都是并联关系；一些电器通过其壳体搭铁连接电源的负极。

3. 熟悉电器的结构与工作原理

熟悉各电器及其电子控制装置的结构和基本工作原理，对分析电路原理，理解线路的连接关系及进行电路故障的诊断与排除都是十分重要的。

4. 了解开关及继电器的功能与状态

汽车电路中各电器的工作受开关或继电器控制，要分析汽车电路原理与故障，就有必要了解开关和继电器的控制功能和不同状态下的电路通断情况。在电路图中，开关和继电器都是以初始状态表示，除了要清楚初始状态下开关和继电器的开合情况外，还要十分清楚对开关进行操作、继电器通电后，其触点开合的情况及受控电路的通断情况。

5. 分清相关联电路的关系

一些电路互相之间存在某种关联，某一电路的故障会影响其他电路的工作。因此，对这样一些电路，必须了解它们之间的关系。

1）并联关系

转向信号电路中同一侧的前后转向灯电路是一种并联关系，它们受同一个闪光器控制，当某个转向灯或电路出现故障时，就会因回路的等效电阻改变而使闪光频率改变。因此，当出现单边转向灯闪光频率异常时，就应立即联想到该侧的转向灯电路有故障。

2）控制与被控制关系

继电器线圈电路与继电器触点所连接的电路之间是控制与被控制的关系，在分析触点所连接的电路不能正常工作时，除了要想到该电路、电器及继电器本身的故障可能性外，也不要忘记继电器线圈电路也是被控制对象。

3）控制目标关联关系

汽车电子控制装置的传感器电路与执行器电路都连接电子控制器，一个是为实现某种控制目标的控制信号源电路，另一个是实施控制目标的控制执行电路，通过控制器相关联。传感器电路的异常会对控制执行电路的工作造成直接的影响。因此，某控制执行器不工作或工作异常时，检查故障的原因时就应该包括所有的传感器电路。

6. 掌握回路分析法

一个具有某种功能的汽车电路都是由电源正极通过安全装置、控制装置、用电设备及相关的电路组成。回路分析法就是分析电路的通断情况，一般是从电源的正极出发，经熔断器、开关、用电设备到搭铁，再回到电源的负极。

2.3.3 读图注意事项

① 开始读图时，必须先读电路图的图注，对照图注先弄清楚各电器部件的数量及功能，找出每一个电器部件的电流通路。

② 读图时可以采用逐一分割法进行，也就是说将各部分电路根据需要逐一摘除后，再进行必要的分析。

③ 对于庞大复杂的电路，为了防止线路交叉错乱而使读图方便，在电路图下都标有“地址码”，在电路图中未连到所处位置的线头也标注有应到位置对应的“地址码”，只要两处地址码完全相同，即说明两处导线相连。

④ 读图时应从电源开始，先找到蓄电池、发电机及电压调节器，发电机激磁电路必须受点火开关控制。

⑤ 找起动电路时，必须先找到点火开关、起动继电器及电磁开关控制电路。

⑥ 找点火电路时，必须先找到点火控制器（或分电器）、点火线圈、点火开关及火花塞。

⑦ 找照明电路时，必须先找车灯控制开关、变光器、大灯、小灯及各种照明灯。照明电路一般的接线规律是：小灯与大灯不同时亮；大灯远光和近光不同时亮；有些车型仪表照明灯、尾灯、牌照灯等只有在夜间工作时才能常亮。

⑧ 找仪表电路时先找组合仪表、点火开关、仪表传感器及仪表电源稳压器。有些汽车仪表和指示灯共同显示一个参数，如充电、油压、油量等指示灯由一个多谐振荡器控制，同时还接有蜂鸣器。

⑨ 找信号控制电路时，由于信号装置属于随时使用的短暂工作的设备，一般应注意它是接在经常有电的导线上，且仅受一个开关控制，以免影响信号的发出。

⑩ 找辅助装置控制电路时，应首先熟悉辅助装置的图形符号及有关控制开关及其功能，而后按照电源→熔断丝→控制开关→用电设备的顺序进行。

第3章

汽车电气系统电路分析

3.1 汽车电源电路

汽车电源由蓄电池和发电机并联而成，用于向汽车用电设备提供电能。汽车电源电路的元器件主要包括蓄电池、发电机及电压调节器、充电指示灯、电源开关、熔断丝等。

3.1.1 带充电指示灯继电器的电源电路

如图3－1所示为带充电指示灯继电器的内搭铁型电源电路。

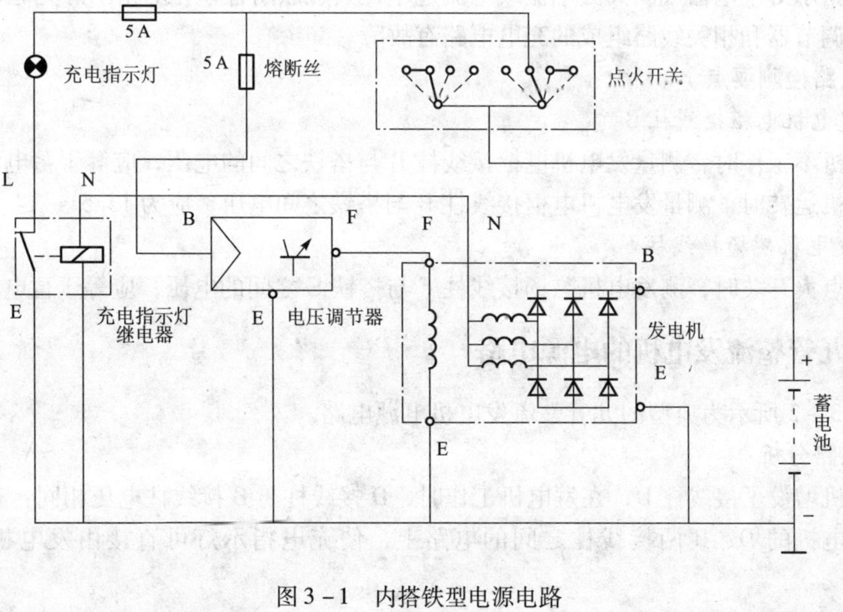

图3－1　内搭铁型电源电路

1. 电路特点分析

发电机中有中点接线柱，其电压为发电机端电压的1/2，它连接充电指示灯继电器线圈，用来控制充电指示灯继电器。

充电指示灯继电器为常闭触点，串联在充电指示灯电路中，充电指示灯继电器线圈通电时触点打开，断开充电指示灯电路。

内搭铁发电机的调节器连接在磁场接线柱“F”与点火开关之间，外搭铁发电机的调节器一般连接在磁场接线柱“F2”与搭铁之间，以使发电机的激磁电流受调节器控制，稳定发电机电压。

2. 电路分析

1）发动机不工作时

蓄电池与发电机并联连接，这时如果接通用电设备，则由蓄电池向外输出电流。如果接通点火开关（未起动发动机），充电指示灯电路为：蓄电池正极→点火开关→充电指示灯→充电指示灯继电器触点→搭铁→蓄电池负极，充电指示灯亮。发电机激磁电路电路为：蓄电池正极→点火开关→熔断丝→电压调节器的“B”接线端子→电压调节器的“F”接线端子→发电机“F”接线端子→发电机磁场绕组→发电机磁场“E”接线端子→搭铁→蓄电池负极。

2）发动机工作，发电机正常发电时

发电机中性点电压使充电指示灯继电器线圈通电，产生磁力将触点吸开，充电指示灯熄灭，指示发电机工作正常。

3）发动机工作，发电机不能正常发电时

充电指示灯继电器线圈失去电流或电流过小，其触点闭合，充电指示灯亮起，指示发电机、电压调节器和相关线路组成的充电电路有故障。

3. 电路检测要点

1）发电机电枢接线柱 B

发动机不工作时，测量发电机电枢接线柱 B 与搭铁之间的电压，应等于蓄电池电压。

发动机运转时，测量发电机电枢接线柱 B 与搭铁之间电压，应为 13.5 ～ 14.5 V。

2）发电机磁场接线柱 F

接通点火开关时，测发电机磁场接线柱 F 与搭铁 E 之间的电压，应等于蓄电池电压。

3.1.2 九管整流发电机的电源电路

如图 3 –2 所示为典型的九管整流发电机电源电路。

1. 电路分析

发电机增设了接线柱 D，在发电机工作时，D 接线柱与 B 接线柱电压相同，充电指示灯连接在发电机的 D、B 两接线柱之间的电路上，使充电指示灯可直接由发电机的端电压控制。

2. 电路原理

1）起动发动机，发电机未正常发电时

接通点火开关，充电指示灯及发电机磁场绕组通电，电流通路为：蓄电池正极→充电指

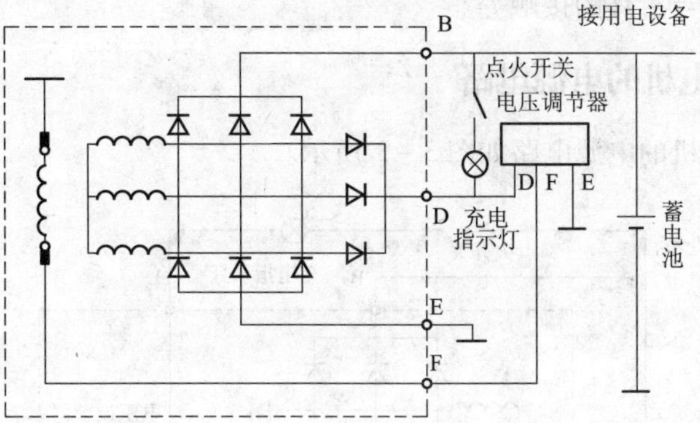

图3-2 九管整流发电机的电源电路

示灯→电压调节器D接线柱→电压调节器F接线柱→发电机F接线柱→发电机磁场绕组→搭铁，充电指示灯亮。

2）发动机工作，发电机正常发电时

发电机B、D两接线柱的电压都升高，使充电指示灯两端的电压为0，因而充电指示灯熄灭，指示发电机正常工作。这时，发电机通过D接线柱并经过电压调节器向其磁场绕组提供激磁电流；发电机通过B接线柱向蓄电池充电并向用电设备供电。

3）发动机工作，但发电机不发电时

发电机B接线柱端电压降为蓄电池电压，发电机D接线柱端电压降为零，使充电指示灯有电流通过而亮起，指示发电机或电压调节器有故障。

3. 电路检测要点

1）电枢接线柱B

在发电机不工作时，测量发电机电枢接线柱B与搭铁之间的电压，应等于蓄电池电压。如果电压较低或为0 V，则说明发电机与蓄电池之间的电路有断路。

在发动机运转时，测量发电机电枢接线柱B与搭铁之间的电压，应为13.5～14.5 V。如果电压过低或过高，说明发电机或电压调节器有故障。

2）发电机D接线柱

在未接通点火开关时，测量发电机D接线柱与搭铁之间的电压，应为0 V。如果D接线柱电压不是0 V，则要检查发电机内的整流二极管是否有短路。

接通点火开关时，测量发电机D接线柱与搭铁之间的电压，应较低。如果电压为0，则要检查充电指示灯与发电机D接线柱之间的线路；如果电压过高，则要检查电压调节器、电压调节器与发电机F接线柱之间的线路、发电机内的磁场绕组及电刷与滑环的接触等。

3）发电机F接线柱

在接通点火开关时，测量发电机F接线柱与搭铁之间的电压，应较低。如果该电压为0，则要检查充电指示灯、电压调节器及充电指示灯线路；如果电压过高，则要检查发电机内的磁场绕组及电刷与滑环的接触等。

3.1.3 整体式发电机的电源电路

采用整体式发电机的电源电路如图 3－3 所示。

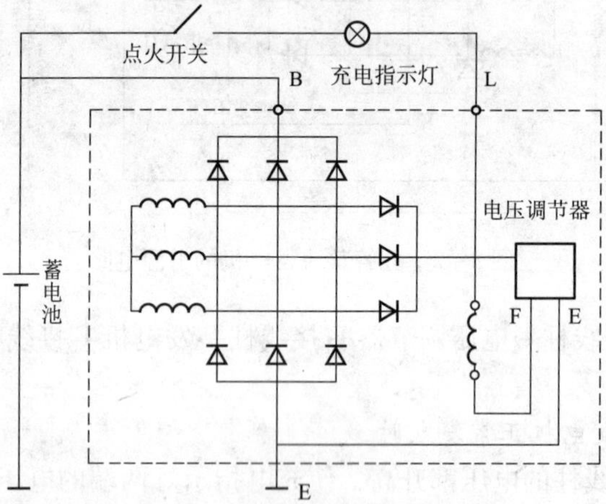

图 3－3 整体式发电机的电源电路

1. 电路分析

整体式发电机将发电机的电压调节器置于发电机内，发电机无磁场接线柱，但有一个充电指示灯接线柱 L。由于电压调节器及其相应的电路都在发电机内部，因而其电源电路相对比较简单。L 接线柱在发电机内部连接提供激磁电流的整流器输出端。因此，当发电机正常发电时，L 接线柱的电压与 B 接线柱相同。

2. 电路原理

1）起动发动机，发电机未正常发电时

接通点火开关，充电指示灯及发电机磁场绕组通电，其电流通路为：蓄电池正极→点火开关→充电指示灯→发电机 L 接线柱→发电机磁场绕组→电压调节器 F 端子→电压调节器 E 端子→搭铁。这时，充电指示灯亮起。

2）发动机工作，发电机正常发电时

发电机 B、L 接线柱的电压都升高，使充电指示灯两端电压为 0，因而充电指示灯熄灭，指示发电机正常工作。

3. 电路检测要点

1）发电机电枢接线柱 B

在发动机不工作时，测量发电机电枢接线柱 B 与搭铁之间的电压，应等于蓄电池电压。如果电压较低或为 0 V，则说明发电机与蓄电池之间的电路有断路。

在发动机运转时，测量发电机电枢接线柱 B 与搭铁之间的电压，应为 13.5 ～14.5 V。

如果该电压过低或过高，说明发电机或电压调节器有故障。

2）发电机充电指示灯接线柱 L

在未接通点火开关时，测量发电机 L 接线柱与搭铁之间的电压，应为 0 V。如果电压不为 0，则要检查发电机内的整流二极管是否短路。

在接通点火开关时，测量发电机 L 接线柱与搭铁之间的电压，应较低。如果电压为 0，则要检查充电指示灯及充电指示灯与发电机 L 接线柱之间的线路；如果该电压较高，则要拆检发电机，检查发电机内部的电压调节器、磁场绕组及电刷与滑环的接触等。

3.2 起动电路

起动电路由起动机、起动继电器、起动开关及蓄电池等组成。

3.2.1 起动开关直接控制式起动电路

如图 3－4 所示为起动开关直接控制式起动电路。

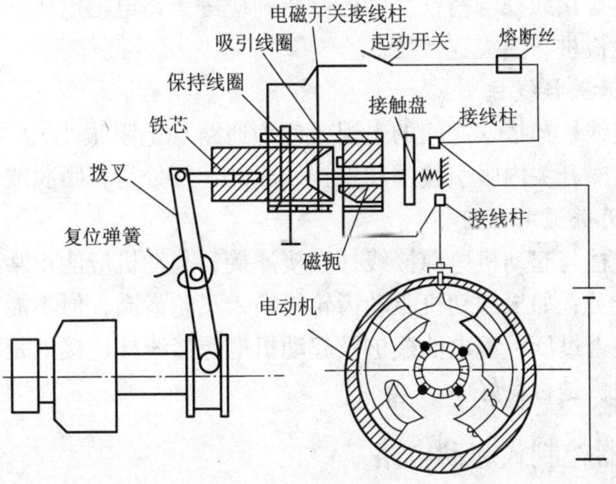

图 3－4 起动开关直接控制式起动电路

1. 电路分析

此起动电路由起动开关直接控制起动机电磁线圈的通断，因此，通过起动开关的电流就是通过电磁开关的电流。采用这种控制方式的起动机，其电磁开关内线圈的电阻不能太小，对起动开关触点要求较高。

起动机电磁开关中吸引线圈与电动机串联相接，使得在接通起动开关时电动机就有一较小的电流，这样就可以使驱动齿轮在慢慢转动中啮入飞轮齿圈，避免了啮合过程中的顶齿现象。

2. 电路原理

发动机起动时，接通点火开关，电磁开关两线圈（吸引线圈、保持线圈）通电，其电流通路为：蓄电池正极→电源接线柱→熔断丝→起动开关→电磁开关接线柱→吸引线圈→电动机接线柱→电动机→搭铁。此时，吸引线圈与保持线圈产生的磁力吸动铁芯，铁芯右移时带动拨叉转动，将驱动齿轮推向发动机飞轮；与此同时，接触盘被右移的铁芯顶向触点，并在驱动齿轮与飞轮啮合时将触点接通。电动机通电后便产生正常的电磁转矩，通过传动机构带动发动机转动。触点接通时，吸引线圈被接触盘短路，由保持线圈所产生的磁力保持铁芯在移动后的位置。

发动机起动后，在断开起动开关的瞬间，接触盘还未退回，这时电磁开关线圈仍有电流：蓄电池正极→电源接线柱→接触盘→电动机接线柱→吸引线圈→保持线圈→搭铁。吸引线圈内产生了与保持线圈相反的磁力，两线圈的磁力相抵消，活动铁芯便在复位弹簧作用下回位，驱动齿轮和接触盘退回，电动机断电，起动机停止工作。

3. 电路检测要点

1）*起动机电源接线柱*

测量起动机上电源接线柱与搭铁之间的电压，应等于蓄电池电压。如果不等于蓄电池电压，则应检查蓄电池极桩与线夹连接处。

2）*起动机电磁开关接线柱*

测量电磁开关接线柱与搭铁之间的电阻，应为通路（电阻很小）。如果电路不通或有较大电阻，则应检查电磁开关内吸引线圈和保持线圈的连接处是否断脱或接触不良。

3）*起动机电磁开关通电试验*

将电磁开关接线柱与起动机电源接线柱直接连接，起动机应能正常工作。如果起动机不工作，应检查电磁开关；如果起动机驱动齿轮能啮入飞轮齿圈，但不能转动或转速很低，则应检查蓄电池电压是否过低、蓄电池极桩及起动机电源接线柱连接处是否连接不良、起动机电磁开关触点或电动机是否良好。

3.2.2 起动继电器控制式起动电路

如图 3－5 所示为使用起动继电器的解放 CA1091 汽车起动电路。

1. 电路分析

该起动电路配用了一个由起动继电器与充电指示灯继电器组成的组合式继电器。起动继电器触点 K1 常开，闭合时接通起动机电磁开关电路；起动继电器线圈 L1 由点火开关控制，在点火开关转到起动挡时通电。

充电指示灯继电器触点 K2 常闭，连接充电指示灯和起动继电器 L1 的搭铁；充电指示灯继电器线圈 L2 连接发电机中性点接线柱，在发电机正常发电时，充电指示灯继电器线圈 L2 通电所产生的磁力可使触点 K2 断开。

充电指示灯继电器触点 K2 断开时，不仅断开了充电指示灯的搭铁通路，同时也使起动

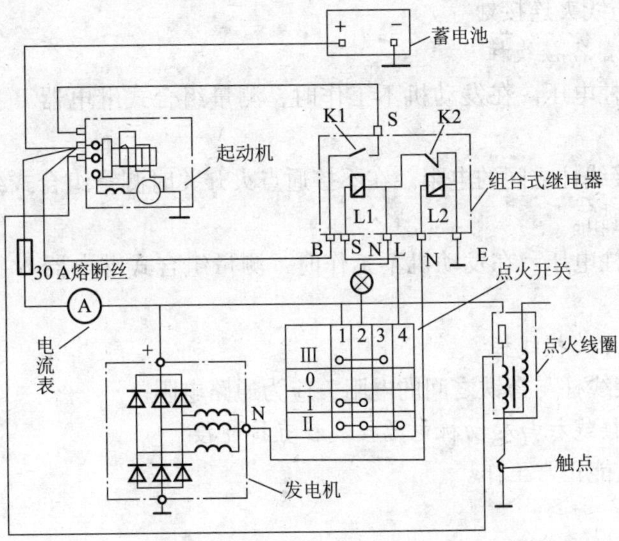

图3-5　解放CA1091汽车起动电路

继电器线圈L1的搭铁通路断路。组合式继电器这样一种电路连接方式，就使充电指示灯继电器具有起动机驱动保护作用。

所谓的起动机驱动保护作用，是指：当发动机起动后，起动机就立即自动停止工作，以避免起动机较长时间空转而消耗电能，减少起动机磨损；发动机工作时，即使误接通起动开关，起动机也不工作，以避免驱动齿轮与发动机飞轮发生打齿。

2. 电路原理

起动时，点火开关转到起动挡，起动继电器线圈L1通电，其电流通路为：蓄电池正极→起动机电源接线柱→30 A熔断丝→电流表→点火开关（1，2，3，4）→组合式继电器S接线柱→起动继电器线圈L1→触点K2→搭铁→蓄电池负极。起动继电器线圈L1通电时产生的磁力将触点K1吸合，接通了起动机电磁开关电路，起动机通电工作。

发动机起动后，发电机正常发电，发电机的中性点电压加在充电指示灯继电器线圈L2上，使充电指示灯继电器线圈L2产生的磁力吸开触点K2。触点K2断开后，充电指示灯熄灭，同时使起动继电器线圈L1断电，触点K1断开，起动机电磁开关断电，起动机自动停止工作。

在发动机工作时，触点K2保持在断开状态，若误将点火开关转至起动挡，起动继电器线圈L1也不会通电，因此，在发动机工作时误接通起动开关，起动机也不会通电工作。

3. 电路检测要点

1）发电机电枢接线柱

测量发电机电枢接线柱“+”与搭铁之间的电压，应等于蓄电池电压。如果电压较低或为0，则应检查熔断器盒中30 A熔断丝、起动机电源接线柱线路连接处、电流表线路连接处、蓄电池极桩与线夹连接处等。

2）组合式继电器各接线柱

① 测量B接线柱电压。在发动机不工作时，测量组合式继电器B接线柱的对地电压，应等于蓄电池电压。

② 测量L、E接线柱之间的电阻。在不接通点火开关时测量组合式继电器L、E接线柱之间的电阻，应为通路。

③ 测量N接线柱电压。在发动机不工作时，测量组合式继电器N接线柱的对地电压，应为0 V。

3）起动机电磁开关接线柱

测量电磁开关接线柱与搭铁之间的电阻，应为通路电阻。

4）将电磁开关接线柱与起动机电源接线柱直接连接

此时，起动机应能正常工作。

3.3 点火电路分析

3.3.1 传统点火系统

汽油发动机长期以来一直采用触点式点火系统，因此，触点式点火系统又称为传统点火系统。触点式点火系统主要由蓄电池、点火开关、点火线圈、分电器、断电器、火花塞和高压线等组成，如图3－6所示。

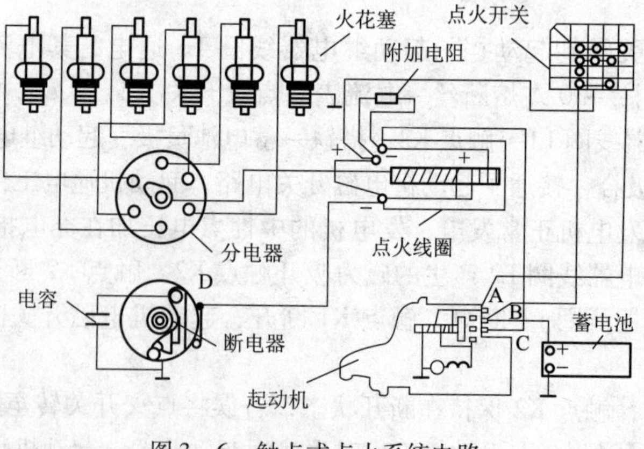

图3－6 触点式点火系统电路

1. 电路分析

点火开关和断电器触点均串联在点火线圈初级回路中，因此，接通点火开关后，由断电器触点控制点火线圈初级绕组的通电和断电。

起动时，在电磁开关接通电动机主电路的同时，该接线柱也接通蓄电池，使得起动时的点火线圈初级电流不经过点火线圈附加电阻。这可使起动时在蓄电池电压较低的情况下，仍有足够大的初级电流，以保证起动时可靠点火。有的点火电路由点火开关来短路点火线圈附加电阻。

2. 电路原理

如图3－7所示为触点式点火系统工作电路图。发动机在工作时，凸轮在配气机构凸轮轴的驱动下旋转，断电器的触点交替地闭合和断开。

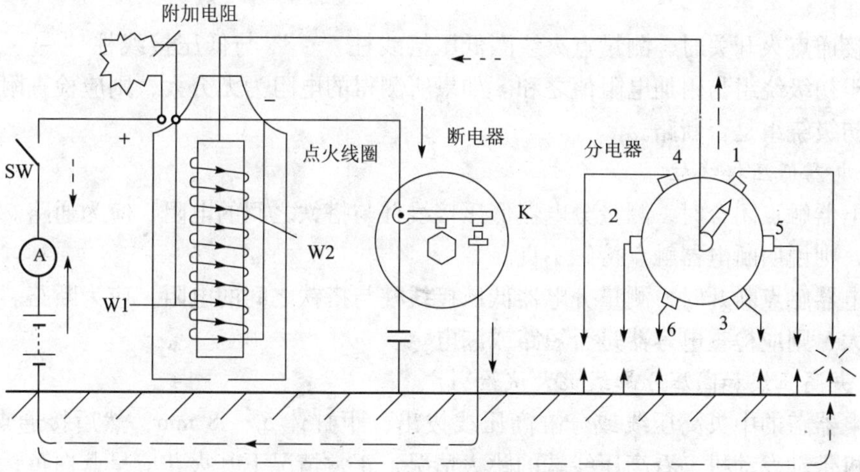

图3－7　触点式点火系统工作电路

i_1 ⟵ ; i_2 - - →

1）在点火开关接通的情况下，触点闭合，点火线圈储存点火能量

在点火线圈初级绕组回路中，初级电流 i_1 的回路是：蓄电池正极→电流表→点火开关→点火线圈“+”端子→附加电阻→点火线圈初级绕组W1→点火线圈“－”端子→断电器触点K→搭铁→蓄电池负极。

在触点闭合的瞬间，点火线圈初级绕组产生阻碍初级电流增长的自感电动势，使得初级电流缓慢增长，点火线圈铁芯中磁通量的变化速率也较低，因此，点火线圈次级绕组产生的互感电动势也不大，约为1 500 V。此电动势不能用于点火，但点火线圈的磁场能量随初级电流的上升而逐渐增加，因此，触点闭合的这段时间是点火线圈的储能过程。

2）触点断开，点火线圈产生高压

触点断开时，点火线圈初级绕组回路断路，点火线圈初级电流突然减小，引起点火线圈铁芯中的磁通量迅速减小，点火线圈次级绕组便产生一个很大的互感电动势。此时，与断电器凸轮同步旋转的分火头正好对着分电器盖某一侧电极，使需要点火的那个缸的火花塞电极电压迅速升高而跳火。

高压电流 i_2 流经路径：点火线圈次级绕组 W_2 +→点火线圈附加电阻→点火开关→电流表→蓄电池→搭铁→火花塞旁电极→中心电极→分电器旁电极→分火头→点火线圈次级绕组 W_2 -。由此可见，点火系统有两个电路，一个是低压电路，另一个是高压电路。

3. 电路检测要点

1）点火线圈低压接线柱“+”

接通点火开关，测量点火线圈低压接线柱“+”与搭铁之间的电压，应等于蓄电池电压。如不等于蓄电池电压，则应检查该接线柱至点火开关及点火开关至起动机电源接线柱之间的线路连接。

在不接通点火开关时，测量点火线圈低压接线柱“+”与低压接线柱“-”之间的电阻，应等于初级绕组与附加电阻值之和。如果所测得的电阻为无穷大，则应检查附加电阻和点火线圈初级绕组是否断路。

2）分电器低压接线柱

在断电器触点闭合时，测量分电器低压接线柱与搭铁之间的电阻，应为通路。如果不通或有电阻，则说明断电器触点接触不良。

在断电器触点断开时，测量分电器低压接线柱与搭铁之间的电阻，应为断路。如果电阻不为无穷大，则应检查电容器是否短路或漏电。

3）中央高压线和高压分缸线跳火试验

将分电器盖的中央高压线或分缸高压线拔出，距缸体 5 ～ 8 mm，然后接通点火开关，并用起动机带动发动机，看高压线端的跳火情况，正常情况下其火花应呈蓝白色，并可听到清晰的“叭、叭”跳火声。

3.3.2 磁感应式电子点火电路

如图 3-8 所示为东风 EQ1092 汽车上采用的磁感应式电子点火系统。

1. 电路分析

该电子点火系统电路中，点火控制器有 4 个线路连接端子：电源端子连接点火线圈的“+”接线柱；输出端子连接点火线圈的“-”接线柱，使点火线圈初级回路的通断由电子点火器内复合式三极管 VT3 控制；信号端子连接分电器的磁感应式点火信号发生器的信号输出端；搭铁端子使点火控制器与电源及与信号源均形成电路回路。

2. 电路原理

工作时，分电器轴转动，磁感应式点火信号发生器产生交变的电压信号，并输入点火控制器，控制大功率三极管 VT3 和 VT4 适时地导通与截止。

当点火控制器的信号输入端为负信号电压时，VT1 截止，VT2、VT3 和 VT4 导通，点火线圈初级回路为通路，初级电流的通路为：蓄电池正极→电流表→点火开关→点火线圈初级绕组 N1→点火控制器的 VT3 和 VT4→搭铁→蓄电池负极。这时，点火线圈初级绕组的电流逐渐增大，此过程为点火线圈储存点火能量的过程。

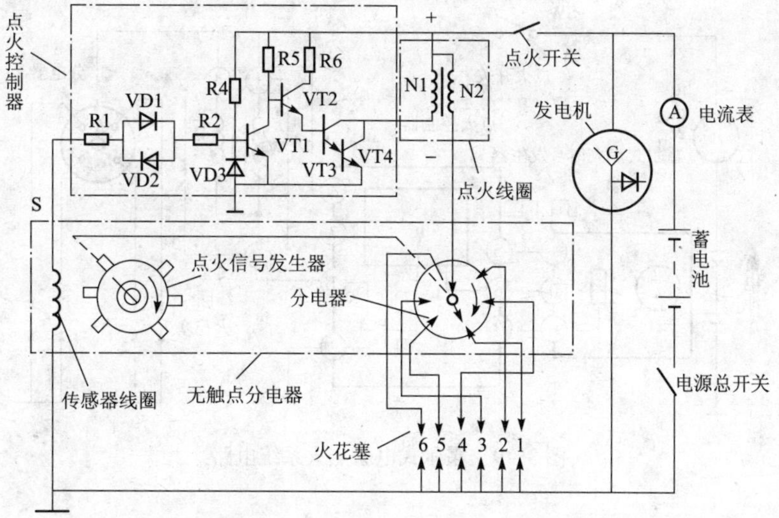

图3－8 磁感应式电子点火系统电路

当点火控制器的信号输入端为正信号电压时，VT1 导通，VT2、VT3 和 VT4 截止，点火线圈初级回路为断路，点火线圈次级绕组产生很高的互感电动势，并使火花塞电极两端的电压迅速上升到跳火电压而使电极跳火。

3. 电路检测要点

1）点火线圈低压接线柱

接通点火开关，测量点火线圈低压接线柱“＋”与搭铁之间的电压，应等于蓄电池电压。如不等于蓄电池电压，则应检查该接线柱至点火开关，再至起动机电源接线柱之间的线路连接。

接通点火开关，测量点火线圈低压接线柱“－”与搭铁之间的电压，应等于蓄电池电压。如不等于蓄电池电压，则应检查点火线圈初级绕组是否断路、点火控制器是否有故障。

2）分电器信号端子 S

用起动机带动发动机转动，用交流电压表测量分电器上的信号端子 S 与搭铁之间的电压，应在 0.3 V 以上。如果无电压，则为磁感应式点火信号发生器故障。

用欧姆表测量分电器上的信号端子 S 与搭铁之间的电阻，应与其规定值相符。如果相差较大，则为信号发生器感应线圈故障。

3.3.3 霍尔式电子点火系统电路

霍尔式电子点火系统电路如图 3－9 所示。

1. 电路分析

该电子点火系统电路采用集成电路点火控制器，霍尔式点火信号发生器的电源由点火控

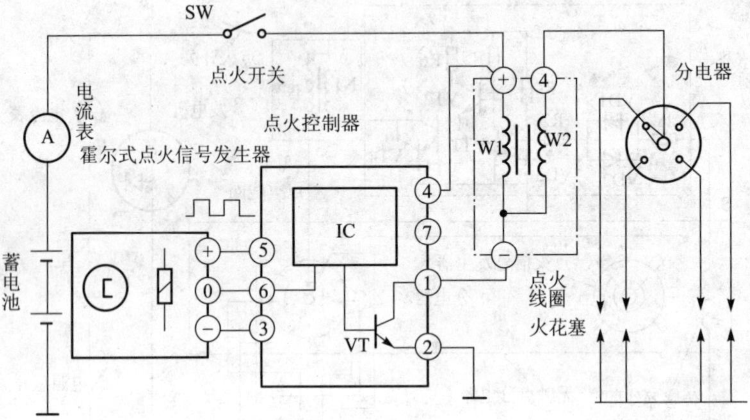

图3－9　霍尔式电子点火系统电路

制器提供。点火控制器的7个线路连接端子具体如下。

1号端子：点火控制器的输出端子，连接点火线圈“－”接线柱，其内部经大功率三极管VT与2号搭铁端子相连接。

2号端子：点火控制器的搭铁端子，当点火控制器内部三极管VT导通时，点火线圈初级绕组通过2号端子与搭铁相通。

3号、5号端子：点火控制器向霍尔式点火信号发生器输出的电源端子，工作时向点火信号发生器提供10 V左右的稳定电压。3号端子同时也是霍尔式点火信号发生器信号电压的负极端子。

4号端子：点火控制器的电源端子，连接点火线圈的“＋”接线柱，在点火开关接通时通电。

6号端子：霍尔式点火信号发生器向电子点火器输出的信号电压（正极）端子。

7号端子：未使用。

2. 电路原理

接通点火开关后，点火控制器内部电路通过4号、2号端子接通电源，并通过5号、3号端子向霍尔式点火信号发生器输出10 V电压。当分电器轴转动时，分电器中霍尔式点火信号发生器所产生的脉冲电压信号（在0.4～10 V之间变化）通过6号、3号端子输入点火控制器的IC，控制三极管VT的导通和截止，使点火线圈初级绕组适时地通断，点火线圈次级绕组产生高压。

当发动机工作，信号发生器输出高电压时，点火控制器中的大功率三极管VT导通，初级电流通路为：蓄电池正极→电流表→点火开关→点火线圈初级绕组W1→点火控制器的1号接线柱→点火控制器的三极管VT→点火控制器的2号接线柱→搭铁→蓄电池负极。

点火线圈初级绕组在线圈的铁芯中形成磁场，当信号发生器输出低电压时，点火控制器中的大功率三极管 VT 截止，初级电流被切断，它所形成的磁场随之迅速变化，在点火线圈的两个绕组中都会产生感应电动势。由于次级绕组的匝数多，因此，在次级绕组中将感应产生 15 kV ～ 20 kV 的高压电动势，它足以击穿火花塞的电极间隙，并产生电火花，从而点燃可燃混合气。点火控制器的大功率三极管 VT 每截止一次，点火线圈就产生一次高电压。

3. 电路检测要点

1）点火线圈低压接线柱

接通点火开关，测量点火线圈两低压接线柱“ + ”、“ - ”的对地电压，应等于蓄电池电压。如果“ + ”接线柱的对地电压不等于蓄电池电压，则应检查该接线柱至点火开关及点火开关至起动机电源接线柱之间的线路连接；如果只是“ - ”接线柱的对地电压不等于蓄电池电压，则应检查点火线圈初级绕组是否断路、点火控制器是否有故障。

2）点火控制器 1 号端子

接通点火开关，测量点火控制器 1 号端子与搭铁之间的电压，应等于蓄电池电压。如果电压较低或为 0 V，而点火线圈“ - ”接线柱电压正常，则应检查点火控制器 1 号端子与点火线圈之间的线路连接，若线路连接正常，则说明点火控制器有故障。

接通点火开关，并确认从点火控制器 6 号端子和 3 号端子输入 9 V 左右的电压，测量点火控制器 1 号端子与搭铁之间的电压，应接近 0 V。如果点火控制器 1 号端子电压没有变化或电压较高，则说明点火控制器有故障。

3）点火控制器 2 号、3 号端子

接通点火开关，测量点火控制器 2 号、3 号端了与搭铁之间的电压，应不超过 0.5 V。如果电压偏高，则应检查点火控制器的搭铁线路连接有无不良。

4）点火控制器 4 号端子

接通点火开关，测量点火控制器 4 号端子与搭铁之间的电压，应等于蓄电池电压。如果不等于蓄电池电压，而点火线圈“ + ”接线柱电压正常，则应检查点火控制器 4 号端子与点火线圈之间的线路连接。

5）点火控制器 5 号端子

接通点火开关，测量点火控制器 5 号端子与搭铁之间的电压，应为 10 V。如果该电压较低或为 0 V，则说明点火控制器有故障。

6）点火控制器 6 号端子

接通点火开关，慢慢转动分电器，测量点火控制器 6 号端子与搭铁之间的电压，应在 0.4 ～ 9 V 之间跃变。如果电压不正常，则应检查点火控制器与分电器之间的线路连接是否良好、点火信号发生器是否正常。

3.4 照明电路

汽车照明电路由各照明灯具和控制开关组成，用于夜间行车的道路照明、车内照明及其他特殊照明。

3.4.1 照明电路的特点

照明电路主要由蓄电池、熔断丝、灯控开关、灯光继电器、变光器、灯及其线路组成。汽车照明灯一般由前照灯、雾灯、小灯、后灯、内部照明灯等组成。不同车型所配置的照明设备不完全相同，其控制线路也各不相同。

1）常见照明系统电路

如图3－10所示，照明灯由灯光开关直接控制。灯光开关在“0”挡时，所有照明灯关断；灯光开关在“1”挡时，小灯（包括示宽灯、尾灯、仪表灯、牌照灯）亮；灯光开关在“2”挡时，前照灯、小灯同时亮。

室内灯位于车内前部顶棚上，其功能是给驾驶员提供照明条件。此外，它还受各个车门开关控制，为驾驶员提供各个车门的开闭状态信号。

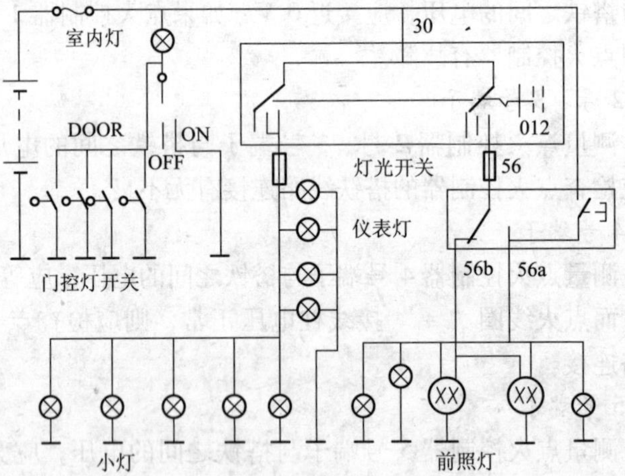

图3－10 常见照明系统电路图

2）带继电器的照明系统电路

带继电器的照明系统电路如图3－11所示，照明系统安装有继电器，灯光开关控制继电器线圈，而继电器触点流过的电流才是灯泡流过的电流。

超车灯信号常用远光灯亮灭来表示，发出此信号时不通过灯光开关，属于短时接通。

在有些车辆中，为了保证发动机顺利起动，当点火开关打至起动挡时，前照灯及空调系统等耗电量较大的用电设备的电路将被切断。

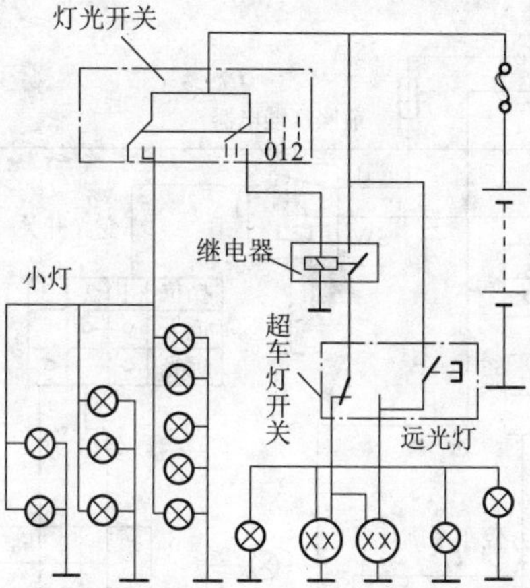

图3-11　带继电器的照明系统电路

3.4.2　典型照明电路

1. 照明电路概述

为满足汽车夜间行驶的道路照明、车内照明及其他特殊照明，汽车照明系统配备了相应的灯具和控制开关。

1）照明灯具

有的汽车的车外照明灯具除配有前雾灯外，还配有后雾灯；有的汽车配备了转弯照明灯或前侧灯，用于补充转向时的前照灯照明。不同类型、不同级别的汽车，其车内照明灯具的配备会有较大差别，轿车和高档客车上的照明灯具比普通汽车多得多。

2）照明灯控制

一些汽车除了手动操作的车灯开关和其他照明灯手动开关外，还设置了车门控制开关、声控开关、遥控开关等。为使照明灯控制安全可靠，许多汽车上配备了数量不等的灯光控制继电器。

2. 照明电路分析

如图3-12所示为解放CA1092载货汽车照明系统电路图。该照明系统电路中的车灯开关为复合式开关，其中推拉开关分两挡，Ⅰ挡接通示廓灯、尾灯、仪表照明灯等，Ⅱ挡则同时接通前照灯；旋钮开关接通顶灯。

前照灯继电器为保护继电器，常开触点串联在前照灯电路中，继电器线圈由车灯开关Ⅱ挡控制。这样，就可避免较大的前照灯电流直接通过车灯开关。

机械式变光开关用于前照灯的远光和近光切换，按压该开关一次，前照灯就切换一次远近光。

3. 照明电路原理

车灯开关拉至Ⅰ挡时，示廓灯、尾灯、仪表照明灯等通电，其电流通路为：蓄电池正

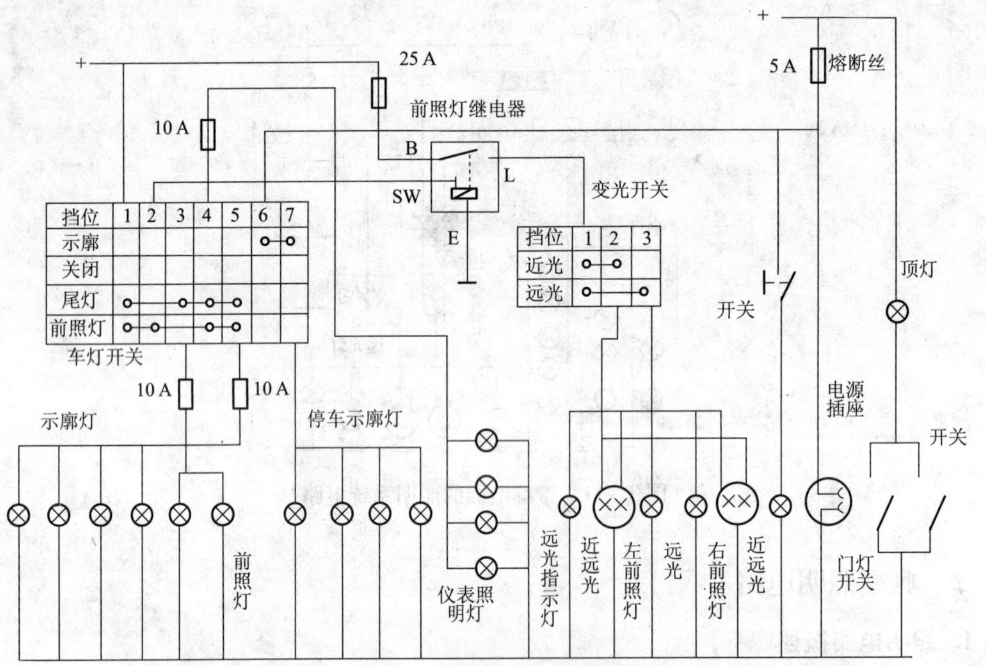

图 3－12 解放 CA1092 载货汽车照明系统电路图

极→30 A 熔断丝（图 3－12 中未画出）→电流表（图 3－12 中未画出）→车灯开关Ⅰ挡触点→10 A 熔断丝→示廓灯/尾灯、仪表照明灯→搭铁→蓄电池负极。

车灯开关拉至Ⅱ挡时，前照灯继电器线圈同时通电，其（蓄电池供电时）电流通路为：蓄电池正极→30 A 熔断丝（图 3－12 中未画出）→电流表（图 3－12 中未画出）→车灯开关Ⅱ挡触点→前照灯继电器线圈→搭铁→蓄电池负极。

前照灯继电器线圈通电后，使触点闭合，接通前照灯电路，其（蓄电池供电时）电流通路为：蓄电池正极→30 A 熔断丝（图 3－12 中未画出）→电流表（图 3－12 中未画出）→25 A 熔断丝→前照灯继电器电源接线柱 B→前照灯继电器触点→前照灯继电器接线柱 L→前照灯变光开关→前照灯远光灯或近光灯→搭铁→蓄电池负极。

在发动机工作、发电机正常发电时，上述电流通路的电源是发电机。

4. 照明电路检测要点

1）前照灯继电器电源接线柱 B

用直流电压表测量前照灯继电器电源接线柱 B 与搭铁之间的电压，应等于蓄电池电压。如果无蓄电池电压，需检查熔断器盒内的 30 A 熔断丝是否烧断；继电器 B 接线柱（经电流表、熔断器盒）到起动机电源接线柱之间的线路连接有无断路或接触不良。

2）前照灯继电器开关接线柱 SW 和前照灯继电器接线柱 L

将车灯开关拉至Ⅱ挡，分别测量“SW”和“L”接线柱与搭铁之间的电压，应等于蓄电池电压。如果“SW”接线柱电压正常，而“L”接线柱无蓄电池电压，则应检查前照灯继电器；如果“SW”接线柱无蓄电池电压，则应检查前照灯继电器与车灯开关的线路有无断路、车灯开关是否损坏；如果“SW”和“L”接线柱与搭铁之间的电压均正常，但前照灯不亮，则应检查熔断器盒内的熔断丝是否已烧断、变光开关是否损坏、前照灯灯泡是否损坏、前照灯继电器至前照灯之间的线路有无断路或连接不良。

3.5 信号电路

汽车信号电路由声响信号装置、灯光信号装置和控制开关组成，用于向其他车辆和行人发出警告，引起注意，确保行车安全。

3.5.1 电喇叭

1. 电喇叭的类型

目前汽车上使用的电喇叭有触点式和电子式两大类。

触点式电喇叭内部的电磁铁电路串联了触点，工作时，通过触点的开闭循环，使电喇叭电路中产生脉动电流，使喇叭膜片振动发声。触点式电喇叭的触点在工作时产生触点火花，容易使触点烧蚀而影响工作的可靠性。

电子式电喇叭也称为无触点式电喇叭，用一振荡电路来产生脉动电流。无触点式电喇叭避免了触点火花问题，其工作可靠性较高。因此，在现代汽车上的使用逐渐增多。

2. 触点式电喇叭控制电路

触点式电喇叭的控制电路有带继电器与不带继电器两类。装用一只喇叭时，喇叭工作电流直接通过喇叭按钮。当装用双喇叭时，因为喇叭消耗电流较大（15 ～20 A），用按钮直接控制时，按钮容易烧坏。为此，常采用喇叭继电器，其构造和接线方法如图 3 – 13 所示。

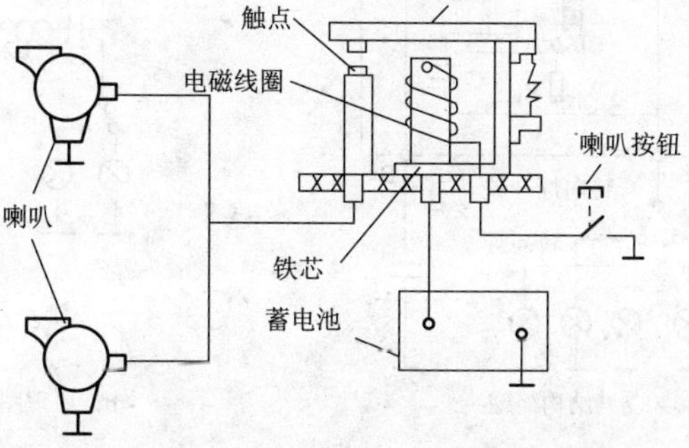

图 3 – 13　触点式电喇叭的控制电路

工作时，按下喇叭按钮，电喇叭内电磁线圈通电，其电流通路为：蓄电池正极→电磁线圈→喇叭按钮→搭铁→蓄电池负极。

与此同时，电磁线圈因有电流通过而产生电磁吸力，吸下活动触点臂，触点闭合，电流流通路为：蓄电池正极→铁芯→活动触点臂→喇叭→搭铁→蓄电池负极。因为喇叭的大电流不再经过喇叭按钮，从而保护了喇叭按钮。当松开按钮时，电磁线圈内电流中断，磁力消失，触点在弹簧作用下断开，即可切断喇叭电路，使喇叭停止发声。

3.5.2 转向信号装置

1. 转向信号装置的组成与类型

转向信号装置主要由转向灯、闪光器、转向灯开关等组成。转向灯的闪烁由闪光器控制，闪光器有热丝式、电容式、翼片式和电子式等不同的类型。

热丝式闪光器由于其工作可靠性较差，闪光频率不稳定，已被淘汰。目前在汽车上使用的闪光器有电容式、翼片式和电子式等几种类型。

2. 电容式闪光器

1）电容式闪光器的结构特点

电容式闪光器主要由继电器连接一个电容构成，其结构与内部电路有不同的形式，但原理基本相同，都是通过电容的充、放电延时特性，控制继电器触点按某一频率开闭，从而使转向灯闪烁。如图 3－14 所示为电容式闪光器的结构简图与原理图。

电容式闪光器的触点常闭，串联于转向灯电路的线圈 L1 的电阻较小；线圈 L2 的一端通过铁芯和磁轭与触点 K 相连，另一端串联电容 C 后与触点线相连，线圈 L2、电容 C 与触点并联（见图 3－14（b）），线圈 L2 的电阻较大。

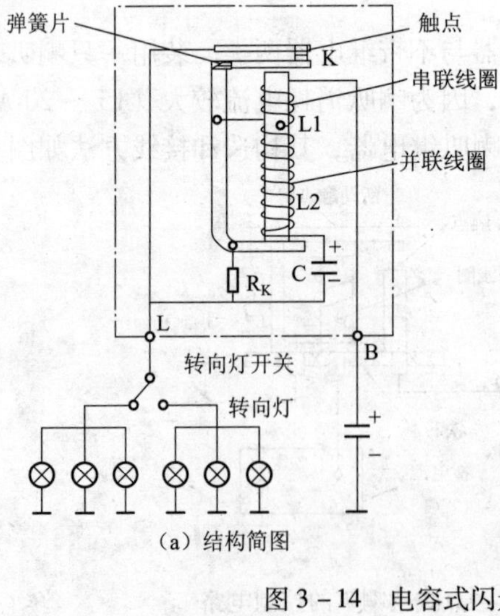

（a）结构简图

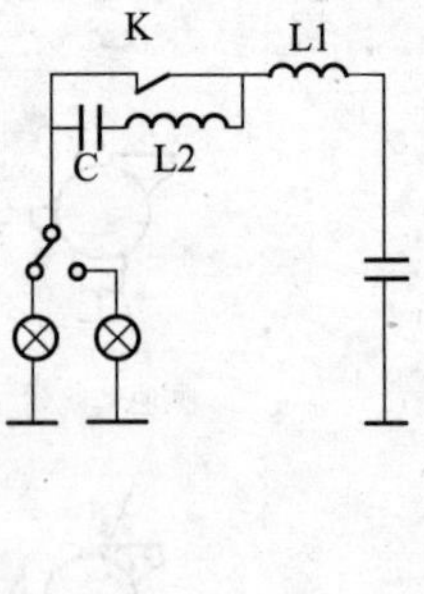

（b）原理图

图 3－14 电容式闪光器

2）电容式闪光器的工作原理

接通转向灯开关后，线圈 L1 通电，电流通路为：蓄电池正极→线圈 L1→触点 K→转向灯开关→转向灯及转向指示灯（图中未画出）→搭铁→蓄电池负极。此时，线圈 L2 和电容 C 的电路被触点短路，无电流流过，但通过较大电流的线圈 L1 所产生的磁力足以克服弹簧片的弹力而使触点断开，因此，转向灯一闪亮就立即变暗。

触点断开后，电源便向电容 C 充电，其充电电流通路为：蓄电池正极→线圈 L1→磁轭及铁芯→线圈 L2→电容 C→转向灯开关→转向灯及转向指示灯（图中未画出）→搭铁→蓄电池负极。由于线圈 L2 的电阻较大，其充电电流较小，故灯暗。这时，两线圈产生的磁场方向相同，所以，其磁力能保持触点断开，使转向灯保持暗的状态。

电容 C 在充电过程中，其端电压逐渐升高，充电电流随之减小。当充电电流减小至两线圈的磁力不足以克服弹簧片的弹力时，触点又闭合。这时，通过转向灯的电流增大，灯变亮。与此同时，电容通过触点放电，放电电流通路为：电容 C 正极→线圈 L2→铁芯及磁轭→触点 K→电容 C 负极。由于电容 C 的放电电流使线圈 L2 产生的磁场与线圈 L1 相反，削弱了线圈 L1 产生的磁场，因此，不能使触点断开，转向灯保持亮的状态。

在电容 C 的放电过程中，其放电电流逐渐减小，线圈 L2 产生的磁场逐渐减弱。当线圈 L2 产生的磁场减弱至线圈 L2 的磁场作用基本消失时，线圈 L2 产生的磁力又使触点断开，灯光又变暗。如此反复，电容 C 不断地充电、放电，使触点定时地开和闭，从而使转向灯按一定的频率闪光。

3. 转向灯信号控制电路分析

如图 3－15 所示为东风 EQ1090E 转向灯控制电路。该电路的电流通路为：蓄电池正极→电流表→点火开关→熔断丝→闪光器→转向灯开关→转向灯→搭铁→蓄电池负极。

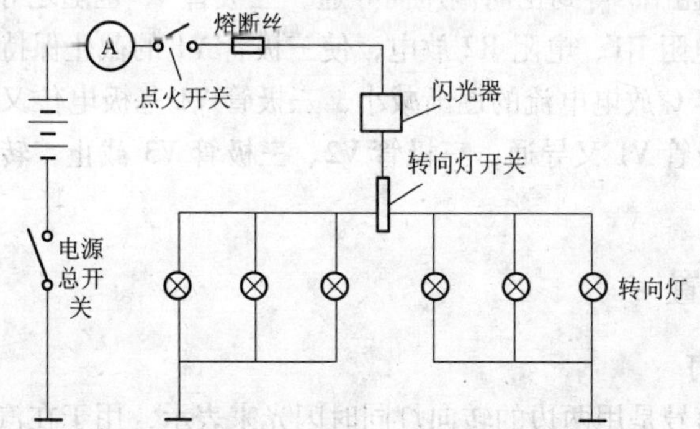

图 3－15　东风 EQ1090E 汽车转向灯控制电路

4. 电子闪光器

1）电子闪光器的结构特点

目前汽车使用的电子闪光器种类繁多，但大体可分为有触点和无触点两种类型。有触点电子闪光器仍以电磁继电器触点的开闭来控制转向灯闪烁，但继电器线圈电流的通断则由电子电路来控制。无触点电子闪光器则由电子电路控制三极管的导通和截止使转向灯闪烁。如

图 3－16 所示是国产 SG131 型无触点闪光器。

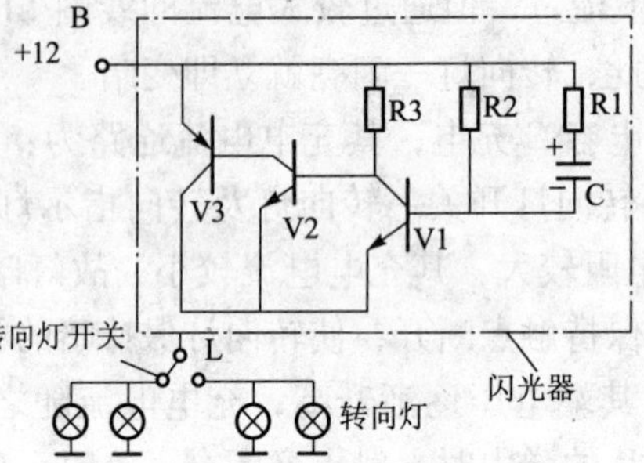

图 3－16 国产 SG131 型无触点闪光器

由三极管 V1、三极管 V2、电阻 R1、电阻 R2、电容 C 组成的电子电路控制三极管 V3 按一定的时间间隔导通和截止，使转向灯闪烁。

2）电子闪光器工作原理

接通转向灯开关后，电源通过电阻 R2 和电阻 R1、电容 C 向三极管 V1 提供正向偏压，三极管 V1 导通，使三极管 V2 无基极电压而截止，三极管 V3 随之截止。由于三极管 V1 的集电极电流很小，所以三极管 V1 导通时转向灯是暗的。

电源通过电阻 R1 对电容 C 充电，使电容 C 的电压逐渐增大，三极管 V1 的基极电位逐渐下降。当三极管 V1 的基极电位降至其导通电压以下时，三极管 V1 截止。三极管 V1 截止后，三极管 V2 通过电阻 R3 得到正向偏压而导通，三极管 V3 也随之导通，转向灯变亮。

此时，电容 C 经电阻 R1、电阻 R2 放电，使三极管 V1 的截止保持一段时间，转向灯保持亮的状态。随着电容 C 放电电流的逐渐减小，三极管 V1 基极电位又开始升高，当达到其正向导通电压时，三极管 V1 又导通，三极管 V2、三极管 V3 截止，转向灯又变暗。如此循环，使转向灯闪光。

3.5.3 其他信号装置

1. 危险警告信号灯

汽车上危险警告信号是用两边的转向灯同时闪光来表示，用于在汽车出现故障或其他紧急情况时向其他车辆和行人报警。危险警告信号由独立的开关控制，通常是与转向信号共用一个闪光器，其控制电路如图 3－17 所示。

危险警告开关内的两个触点可同时接通两侧的转向灯电路，另一个触点（转向灯不经点火开关控制的无此触点）则将闪光器直接与蓄电池连接，以使危险警告信号在点火开关关闭时也可以使用。

2. 制动信号装置

汽车制动信号由车尾的制动信号灯亮起表示，制动信号灯由制动灯开关控制。制动信号

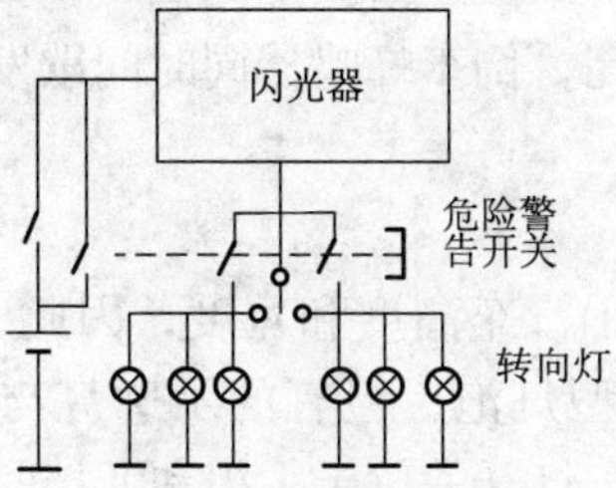

图 3－17　危险警告信号控制电路

灯装在汽车后组合灯内，是指示汽车停车或减速的指示灯具。在踩下制动踏板时，发出较强的红光，以提醒后面的车辆或行人保持安全的距离。

制动信号灯控制电路如图 3－18 所示。当驾驶员踩下制动踏板时，制动开关闭合，制动灯电路接通，制动灯被点亮；当抬起制动踏板时，制动开关断开，制动灯电路被切断，制动灯熄灭。

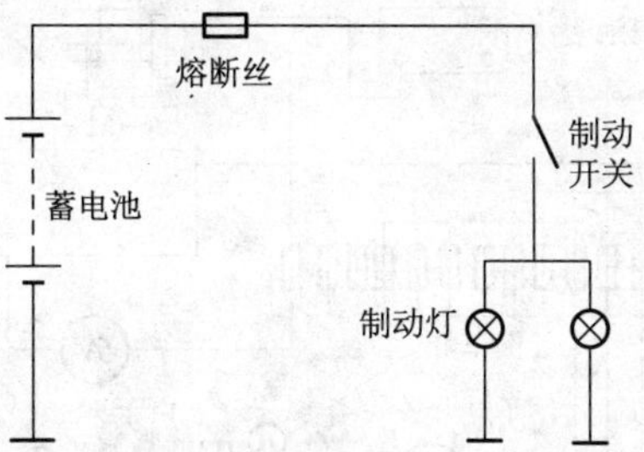

图 3－18　制动信号灯控制电路

3. 倒车信号装置

倒车信号装置包括倒车灯和倒车蜂鸣器，如图 3－19 所示。倒车灯安装在汽车后组合灯内，倒车灯除了在夜间倒车时作后场地照明外，还起到倒车警告信号的作用。有些汽车在其后部还同时装有倒车蜂鸣器，均由倒车灯开关控制。

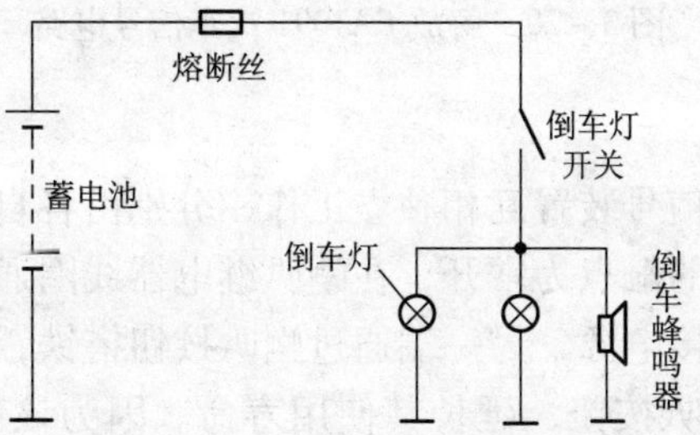

图 3－19　倒车信号系统工作电路

倒车灯开关安装在变速器上，当变速器拨至倒挡时，倒车灯开关触点闭合，倒车灯和倒车蜂鸣器电路通电，倒车灯被点亮，倒车蜂鸣器同时间歇发声，以警告行人和其他车辆的驾驶员注意。

4. 示廓灯

示廓灯用于在夜间行车时标示汽车高度和宽度，因此，也有人将其称为“示高灯”和“示宽灯”。示廓灯采用单丝的小型灯泡，但有的示廓灯与转向灯和制动灯共用一个灯泡。示廓灯一般由车灯开关控制，在车灯开关位于Ⅰ挡和Ⅱ挡时均点亮。

在一些汽车上，示廓灯还可以由其他开关控制。如桑塔纳轿车，当点火开关处于关断位置时，停车灯开关与电源接通，可用停车灯开关控制一侧的示廓灯。这时，示廓灯当作停车灯使用。

3.5.4 典型汽车信号电路

如图 3－20 所示为解放 CA1091 汽车信号电路。

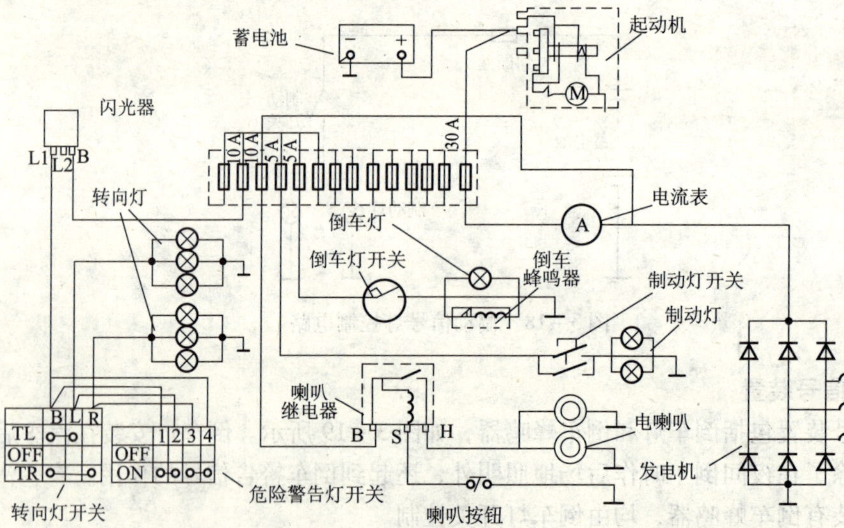

图 3－20 解放 CA1091 汽车信号电路

1. 信号电路分析

汽车信号电路中的各种信号装置互相独立工作，分别由各自的控制开关控制。

喇叭电路中喇叭继电器的触点为常开，在喇叭继电器线圈通电时触点闭合，接通喇叭电路。喇叭继电器线圈一端连接电源，另一端通过喇叭按钮搭铁，在喇叭按钮按下时通电。设置喇叭继电器是为了保护喇叭按钮，延长其使用寿命。因为该车型信号系统采用了双音喇叭，所需的电流较大，若直接由喇叭按钮控制，按钮触点容易烧蚀。

危险警告灯开关的 1、4 端子连接闪光器，2、3 端子分别连接左转向灯和右转向灯。当按下危险警告灯开关时，开关内部触点将1、2端子和3、4端子接通，使左右转向灯均闪光。

2. 信号电路原理

按下喇叭按钮，喇叭继电器线圈通电，喇叭继电器触点闭合，电喇叭通电发声。电喇叭的电流通路为：蓄电池正极→30 A熔断丝→电流表→10 A熔断丝→喇叭继电器触点→电喇叭→搭铁→蓄电池负极。

踩下制动踏板，制动灯开关闭合，制动信号灯通电亮起。制动信号灯的电流通路为：蓄电池正极→30 A熔断丝→电流表→5 A熔断丝→制动灯开关→制动信号灯→搭铁→蓄电池负极。

汽车挂倒挡，倒车灯开关闭合，倒车信号装置通电工作（蜂鸣器响、倒车灯亮）。倒车信号装置的电流通路为：蓄电池正极→30 A熔断丝→电流表→5 A熔断丝→倒车灯开关→倒车信号灯、倒车蜂鸣器→搭铁→蓄电池负极。

接通转向开关，一边的转向灯通电闪光。转向灯的电流通路为：蓄电池正极→30 A熔断丝→电流表→10 A熔断丝→闪光器→转向灯开关→左（或右）转向灯→搭铁→蓄电池负极。

接通危险警告灯开关时，两边的转向灯通电且同时闪烁。转向灯的电流通路为：蓄电池正极→30 A熔断丝→电流表→10 A熔断丝→闪光器→危险警告灯开关（1—2、3—4）→左（或右）转向灯→搭铁→蓄电池负极。

3. 信号电路检测要点

1）喇叭继电器接线柱

测量喇叭继电器上的电源接线柱B与搭铁之间的电压，应等于蓄电池电压。如果无电压，则应检查熔断器盒中的相关熔断丝（30 A、10 A）是否烧断、喇叭继电器至蓄电池之间的线路连接有无断脱或接触不良。

测量喇叭继电器上的按钮接线柱S与搭铁之间的电压，应等于蓄电池电压。如果B接线柱电压正常而S接线柱无电压，则为线圈电路有断路故障，需更换喇叭继电器。

测量喇叭继电器上的喇叭接线柱H与搭铁之间的电阻，应为通路。如果电路不通或电阻较大，则应检查电喇叭的线路连接有无断脱或接触不良、电喇叭是否有故障。

2）闪光器接线柱

测量闪光器电源接线柱B与搭铁之间的电压，应等于蓄电池电压。如果无电压，则应检查熔断器盒中的相关熔断丝（30 A、10 A）是否烧断、闪光器至蓄电池之间的线路连接有无断脱或接触不良。

测量闪光器上的转向灯接线柱L与搭铁之间的电压，应等于蓄电池电压。如果无电压，则为闪光器内部有断路，需更换闪光器。

3.6 仪表及指示灯电路

汽车仪表及指示灯电路由各仪表、指示灯和传感器组成，用于向驾驶员指示汽车行驶情况和发动机运行状况，以便于驾驶员正确驾驶汽车，及时发现异常，提高行车安全。

3.6.1 发动机机油压力过低报警电路

1. 机油压力表的组成

发动机机油压力表用于指示发动机润滑系统的工作压力，由装在发动机主油道中的机油压力传感器和仪表板上的油压指示表两部分组成。

2. 机油压力报警开关及电路

如图 3－21 所示为弹簧管式机油压力报警开关及电路。

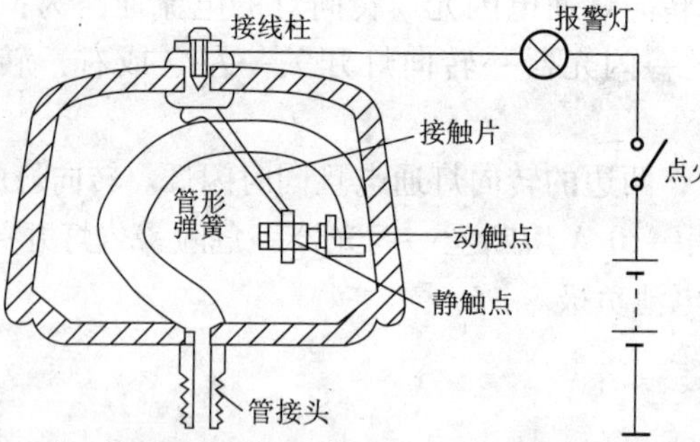

图 3－21 弹簧管式机油压力报警开关及电路

其传感器为盒式，内有一管形弹簧，一端与管接头相连，另一端与动触点相连，静触点与接线柱经接触片与接线柱相连，当机油压力低于 0.05 MPa 时，管形弹簧变形很小，动触点与静触点闭合，电路接通，报警灯被点亮；当机油压力高于 0.05 MPa 时，管形弹簧变形较大，动触点与静触点分开，电路切断，报警灯熄灭。

其电流通路为：蓄电池正极→点火开关→报警灯→接线柱→接触片→触点→管形弹簧→搭铁→蓄电池负极。

3.6.2 发动机冷却液温度过高报警电路

1. 发动机冷却液温度表的组成与类型

发动机冷却液温度表用于指示发动机冷却液的工作温度，当发动机冷却液的温度升高到一定程度时，报警灯被点亮，以示警报。它由安装在仪表板上的温度指示表和安装在发动机气缸盖水套上的温度传感器组成。

发动机冷却液温度表的模拟指示表有双金属片式和电磁式两类，传感器也有双金属片式和热敏电阻式两种。

2. 冷却液温度过高报警电路

如图3－22所示为双金属片式传感器控制的报警电路。

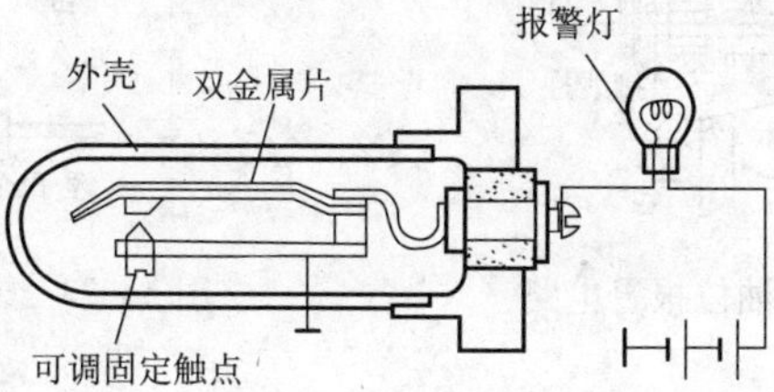

图3－22 双金属片式传感器控制的报警电路

双金属片式传感器的传热套筒置入发动机冷却液中，发动机冷却液的温度通过传热套筒传入传感器中，会使双金属片向上弯曲，因此，其触点的接触压力会随发动机冷却液温度的上升而减小。

当冷却液温度低于95 ℃～98 ℃时，双金属片上的触点与固定触点保持分离状态，报警灯不亮；当冷却液温度高于95 ℃～98 ℃时，双金属片受热变形向下弯曲程度变大，触点接触，将报警灯电路接通，报警灯被点亮。

3.6.3 燃油表及油位过低报警电路

1. 燃油表的组成与类型

燃油表用于指示油箱中所储存的燃油量。燃油表由装在油箱中的油面传感器和仪表盘上的燃油指示表两部分组成。

模拟式燃油表有电磁式和电热式（双金属片式）两种，燃油表的传感器一般用滑片电阻式传感器。

在一些汽车上，使用了电子式燃油表。电子式燃油表用发光二极管显示油箱存油量，有的电子式燃油表则是用数字显示。

2. 燃油油位报警电路

如图3－23所示为热敏电阻式燃油油位报警电路。当油箱内油量较多时，热敏电阻元件浸没在油箱中，散热快，温度较低，电阻值较大，因此，电路中电流很小，报警灯不亮；当油箱内油量降低到规定值以下时，热敏电阻元件露出油面，散热慢，温度较高，电阻值较小，因此，电路中电流增大，报警灯点亮。

3. 指示灯电路

指示灯电路由各指示灯和相应的控制开关组成。如图3－24所示为制动液液面过低报警电路。

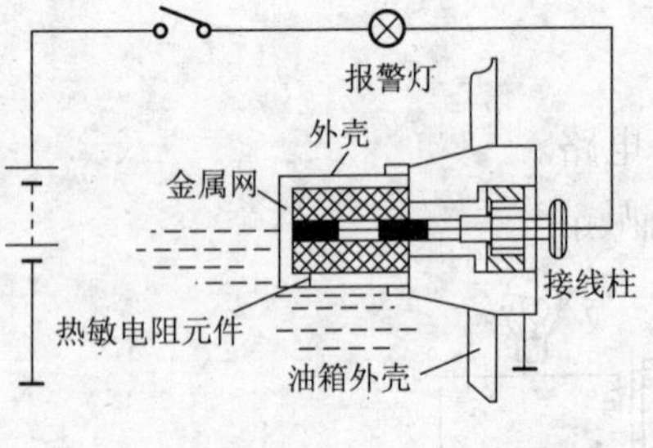

图 3－23 热敏电阻式燃油油位报警电路

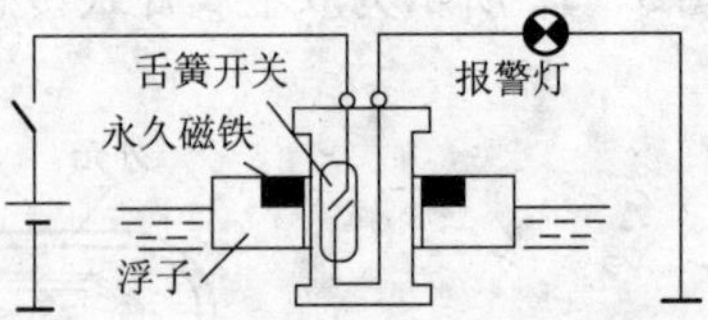

图 3－24 制动液液面过低报警电路

制动液液面过低报警电路的作用是当制动液液面低于设定值时，红色报警灯亮起，以示报警。制动液液面过低报警电路由仪表板上的报警灯和安装在制动液储液罐中的传感器组成。如图 3－24 所示的制动液液面过低报警电路所用的液面传感器为舌簧开关式液面传感器。

漂浮在制动液液面上的浮子固定有永久磁铁。在制动液液面正常时，固定在浮子上的永久磁铁离传感器壳体内的舌簧开关距离较远，对舌簧开关的磁力较弱，舌簧开关保持在张开状态，制动液液面降低，报警灯不亮。当浮子随着制动液液面下降到设定的底限时，永久磁铁离舌簧开关的距离较近，其磁力作用可使舌簧开关闭合，接通报警灯，发出警告。

3.6.4 典型的汽车仪表与指示灯电路

1. 仪表与指示灯电路概述

不同级别、不同使用要求的汽车，其仪表与指示灯电路的配置会有所不同。发动机冷却液温度表、燃油表及车速里程表是现代汽车都装备的仪表。在一些中型或大型汽车上装有发动机机油压力表和电流表。在一些气压制动器车上，还装有气压表。轿车上大都装有发动机转速表。

安装在仪表板上的各种指示灯用来指示汽车的一些参数的极限情况及在非正常情况下报警。现代汽车常见的指示灯有冷却液温度过高指示灯、机油压力过低指示灯、气压过低报警灯（气压制动汽车）、充电指示灯、燃油液面过低指示灯、制动液液面过低指示灯、安全带未系指示灯等。安装电子控制装置的汽车还装有与所装备的电子控制装置相适应的指示灯和报警灯。

如图 3－25 所示为解放 CA1091 汽车的仪表与指示灯电路图。

2. 仪表与指示灯电路分析

仪表电路和指示灯电路均通过点火开关与蓄电池或发电机正极连接，因此，在接通点火开关以后，仪表电路和指示灯电路接通电源，各仪表和指示灯进入工作状态。

燃油表和冷却液温度表与点火开关之间都串联了稳压器，其作用是避免燃油表和冷却液温度表的显示值受电源电压波动的影响。

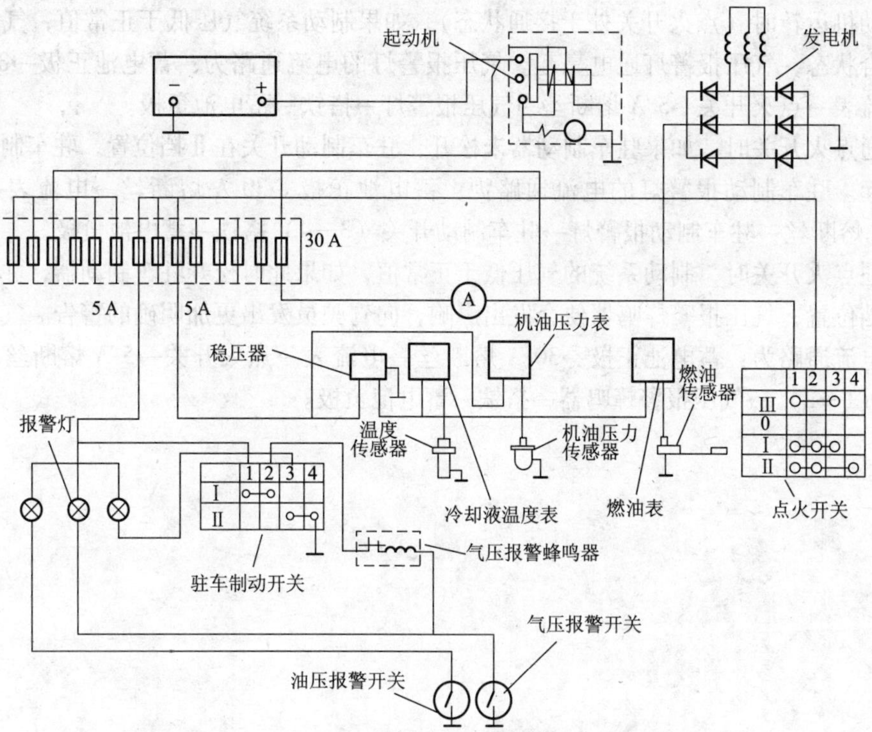

图 3－25　解放 CA1091 汽车的仪表与指示灯电路图

驻车制动开关有两挡，拉紧驻车制动器时，驻车制动开关在Ⅱ挡位置，接通驻车制动器报警灯的搭铁电路；放松驻车制动器时，驻车制动开关在Ⅰ挡位置，接通气压报警蜂鸣器电源电路。

3. 仪表与指示灯电路工作原理

接通点火开关后，机油压力表、燃油表、发动机冷却液温度表各自独立工作。

燃油表的电流通路为：蓄电池正极→30 A 熔断丝→电流表→点火开关→5 A 熔断丝→稳压器→燃油表→燃油传感器→搭铁→蓄电池负极。

机油压力表的电流通路：蓄电池正极→30 A 熔断丝→电流表→点火开关→5 A 熔断丝→机油压力表→机油压力传感器→搭铁→蓄电池负极。

发动机冷却液温度表的电流通路：蓄电池正极→30 A 熔断丝→电流表→点火开关→5 A 熔断丝→稳压器→冷却液温度表→温度传感器→搭铁→蓄电池负极。

发动机运转时（点火开关处于接通状态），如果机油压力无或未达到正常值，油压报警开关在闭合状态，油压报警灯通电亮起。油压报警灯的电流通路为：蓄电池正极→30 A 熔断丝→电流表→点火开关→5 A 熔断丝→机油压力报警灯→油压报警开关→搭铁→蓄电池负极。

发动机运转时（点火开关处于接通状态），如果制动系统气压低于正常值，气压报警开关在闭合状态，气压报警灯通电亮起。气压报警灯的电流通路为：蓄电池正极→30 A 熔断丝→电流表→点火开关→5 A 熔断丝→气压报警灯→搭铁→蓄电池负极。

接通点火开关时，如果驻车制动器未松开，驻车制动开关在Ⅱ挡位置，驻车制动报警灯通电亮起。驻车制动报警灯的电流通路为：蓄电池正极→30 A 熔断丝→电流表→点火开关→5 A 熔断丝→驻车制动报警灯→驻车制动开关（3—4）搭铁→蓄电池负极。

接通点火开关时，制动系统的气压低于正常值，如果此时松开驻车制动器，驻车制动开关在Ⅰ挡位置，气压报警蜂鸣器便会发出声响，向驾驶员发出更加明确的警告。气压报警蜂鸣器的电流通路为：蓄电池正极→30 A 熔断丝→电流表→点火开关→5 A 熔断丝→驻车制动开关（1—2）→气压报警蜂鸣器→搭铁→蓄电池负极。

第4章

汽车电子控制部分电路分析

4.1 发动机电子控制系统

现代汽车发动机电子控制系统包括燃油喷射控制系统、点火控制系统、怠速控制系统。为了进一步控制汽车排放，一些汽车的发动机还装有废气再循环控制系统、燃油蒸发排放控制系统和三元催化反应器等。

4.1.1 发动机电子控制系统的组成

发动机电子控制系统主要由各种传感器、电控单元（ECU）和各种执行器组成，如图4－1所示。

传感器的作用是将表达发动机工况及状态、汽车行驶工况的物理参量转变为电信号，输送给电控单元。传感器是电子控制系统的“眼睛”和“耳朵”。

发动机电子控制系统的核心是电控单元（ECU），电控单元对各种传感器送来的信号进行综合处理，作出实时判断，并输出控制信号，进行燃油喷射控制、点火控制、燃油蒸发回收控制、怠速控制等。电控单元是电子控制系统的“大脑”。

执行器则根据控制器的控制信号作出相应的控制动作，将控制参量迅速调整到设定的值，控制对象工作在设定的状态。执行器是电子控制系统的“手和脚”。

4.1.2 典型发动机电子控制系统电路

不同车型的发动机电子控制系统其控制功能不尽相同。比如丰田2JZ－GE型发动机ECU还包含了自动变速器控制功能，并连接汽车巡航控制ECU，其发动机控制系统的主要控制功能除燃油喷射控制、点火时间控制、怠速控制外，还有燃油泵工作状态控制、谐波进气增压控制、燃油蒸发排放控制等。丰田JZ－GE型发动机电子控制系统的组成如图4－2所示。

1. 发动机电子控制系统特点

丰田2JZ－GE型发动机电子控制系统比较有特点的地方是设置了燃油泵工作状态控制

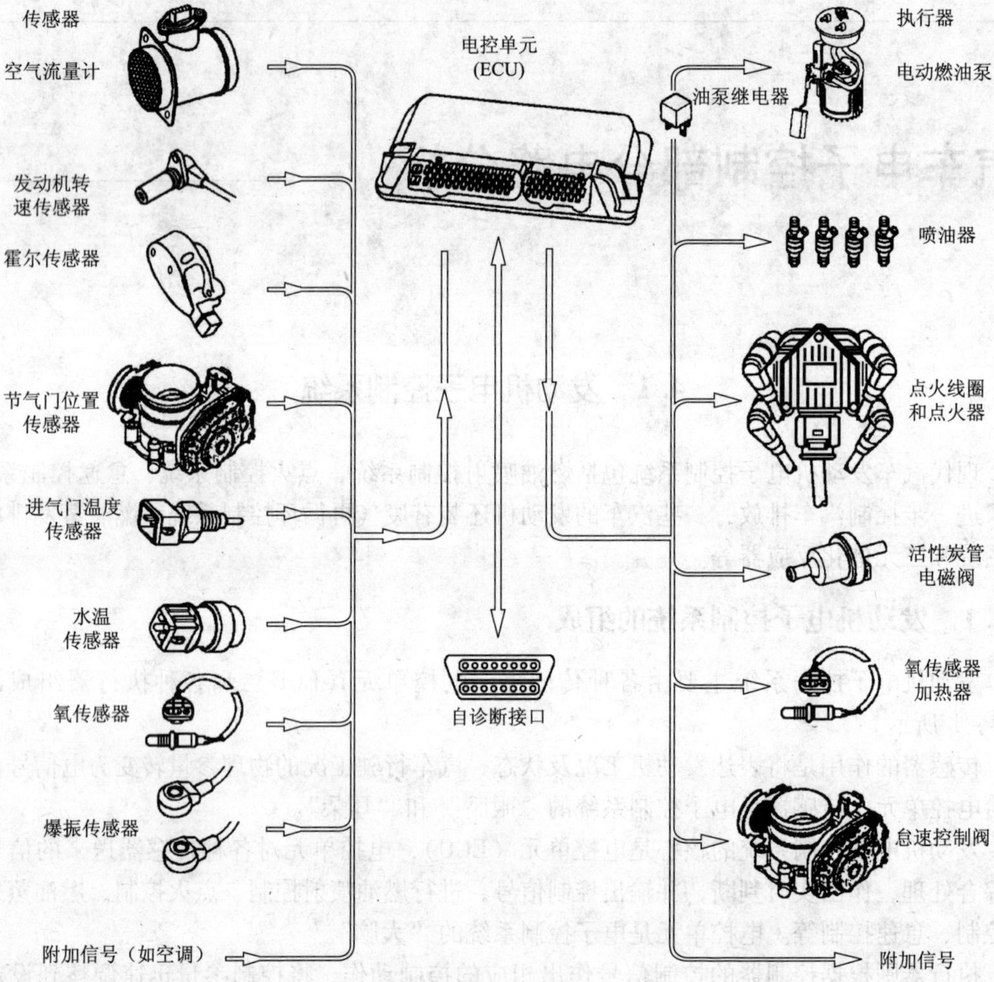

图 4－1　发动机电子控制系统组成

功能、谐波进气增压控制功能和燃油蒸发排放控制功能。

1）燃油泵工作状态控制

（1）燃油泵 ECU 的作用

丰田 2JZ－GE 型发动机电子控制系统设一专用的燃油泵控制 ECU，用于控制燃油泵只在起动和发动机运转时工作。此外，还可根据发动机的工况对燃油泵的转速进行控制，使燃油泵的泵油量与发动机转速及负荷相适应。

（2）燃油泵转速控制原理

丰田 2JZ－GE 型发动机燃油泵控制 ECU 电路原理如图 4－3 所示。

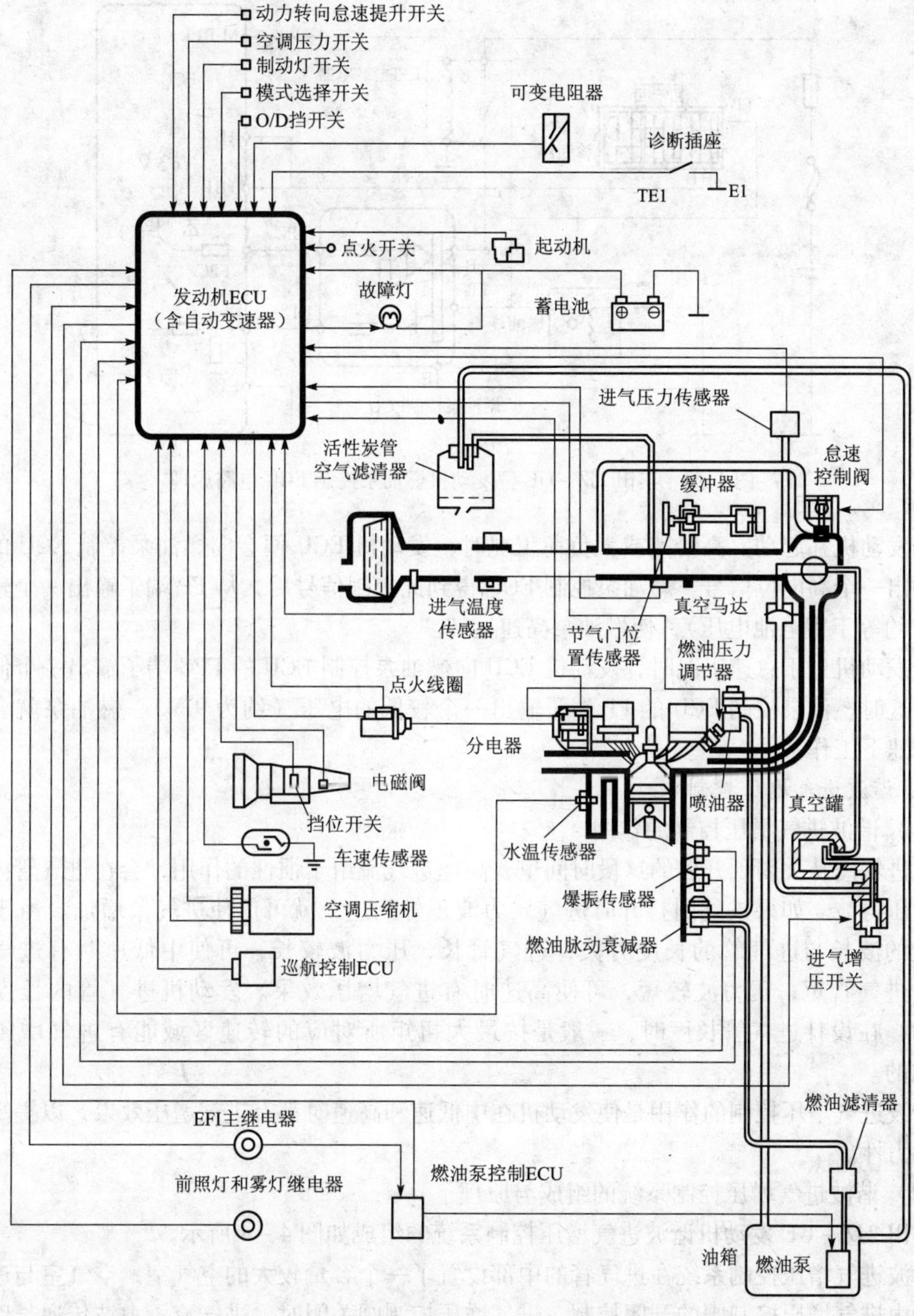

图4－2　丰田2JZ－GE型发动机电子控制系统组成

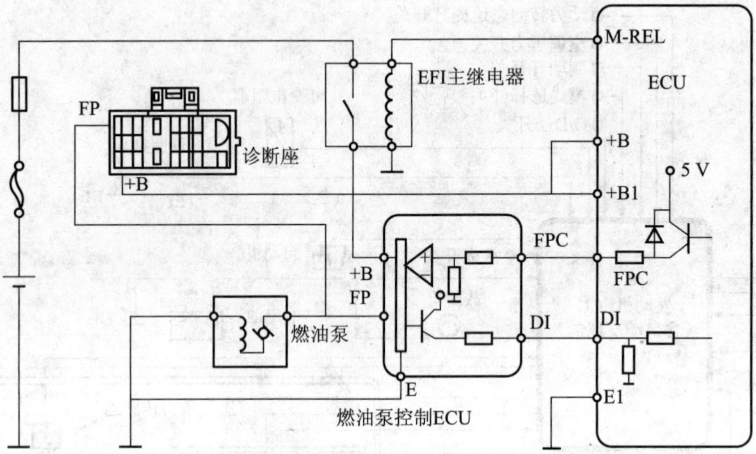

图 4－3　丰田 2JZ－GE 型发动机燃油泵控制 ECU 电路原理

当发动机在起动、高转速或大负荷工况时，发动机 ECU 便会向燃油泵控制 ECU 的 FPC 端子输出一个高电位信号。燃油泵控制 ECU 得到此控制信号后，从 FP 端子输出一个较高的电压（约等于蓄电池电压），使燃油泵高速运转。

当发动机处于怠速工况时，发动机 ECU 向燃油泵控制 ECU 的 FPC 端子输出一个低电位信号。这时燃油泵控制 ECU 的 FP 端子输出一个较低的电压（约为 9 V），燃油泵就会在较低的转速下工作。

2）谐波进气增压控制

（1）谐波进气增压控制的作用

在进气门从关闭到开启的这段时间里，高速进气流由于惯性的作用，会在进气管内形成脉动的压力波。如果进气门打开时进气压力波正好到达，就可促使进气量增加。由于进气压力波的波长与进气管的长度有关，进气管长，压力波较长，可使中低速时有进气增压效果；进气管短，压力波较短，可使高速时有进气增压效果。发动机进气管的长度是不可变的，在设计进气管长度时，一般是按最大扭矩所对应的转速区域能有进气增压效果来考虑的。

谐波进气增压控制的作用是使发动机在中低速和高速时都有进气增压效果，以提高发动机的动力性。

（2）谐波进气增压控制系统的组成与原理

丰田 2JZ－GE 发动机谐波进气增压控制系统的组成如图 4－4 所示。

谐波进气增压控制系统在进气管的中部设置了一个容量较大的空气室，空气室与进气管的通断由进气增压控制阀的开闭控制。进气增压控制阀关闭时，进气流压力波传递长度为空气滤清器至进气门的长度，压力波增长；进气增压控制阀打开时，进气流压力波只在空气室口至进气门之间传播，压力波缩短。

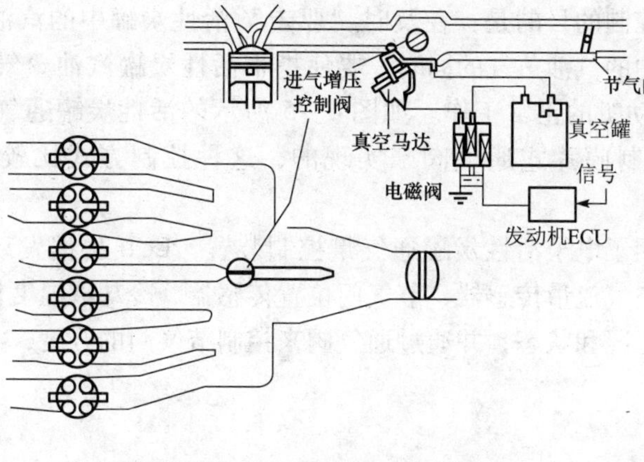

图4-4 丰田2JZ-GE型发动机谐波进气增压控制系统

发动机ECU根据发动机转速控制进气增压控制阀的开闭。当发动机转速较低时，发动机ECU使开关式电磁阀不通电，真空马达不与真空罐相通，进气增压控制阀关闭，进气压力波较长，使得中低速下的发动机有进气增压效果。当发动机转速较高时，发动机ECU使开关式电磁阀通电，真空马达在真空罐真空度作用下动作，将进气增压控制阀打开，进气管就与一个容量较大的空气室相通，缩短了进气压力波的波长，使得发动机仍有进气增压效果。

3）燃油蒸发排放控制

（1）活性炭罐的作用

油箱中的汽油蒸发，汽油蒸气的压力达到设定值时，就会从油箱盖上的排气阀排出，造成对大气的HC污染。活性炭罐的作用就是将油箱中的汽油蒸气收集于罐中，并在发动机工作时，通过流经的空气将汽油蒸气送入进气管参与燃烧，以免油箱中的汽油蒸气直接排放到大气中而造成空气污染。

丰田2JZ-GE型发动机的活性炭罐的作用原理如图4-5所示。

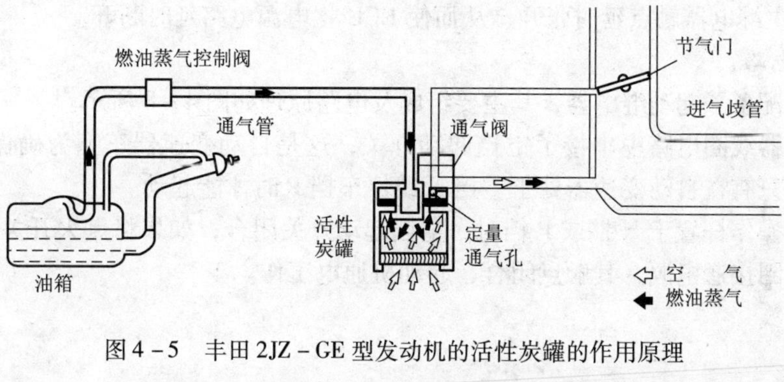

图4-5 丰田2JZ-GE型发动机的活性炭罐的作用原理

（2）活性炭罐通气量的控制

活性炭罐通气量控制的目的是：在及时“驱走”活性炭罐中的汽油蒸气，以便使活性炭罐能随时收集油箱中的汽油蒸气的同时，要使携带活性炭罐汽油蒸气的这部分气体进入进气管后，不影响发动机的正常工作。如图4－5所示的活性炭罐通气量控制是利用节气门处的真空度直接控制膜片式通气阀来实现的，这种控制方式比较简单，但控制精度较低。

在一些汽车上使用了电子活性炭罐通气量控制装置，ECU根据发动机转速与曲轴位置传感器、进气压力或空气流量传感器、节气门位置传感器、冷却液温度传感器及氧传感器等的信号，判断发动机工况和状态，并通过通气阀来控制节气门的开度，实现了活性炭罐通气量的最佳控制。

2. 电路图分析

不论何种电控发动机，按电路的功能，发动机电子控制系统电路主要由电源电路、传感器电路和执行器电路组成。丰田2JZ－GE型发动机电子控制系统的电路原理图如图4－6所示。

1）发动机电控单元（ECU）

丰田2JZ－GE型发动机电子控制系统的ECU包含自动变速器控制功能，其部分端子为自动变速器控制系统所用的传感器和开关信号输入、自动变速器控制执行器输出。ECU各主要端子的连接说明如表4－1所示。

2）发动机电子控制系统电源电路

发动机ECU有一常接电源（BATT），用于向ECU内的有关元件提供不间断电源。ECU的主电源（＋B1、＋B）由EFI主继电器触点来控制通、断，该主电源控制电路具有延时关断功能，其电路原理如图4－7所示。

EFI主继电器线圈由ECU的M-REL端子供电，当点火开关拨至点火挡（IG2）时，ECU的IGSW端子通电，这时，通过ECU内部的EFI主继电器控制电路使M-REL输出蓄电池电压，EFI主继电器线圈通电，其触点闭合，ECU主电源电路为通路。

当点火开关关闭（发动机熄火）时，ECU内部EFI主继电器控制电路使M-REL端子延时断电，EFI主继电器触点延时张开，从而使ECU主电源电路延时断开。

3）起动电路

起动电路配备了起动继电器，其主要组成及电路原理如图4－8所示。

起动继电器线圈电路中串接了空挡起动开关，这是自动变速器车型为确保使用安全而设，使发动机只有在自动变速器处于空挡N或停车挡P时才能起动。

在变速器操作杆置于N挡或P挡时，空挡起动开关闭合，如果将点火开关拨至起动挡，起动继电器线圈接通电源，其触点闭合，起动机通电工作。

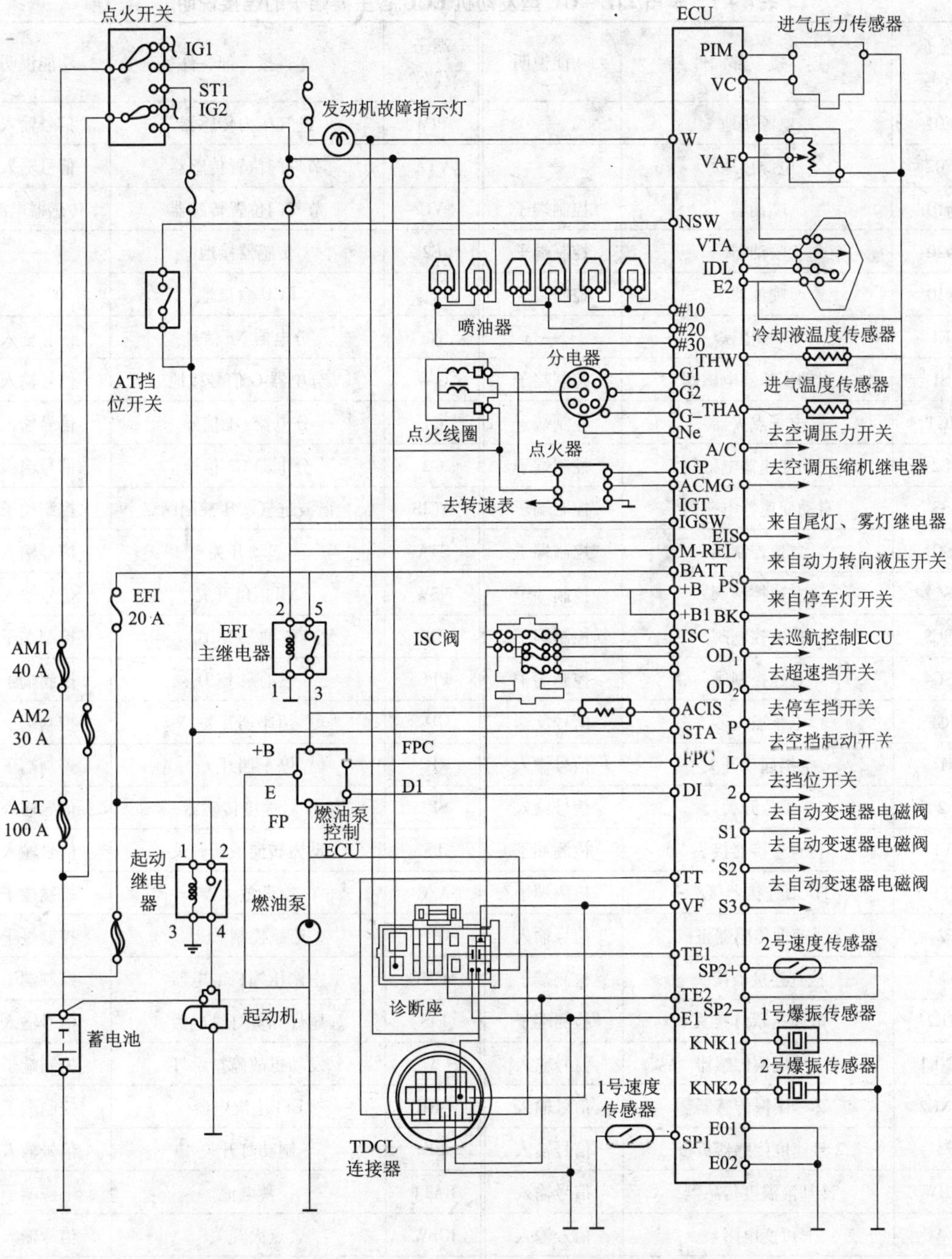

图4－6　丰田2JZ－GE型发动机电子控制系统电路原理图

表 4－1 丰田 2JZ－GE 型发动机 ECU 各主要端子的连接说明

端子代号	连 接 部 件	功能说明	端子代号	连 接 部 件	功能说明
E01	电源接地	—	PIM	进气压力传感器	信号输入
E02	电源接地	—	VTA	节气门位置传感器	信号输入
#10	喷油器	控制端子	VC	节气门位置传感器	传感器电源
#20	喷油器	控制端子	E2	传感器接地	—
#30	喷油器	控制端子	E	ECU 盒接地	—
E1	ECU 搭铁	—	Ne	分电器 Ne 信号	信号输入
S1	自动变速器电磁阀	控制端子	G－	分电器 G 信号接地	信号输入
IGT	电子点火器	控制端子	G1	分电器 G1 信号	信号输入
S2	自动变速器电磁阀	控制端子	G2	分电器 G2 信号	信号输入
S3	自动变速器电磁阀	控制端子	ACIS	谐波进气增压控制阀	控制端子
ISC1	怠速控制阀	控制端子	STA	起动开关	信号输入
ISC2	怠速控制阀	控制端子	NSW	AT 挡位开关	信号输入
ISC3	怠速控制阀	控制端子	DI	燃油泵 ECU	控制端子
ISC4	怠速控制阀	控制端子	FPC	燃油泵 ECU	控制端子
IGF	电子点火器	信号反馈	OD_2	超速挡开关	控制端子
L	空挡起动开关	信号输入	P	停车挡开关	控制端子
2	挡位开关	信号输入	SP1	1 号速度传感器	信号输入
VF	检查连接器接头	检测端子	PS	动力转向液压开关	信号输入
TT	TDCL 连接器接头	检测端子	A/C	空调放大器	控制端子
SP2＋	2 号速度传感器正极	信号输入	OD_1	巡航控制 ECU	控制端子
TE1	检查连接器接头	检测端子	ACMG	空调压缩机继电器	控制端子
TE2	故障指示灯接头	检测端子	EIS	尾灯和雾灯继电器	信号输入
KNK1	1 号爆振传感器	信号输入	W	发动机故障指示灯	控制端子
KNK2	2 号爆振传感器	信号输入	M-REL	EFI 主继电器	控制端子
SP2－	2 号速度传感器负极	信号输入	BK	制动灯开关	信号输入
THW	冷却液温度传感器	信号输入	BATT	蓄电池	电源端子
VAF	可变电阻	信号输入	IGSW	点火开关	信号输入
THA	进气温度传感器	信号输入	＋B1	EFI 主继电器	电源端子
IDL	节气门位置传感器	信号输入	＋B	EFI 主继电器	电源端子

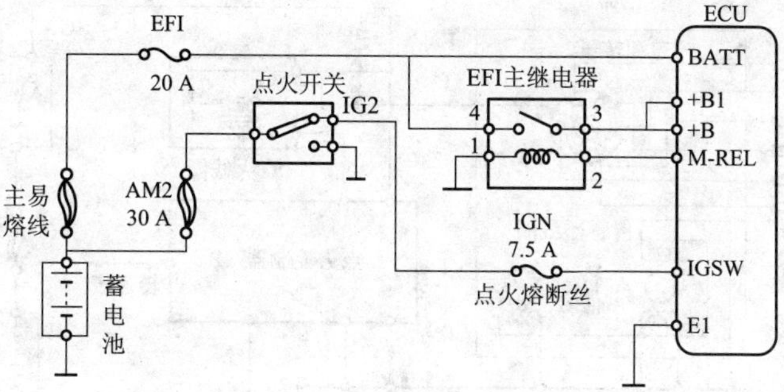

图 4 -7　发动机电子控制系统 ECU 电源电路

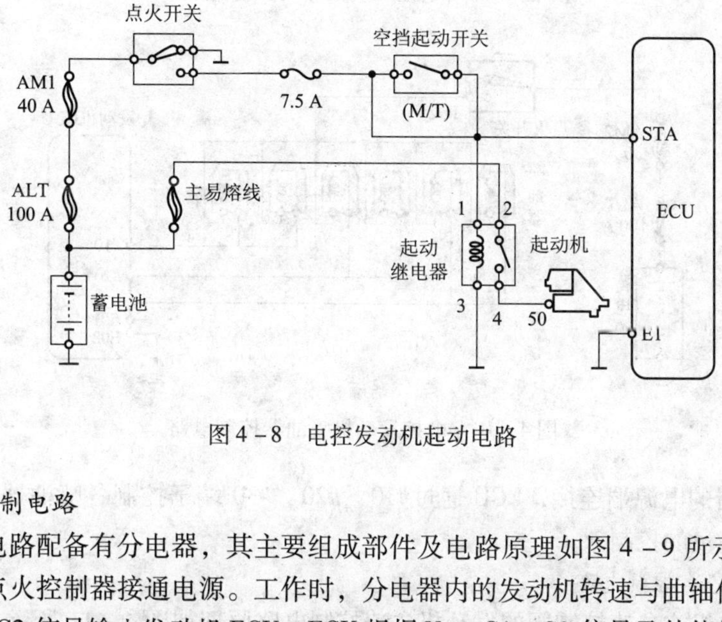

图 4 -8　电控发动机起动电路

4）点火控制电路

点火控制电路配备有分电器，其主要组成部件及电路原理如图 4 -9 所示。当点火开关在点火挡时，点火控制器接通电源。工作时，分电器内的发动机转速与曲轴位置传感器所产生的 Ne、G1、G2 信号输入发动机 ECU，ECU 根据 Ne、G1、G2 信号及其他相关传感器输入的信号产生点火定时控制信号 IGT，并输送给点火控制器。点火控制器在 IGT 控制信号的触发下工作，适时地通、断点火线圈初级电流，使点火线圈次级产生高压，并通过配电器将高压电分配至各缸火花塞。点火控制器根据点火线圈初级绕组的工作电压振荡波产生脉冲信号 IGF，并反馈给发动机 ECU，ECU 根据 IGF 信号判断点火系统工作正常与否。

5）喷油器控制电路

丰田 2JZ - GE 发动机燃油喷射系统采用高电阻型喷油器和电压驱动方式，其喷油器控制电路原理如图 4 -10 所示。

六缸喷油嘴分为三组，分别由 ECU 的#10、#20、#30 端子控制。接通点火开关（点火

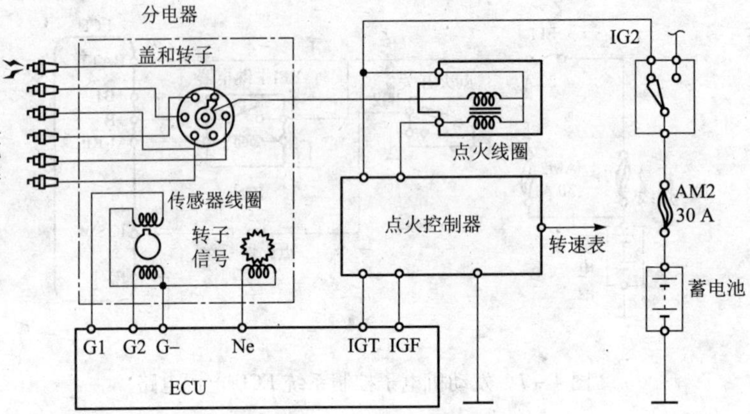

图 4 – 9　电控发动机点火控制电路

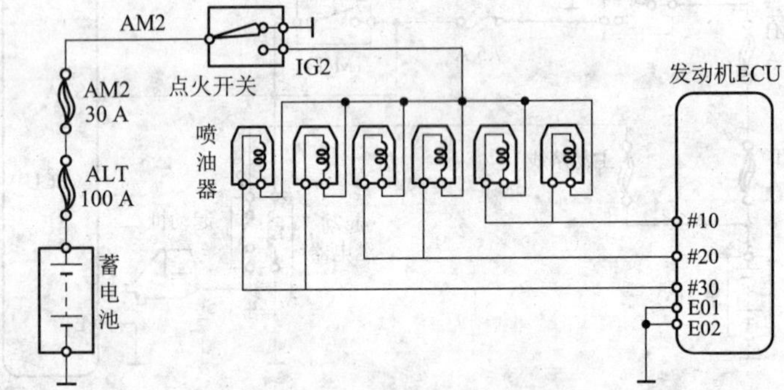

图 4 – 10　电控发动机喷油器控制电路

挡）后，喷油器的电源端连接，ECU 通过#10、#20、#30 端子控制各喷油器电磁线圈的通、断电，实现喷油量的控制。

6）发动机怠速控制电路

采用步进电机式怠速控制阀的发动机怠速控制电路原理如图 4 – 11 所示。EFI 主继电器触点闭合时，怠速控制阀的电源端子与电源连接。发动机 ECU 的 ISC1、ISC2、ISC3、ISC4 分别控制怠速控制阀 4 个线圈的通、断电。当需要怠速控制阀动作时，ECU 向 4 个怠速控制端子（ISC1、ISC2、ISC3、ISC4）输出控制脉冲电压，使怠速控制阀的 4 个线圈按顺序通电，就可使怠速控制阀打开或关闭。ECU 通过输出控制脉冲数值来控制怠速控制阀的开启程度。

点火开关关闭时，EFI 主继电器延时关断，这是为了让 ECU 有一个使怠速控制阀开启到最大的控制时间，以利于下次发动机的起动。

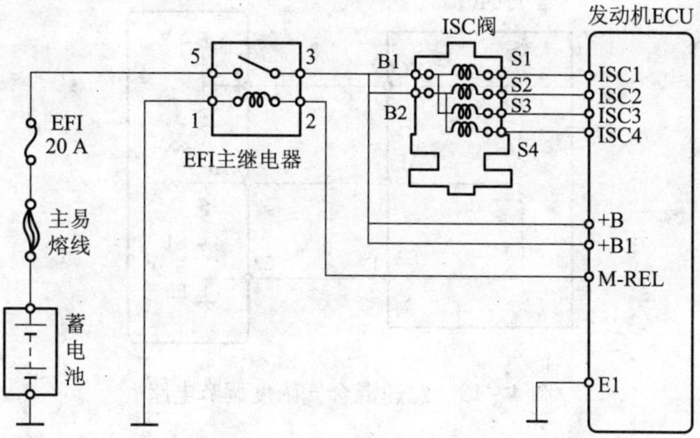

图 4-11　发动机怠速控制电路

7）谐波进气增压控制电路

谐波进气增压控制电路原理如图 4-12 所示。

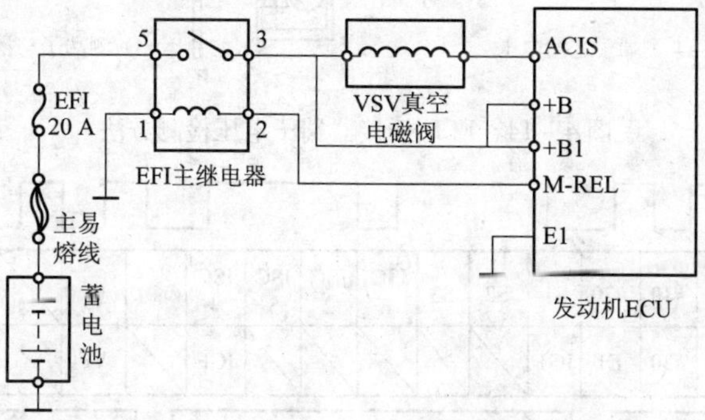

图 4-12　谐波进气增压控制电路

EFI 主继电器触点闭合时，谐波进气增压控制装置的 VSV 真空电磁阀接通电源。发动机 ECU 的 ACIS 端子控制 VSV 真空电磁阀线圈的通、断电。

8）怠速混合气浓度调节电路

怠速混合气浓度调节电路实际上是一个可变电阻器，其电路原理如图 4-13 所示。旋转怠速混合气浓度调节螺钉，可改变 ECU 的 VAF 端子的电压，ECU 根据此电压变化改变发动机怠速时的混合气浓度，用以控制发动机怠速时的 CO 排放量。

3. 电路检测要点

通过对发动机 ECU 插接器有关端子的电压进行检测，可判断相关电路及部件是否出现故障。在插接器连接状态下，在插接器线束侧插入电压表表针，如图 4-14 所示。丰田 2JZ-GE 型发动机 ECU 插接器各端子排列如图 4-15 所示。丰田 2JZ-GE 型发动机 ECU 端子电压检测要点如表 4-2 所示。

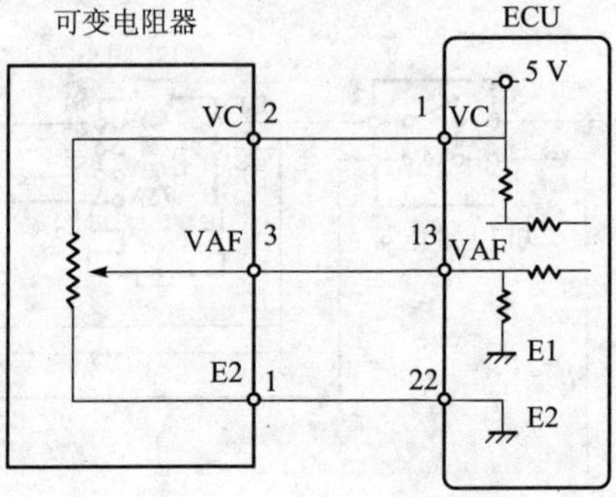

图 4－13　怠速混合气浓度调节电路

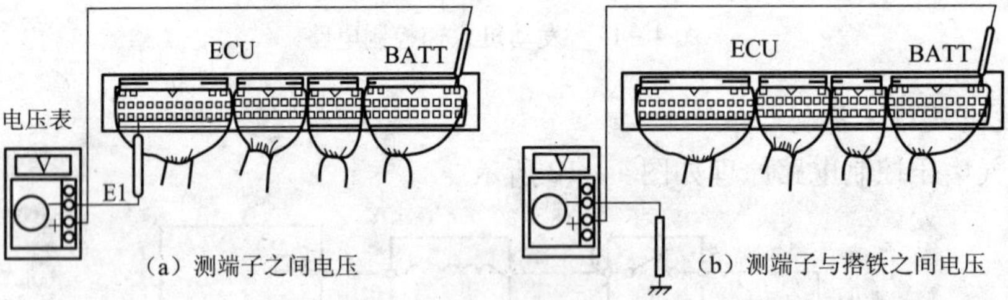

（a）测端子之间电压　（b）测端子与搭铁之间电压

图 4－14　ECU 插接器端子电压检测方法

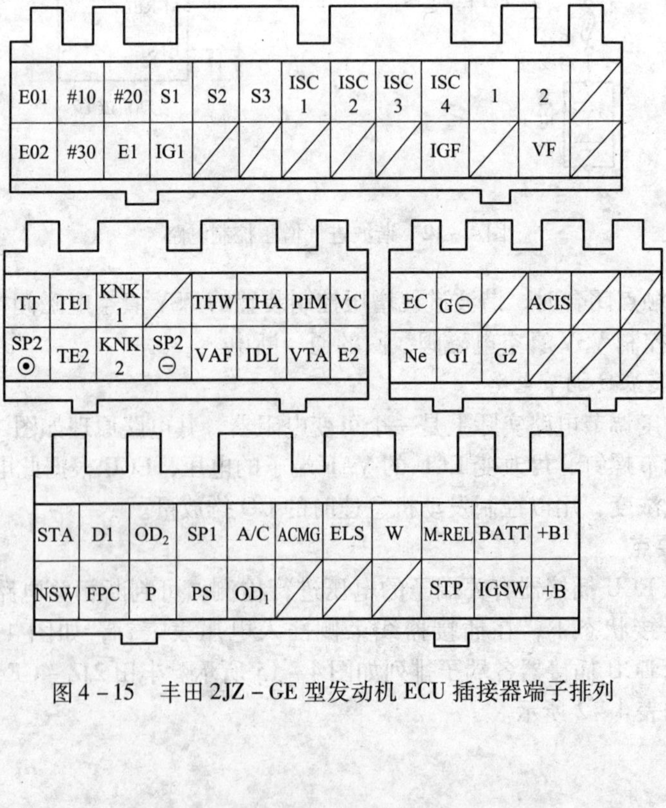

图 4－15　丰田 2JZ－GE 型发动机 ECU 插接器端子排列

表4-2 2JZ-GE型发动机ECU端子电压检测要点

检测端子	检测状态	正常电压	电压异常可能的故障部位
BATT-E1	—	蓄电池电压	相关的易熔线和熔断器； BATT端子至蓄电池线路； ECU搭铁或ECU
IGSW-E1	点火开关在“ON”	蓄电池电压	相关的易熔线和熔断器； BATT端子至蓄电池线路； 点火开关； ECU搭铁或ECU
M-REL-E1	点火开关在“ON”	蓄电池电压	M-REL端子至EFI主继电器线路； EFI主继电器； ECU搭铁或ECU
+B-E1 +B1-E1	点火开关在“ON”	蓄电池电压	相关的易熔线和熔断器； EFI主继电器或其连接线路； ECU搭铁或ECU
VC-E2	点火开关在“ON”	4.0～5.5 V	+B端子电压； 节气门位置传感器或其连接线路； ECU搭铁或ECU
IDL-E2	点火开关在“ON”，节气门全开	蓄电池电压	+B端子电压； 节气门位置传感器或其连接线路； ECU搭铁或ECU
VTA-E2	点火开关在“ON”，节气门全关	0.3～0.8 V	VC端子电压； 节气门位置传感器或其连接线路； ECU搭铁或ECU
	点火开关在“ON”，节气门全开	3.2～4.9 V	
PIM-E2	点火开关在“ON”	3.3～3.9 V	VC端子电压； 节气门位置传感器或其连接线路； ECU搭铁或ECU
#10-E01 #20-E01 #30-E01	点火开关在“ON”	蓄电池电压	相关的易熔线和熔断器； 喷油器或具连接线路； 点火开关； ECU搭铁或ECU
THA-E2	点火开关在“ON”，进气温度为20 ℃	0.5～3.4 V	+B端子电压； 进气温度传感器或其连接线路； ECU搭铁或ECU

续表

检测端子	检测状态	正常电压	电压异常可能的故障部位
THW – E2	点火开关在“ON”，冷却液温度为20 ℃	0.2～1.0 V	+B端子电压； 冷却液温度传感器或其线路连接线路； ECU搭铁或ECU
STA – E2	点火开关在起动位，起动机不工作	蓄电池电压	相关的易熔线和熔断器； STA端子至蓄电池线路； 空挡起动开关； 起动机或起动继电器
	点火开关在起动位，起动机正常工作		STA端子至点火开关线路； ECU搭铁或ECU
IGT – E2	发动机起动或怠速运转	脉冲电压	相关的易熔线和熔断器； 点火开关； 点火线圈或点火控制器； ECU与蓄电池之间的线路； ECU搭铁或ECU
ISC1 – E1	点火开关在“ON”位	蓄电池电压	+B端子电压； 怠速控制阀； ECU与怠速控制阀之间的线路； ECU搭铁或ECU
ISC2 – E1			
ISC3 – E1			
ISC4 – E1			
W – E1	发动机带速运转，故障指示灯不亮	蓄电池电压	相关熔断丝或指示灯； W端子至点火开关线路； ECU搭铁或ECU

4.1.3 传感器电路

电控发动机的传感器及其控制电路各车型基本类似，以下以富康轿车采用的TU5JPK型发动机为例，介绍几种常见的传感器控制电路。

1. 进气压力传感器电路

进气压力传感器电路如图4 – 16所示。该传感器上有3个接线端子，其中接线端子1与发动机电控单元ECU的接线端子12连通，为传感器提供ECU搭铁；接线端子2与发动机电控单元ECU的接线端子26连通，并给该传感器提供5 V电源电压；接线端子3与发动机电控单元ECU的接线端子7连通，并将该传感器产生的信号送给发动机电控单元ECU。

2. 曲轴位置传感器电路

曲轴位置传感器的电路如图4 – 17所示。该传感器上有3个接线端子，其中接线端子1

与发动机电控单元 ECU 的接线端子 30 连通；接线端子 2 与发动机电控单元 ECU 的接线端子 11 连通；接线端子 3 是一屏蔽线，与发动机电控单元 ECU 的接线端子 19 连通，为 ECU 反馈信号。

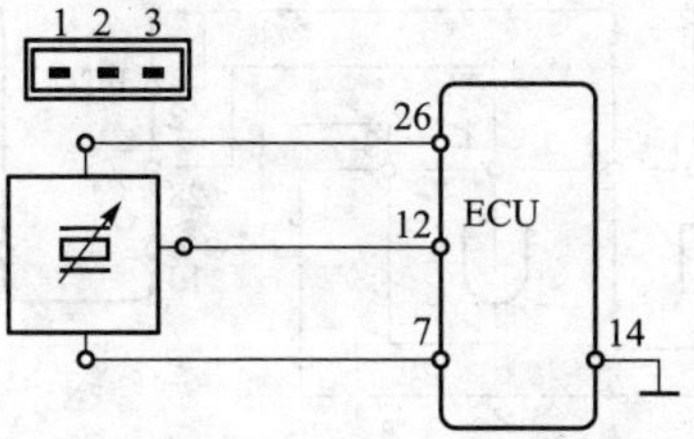

图 4-16　进气压力传感器电路

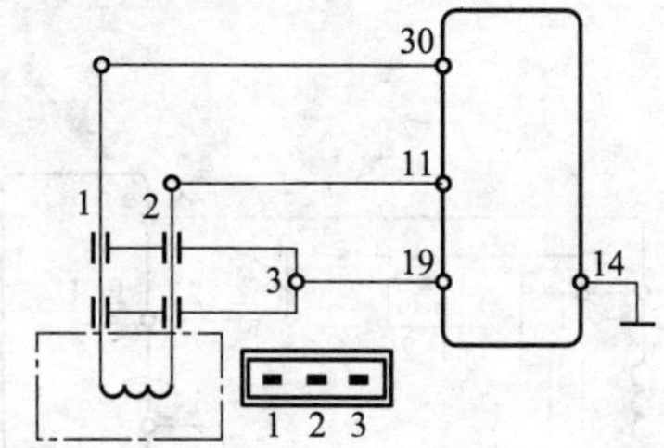

图 4-17　曲轴位置传感器电路

3. 节气门位置传感器电路

节气门位置传感器电路如图 4-18 所示。该传感器上有 3 个接线端子，其中接线端子 1 与发动机电控单元 ECU 的接线端子 12 连通；接线端子 2 与发动机电控单元 ECU 的接线端子 26 连通，并给该传感器提供 5 V 电源电压；接线端子 3 与发动机电控单元 ECU 的接线端子 29 连通，并将该传感器产生的信号送给发动机电控单元 ECU。

4. 进气温度传感器电路

进气温度传感器电路如图 4-19 所示。该传感器上有两个接线端子，其中接线端子 2 与发动机电控单元 ECU 的接线端子 26 连通，并给该传感器提供 5 V 电源电压；接线端子 1 与发动机电控单元 ECU 的接线端子 27 连通。

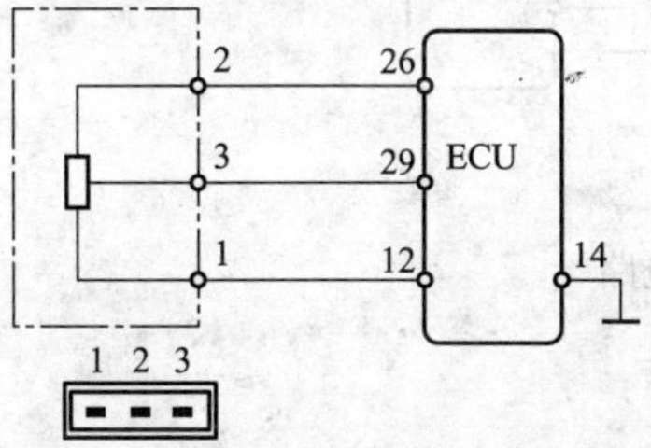

图 4-18　节气门位置传感器电路

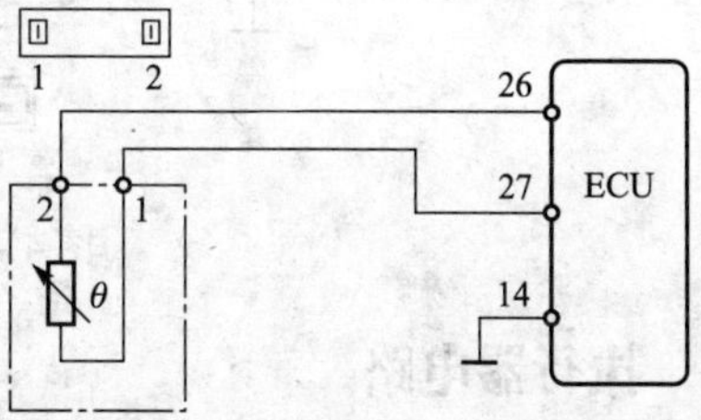

图 4-19　进气温度传感器电路

5. 水温传感器电路

水温传感器电路如图 4-20 所示。该传感器上有两个接线端子，其中接线端子 1 与发动机电控单元 ECU 的接线端子 25 连通，为该传感器提供 ECU 搭铁；接线端子 2 与发动机电控单元 ECU 的接线端子 26 连通，并给该传感器提供 5 V 电源电压，并在工作时反馈信号电压。

6. 氧传感器电路

氧传感器电路如图 4-21 所示。该传感器上有 4 个接线端子，其中接线端子 1 通过主继电器与蓄电池连通；接线端子2与发动机电控单元ECU的接线端子19或2连通；接线端子3与发动机电控单元ECU的接线端子10连通；接线端子4与发动机电控单元ECU的接线端子28连通。

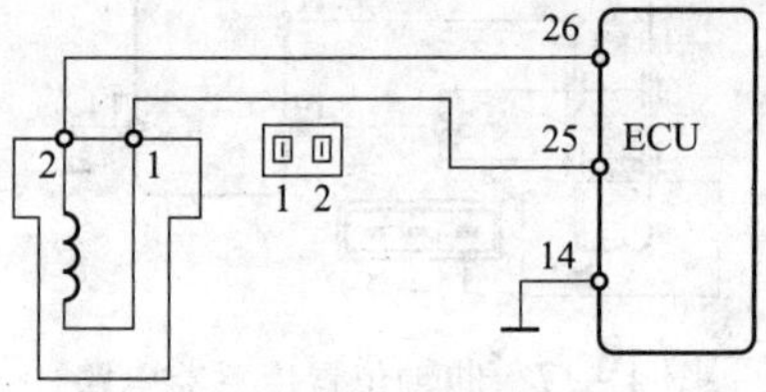

图4-20 水温传感器电路

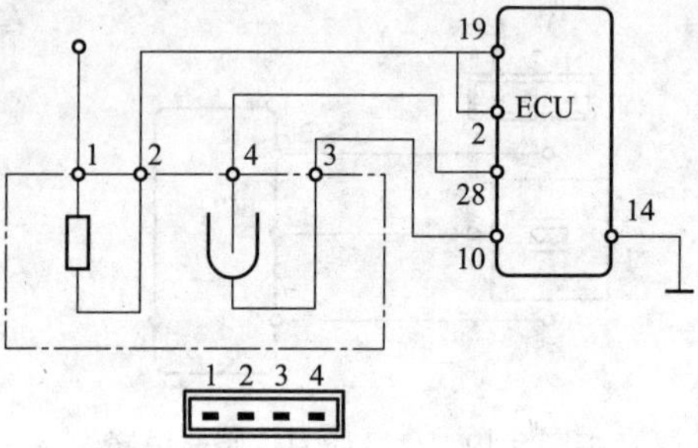

图4-21 氧传感器电路

7. 车速传感器电路

车速传感器电路如图4-22所示。该传感器有3个接线端子，其中接线端子1通过点火开关与蓄电池连通；接线端子2搭铁；接线端子3是一信号输出线，与发动机电控单元ECU的接线端子13连通。

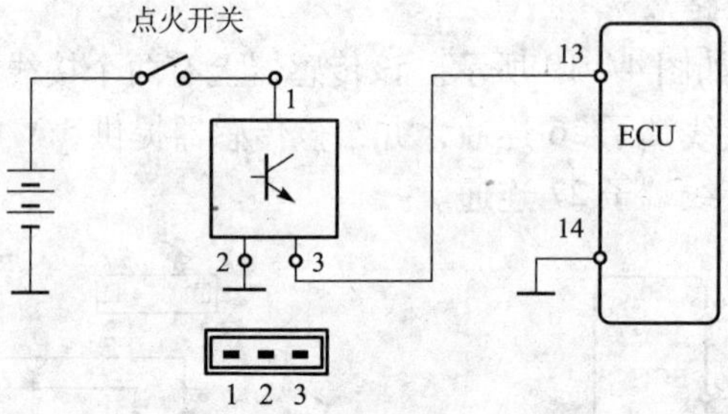

图4-22 车速传感器电路

4.1.4 执行器电路

1. 燃油泵控制电路

燃油泵控制电路的基本控制功能是：在发动机起动和运转时，燃油泵工作，发动机一旦异常熄火，就立即使燃油泵停止工作；发动机不工作时，即使点火开关保持接通状态，燃油泵也不会通电工作。

1）由燃油泵开关控制的燃油泵电路

由燃油泵开关控制的燃油泵电路如图4-23所示。

（1）电路特点

主继电器控制ECU主电源电路，同时也连接燃油泵继电器的电源接柱，控制燃油泵电

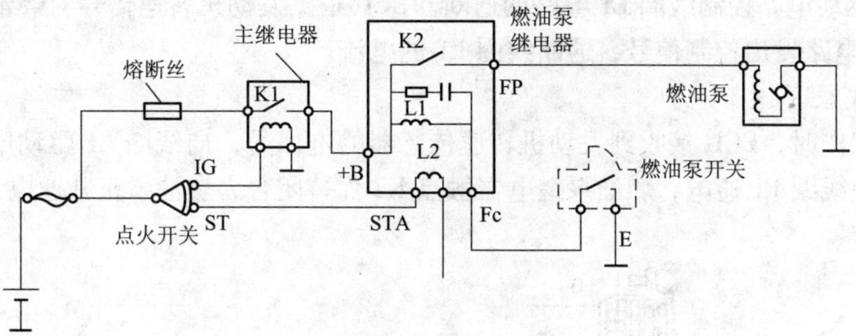

图4－23　由燃油泵开关控制的燃油泵电路

源电路。

燃油泵继电器为常开触点，控制燃油泵的通、断电；燃油泵继电器有两个线圈，其中线圈L1由空气流量传感器燃油泵开关控制其通、断电，线圈L2则是在点火开关拨至起动挡时通电。线圈L1、L2中有一个线圈通电时，就可使燃油泵继电器触点K2闭合。

（2）工作原理

起动时，点火开关拨至起动挡，起动开关接通燃油泵继电器线圈L2电路，其控制电路为：蓄电池正极→熔断丝→点火开关ST→燃油泵继电器STA接线柱→L2线圈→E接线柱→搭铁→蓄电池负极。此时，燃油泵继电器触点K2闭合，其燃油泵工作电路为：蓄电池正极→熔断丝→主继电器触点K1→燃油泵继电器触点K2→FP接线柱→燃油泵线圈→搭铁→蓄电池负极，燃油泵即开始通电工作。

起动后，起动开关断开，由于发动机正常运转，空气流量传感器内的燃油泵开关处于闭合状态，使线圈L1通电，其控制电路为：蓄电池正极→熔断丝→主继电器触点K1→燃油泵继电器＋B接线柱→线圈L1→燃油泵继电器Fc接线柱→空气流量传感器燃油泵开关→搭铁→蓄电池负极。此时，燃油泵继电器触点K2保持闭合，燃油泵工作电路为：蓄电池正极→熔断丝→主继电器触点K1→燃油泵继电器触点K2→FP接线柱→燃油泵线圈→搭铁→蓄电池负极，燃油泵即开始通电保持正常工作。

发动机异常熄火时，空气流量传感器内的燃油泵开关随即断开，即使点火开关仍处于接通状态，但燃油泵线圈L1、L2均断电，触点K2断开，燃油泵仍会立即停止工作。

发动机不工作时，若接通点火开关（点火挡），由于空气流量传感器内的燃油泵开关处于断开状态，燃油泵继电器线圈L1、L2均不通电，其触点K2不能闭合，燃油泵不会通电工作。

2）ECU控制的燃油泵控制电路

ECU控制的燃油泵控制电路如图4－24所示。

（1）电路特点

与燃油泵开关控制方式不同的是，燃油泵继电器的线圈L1连接ECU的Fc端子，由

ECU 内部的驱动电路控制线圈 L1 电路的通断。ECU 根据发动机转速信号对燃油泵继电器线圈 L1 的驱动电路发出控制信号，通断线圈 L1 的电流。

（2）工作原理

发动机工作时，ECU 接收到发动机转速传感器的电信号，向线圈 L1 驱动电路发出连接控制信号，使线圈 L1 通电，燃油泵继电器触点 K2 保持闭合，燃油泵正常通电工作。

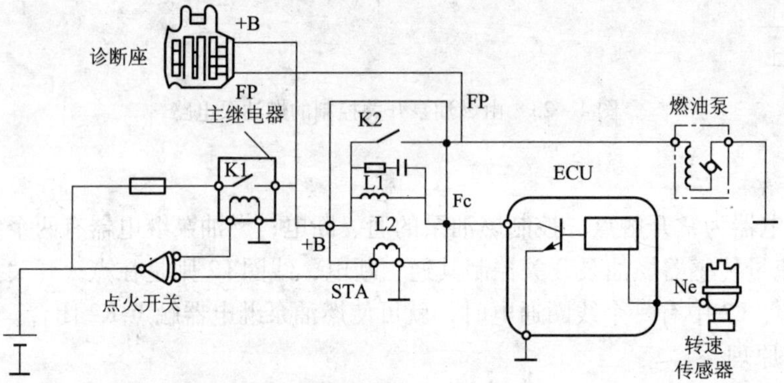

图 4－24　由 ECU 控制的燃油泵控制电路

当发动机熄火时，发动机转速传感器无转速信号产生，ECU 接收不到发动机转速信号，就会立即向线圈 L1 的驱动电路发出断开控制信号，使 L1 迅速断电，触点 K2 断开，燃油泵立刻停止工作。

2. EFI 主继电器控制电路

EFI 主继电器用于控制 ECU（除随机存储器 RAM 电路外）的电源电路。如图 4－25 所示为皇冠 3.0 轿车用 EFI 主继电器电路图。

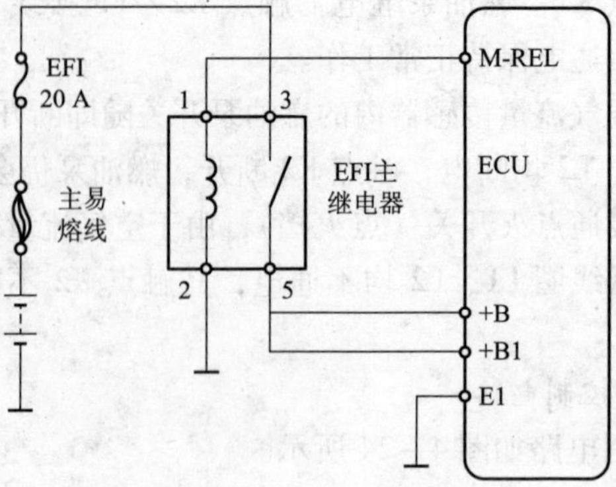

图 4－25　EFI 主继电器电路

当打开点火开关，发动机正常工作时，EFI主继电器控制电路为：ECU M-REL→EFI主继电器1号接线柱→线圈→EFI主继电器2号接线柱→搭铁。此时，EFI主继电器开关吸合。

其工作电路为：蓄电池→主易熔线→EFI熔断丝→EFI主继电器3号接线柱→开关→EFI主继电器5号接线柱→+B、+B1→E1→搭铁。

4.2　自动变速器控制电路

不同车型的自动变速器控制电路的电子部件和电路结构有所不同，但其基本电路原理相似。丰田341E、342E型自动变速器电子控制系统的组成如图4－26所示。

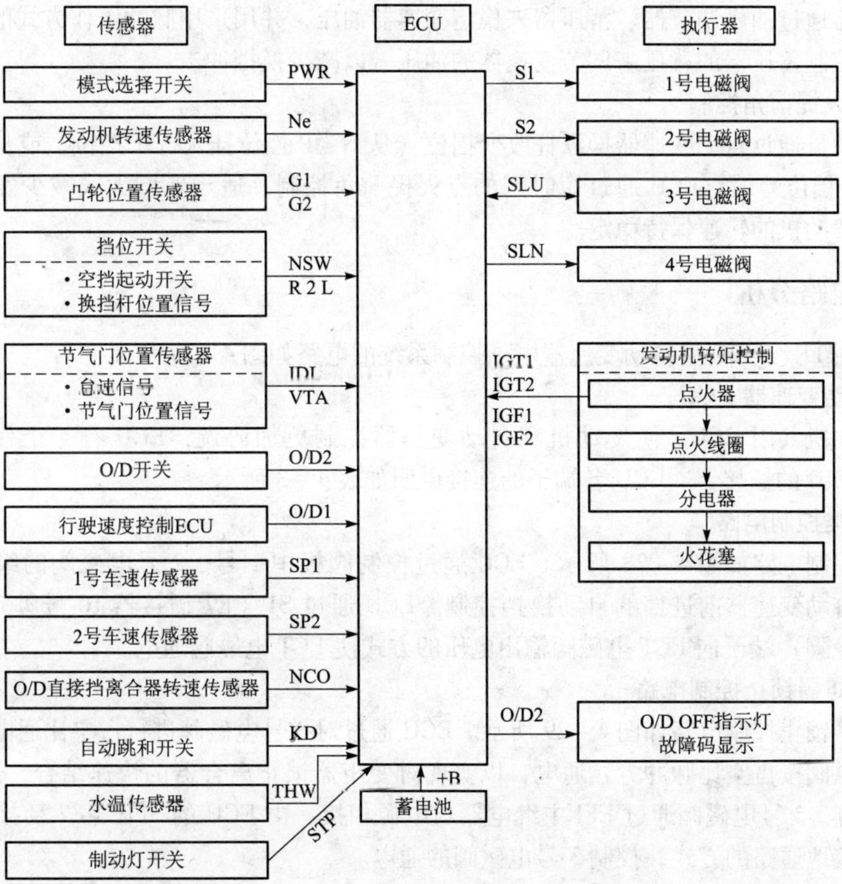

图4－26　丰田341E、342E型自动变速器电子控制系统组成

4.2.1 丰田 341E、342E 型自动变速器控制系统的特点

丰田 341E、342E 型自动变速器控制系统与发动机电子控制系统共用一个 ECU，并称为发动机 ECT ECU。

1. 换挡控制

由 ECU 通过 1 号、2 号两个换挡电磁阀实现 4 个前进挡的自动换挡控制。

2. 变矩器锁止离合器控制

该自动变速器变矩器配备了锁止离合器，控制离合器分离或结合的 3 号电磁阀为占空比脉冲工作方式，可使变矩器的锁止控制比较平滑，并可实现滑动锁止控制（半结合状态），从而提高了变矩器的传动效率。

3. 变矩器油压控制

变矩器通过油压调节器、蓄压器来稳定变速器油压，并用采用脉冲工作方式的 4 号电磁阀，通过控制蓄压器的背压来调节变速器的油压，以减少换挡冲击。

4. 点火提前角控制

当驾驶员通过自动变速器操纵杆改变挡位（从 N、P 挡位挂入行车挡位，或从行车挡位挂入 N、P 挡位）时，ECU 通过短时间的点火提前角控制，适当地增大或减少发动机的转矩，以使发动机的转速保持稳定。

4.2.2 电路分析

丰田 341E、342E 型自动变速器电子控制系统的电路如图 4-27 所示。

1. 自动变速器 ECU

与发动机共用 ECU，使发动机和自动变速器控制更加协调，ECU 有 4 个代号为 E7、E8、E9、E10 的插接器。ECU 各端子的连接说明如表 4-3 所示。

2. 换挡控制电路

换挡控制电路如图 4-28 所示。ECU 通过控制阀板中 1 号、2 号电磁阀的组合控制方式，实现自动变速器前进挡的自动换挡控制。ECU 通过 S1（E7 插接器 10 号脚）、S2（E7 插接器 9 号脚）端子向 ECT 电磁阀输出电压的方式使 ECT 电磁阀通电。

3. 变矩器锁止控制电路

变矩器锁止控制电路如图 4-29 所示。ECU 通过对 3 号电磁阀进行占空比通电控制的方式，使电磁阀按占空比脉冲方式通电，以实现对变矩器锁止离合器的快速结合、逐渐结合、半结合控制。3 号电磁阀通过 EFI 主继电器与电源相接，由 ECU 的 SLU（E7 插接器 14 号）端子提供接地通路的方式，控制 3 号电磁阀的通电。

4. 变速器油压控制电路

变速器油压控制电路如图 4-30 所示。ECU 通过对 4 号电磁阀进行占空比通电控制的方式，使电磁阀按占空比脉冲方式通电，以控制变速器蓄压器的背压，从而实现主油路油压控

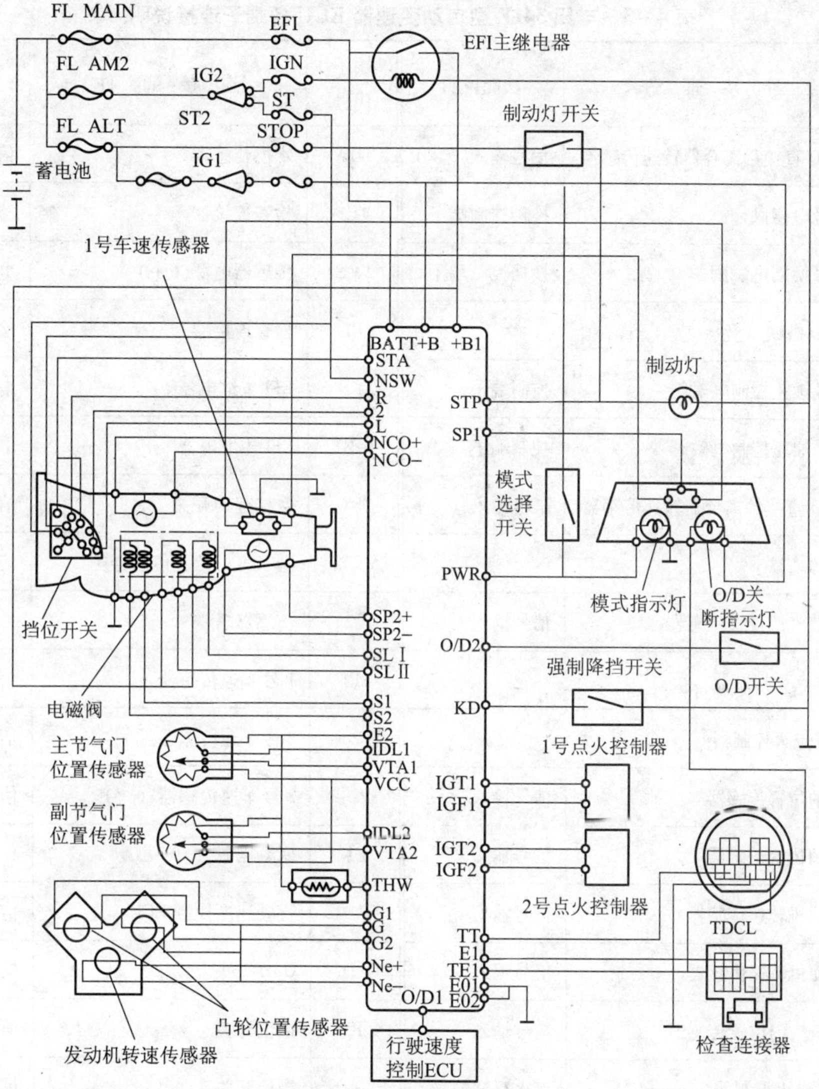

图4－27　丰田341E、342E型自动变速器电子控制系统电路

制。4号电磁阀也是通过EFI主继电器与电源相连，由ECU的SLN（E7插接器15号）端子提供接地通路的方式，控制4号电磁阀的通电。

5. 挡位开关电路

挡位开关电路如图4－31所示。挡位开关中有L、2、R挡位开关，当变速器操纵杆置于L、2或R挡位时，挡位开关中相应的开关接通，使ECU的L、2或R端子连接到电源电压，ECU获得相应的挡位信号。挡位开关中的空挡起动开关在变速器操纵杆置于N或P挡位时接通，并通过NSW端子使ECU获得N或P挡位信号。

表 4-3 丰田 341E 型自动变速器 ECU 各端子连接说明

端子代号	连 接 部 件	功能说明	端子代号	连 接 部 件	功能说明
NCO +	O/D 直接挡离合器转速传感器	信号输入（+）	THW	水温传感器	信号输入
S2	2 号电磁阀	换挡控制端子	TE1	检查连接器	检查与诊断
S1	1 号换挡电磁阀	换挡控制端子	VCC	传感器电源（+）	电源输出
E01	电源搭铁		TT	检查连接器	检查与诊断
SLU	3 号锁止控制电磁阀	控制端子	+ B	EFI 主继电器	电源输入
SLN	4 号油压控制电磁阀	控制端子	+ B1	EFI 主继电器	电源输入
NCO -	O/D 直接挡离合器转速传感器	信号输入（-）	NSW	空挡起动开关	信号输入
E02	电源搭铁		VTA2	副节气门位置传感器	信号输入
IDL1	主节气门位置传感器	信号输入	E2	传感器搭铁	
IGF1	1 号点火控制器		SP1	1 号车速传感器	信号输入
IGT1	2 号点火控制器		SP2 +	2 号车速传感器（+）	信号输入（+）
G2	曲轴位置传感器	信号输入	SP2 -	2 号车速传感器（-）	信号输入
G1	曲轴位置传感器	信号输入	E1	ECU 搭铁	
Ne +	发动机转速传感器	信号输入	O/D1	行驶速度控制 ECU	信号交流
Ne -	发动机转速传感器	信号输入	O/D2	O/D 开关	信号输入
IDL2	副节气门位置传感器	信号输入	R	挡位开关	信号输入
IGF2	2 号点火控制器	点火反馈信号	2	挡位开关	信号输入
IGT2	2 号点火控制器	点火定时信号	L	挡位开关	信号输入
G	曲轴位置传感器	信号输入	PWR	模式选择开关	信号输入
IGSW	点火开关	信号输入	STP	制动灯开关	信号输入
STA	起动继电器	信号输入	KD	强制降挡开关	信号输入
VTA1	主节气门位置传感器	信号输入	BATT	蓄电池	电源输入

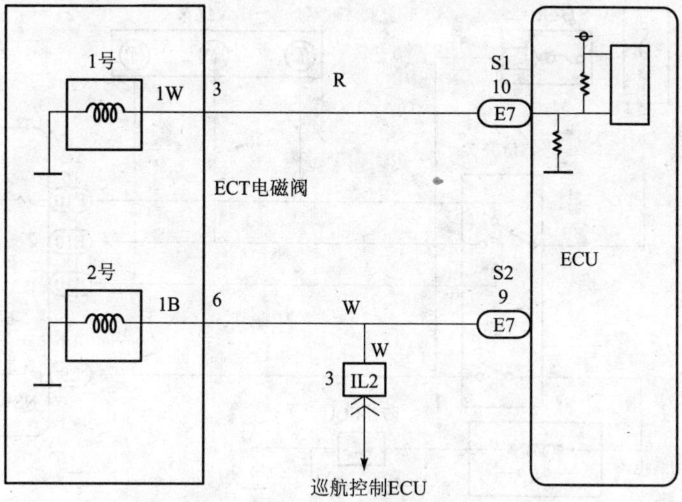

图4-28 换挡控制电路

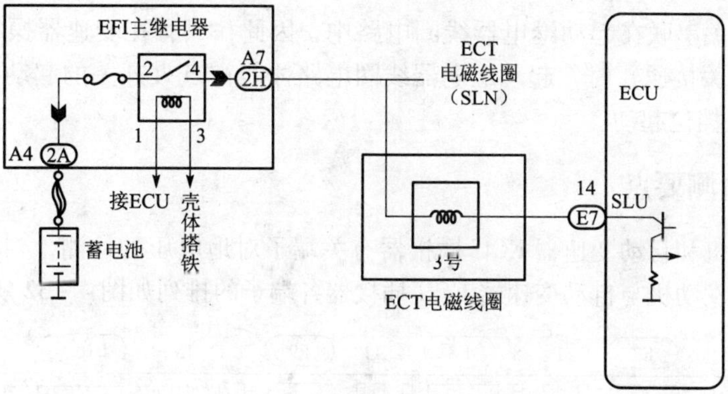

图4-29 变矩器锁止控制电路

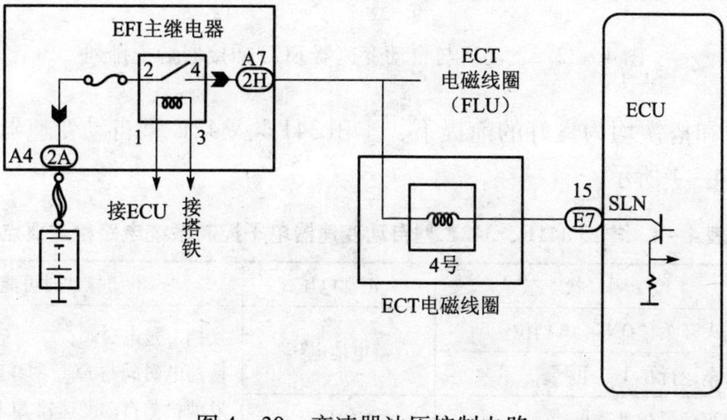

图4-30 变速器油压控制电路

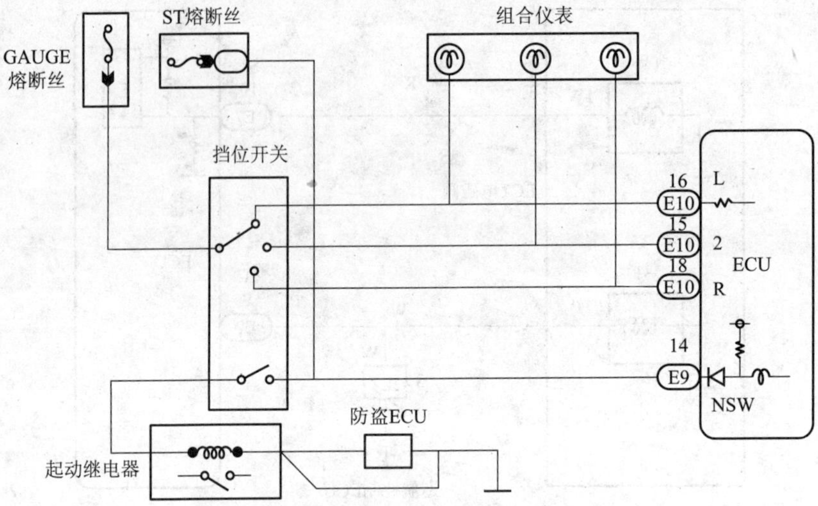

图 4－31 变速器挡位开关电路

空挡起动开关串联在起动继电器线圈电路中，因此，只有在变速器操纵杆置于 N 或 P 挡（空挡起动开关接通）时，起动继电器线圈电路才能被点火开关的起动挡接通，使发动机只能在 N 或 P 挡位起动。

4.2.3 电路检测要点

可通过发动机和自动变速器 ECU 插接器有关端子对地电压的检测，判断相关电路及部件是否有故障。发动机与自动变速器 ECU 插接器各端子的排列如图 4－32 所示。

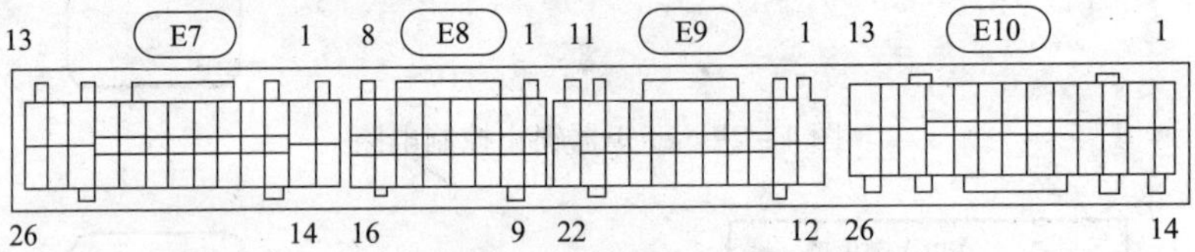

图 4－32 发动机与自动变速器 ECU 插接器端子排列

在 ECU 电源和搭铁均为良好的前提下，丰田 341E、342E 型自动变速器电子控制系统电路检测要点如表 4－4 所示。

表 4－4 丰田 341E、342E 型自动变速器电子控制系统电路检测要点

检测端子号	检 测 状 态	正常电压	电压异常时可能的故障部位
S1 E7－10	点火开关“ON”，P 挡位	蓄电池电压	换挡 1 号电磁阀； 换挡电磁阀与 ECU 的线路； 发动机与自动变速器 ECU
	汽车运行在Ⅰ、Ⅱ挡		
	汽车运行在Ⅲ、Ⅳ挡	0 V	

续表

检测端子号	检测状态		正常电压	电压异常时可能的故障部位
S2 E7－10	点火开关“ON”，P挡位		0 V	换挡2号电磁阀； 换挡电磁阀与ECU的线路； 发动机与自动变速器ECU
	汽车运行在Ⅰ、Ⅱ挡			
	汽车运行在Ⅲ、Ⅳ挡		蓄电池电压	
SLU E7－14	点火开关“ON”		蓄电池电压	锁止3号电磁阀与ECU的线路； EFI主继电器至锁止电磁阀线路； 锁止电磁阀； 发动机与自动变速器ECU
SLN E7－15	开关“ON”		蓄电池电压	油压调节4号电磁阀与ECU的线路； EFI主继电器至油压调节电磁阀线路； 油压调节电磁阀； 发动机与自动变速器ECU
IDL1 E8－1	点火开关“ON”，节气门开		4～6 V	节气门位置传感器； 节气门位置传感器与ECU之间线路； 发动机与自动变速器ECU
VTA1 E9－1	点火开关“ON”	节气门关	0.1～1.0 V	节气门位置传感器； 节气门位置传感器与ECU之间线路； 发动机与自动变速器ECU
		节气门开	3～5 V	
SP2 E9－10	转动驱动车轮		脉冲电压	2号车速传感器； 2号车速传感器至ECU之间线路； 发动机与自动变速器ECU
VC E9－11	点火开关“ON”		4～6 V	节气门位置传感器； 节气门位置传感器与ECU之间线路； 发动机与自动变速器ECU
NSW E9－14	点火开关“ON”	P、N或空挡	0 V	空挡起动开关； 挡位开关与ECU之间线路； 发动机与自动变速器ECU
		其他挡位	5 V	
SPD E9－19	转动驱动车轮		脉冲电压	1号车速传感器或组合仪表； 1号车速传感器至ECU之间线路； 发动机与自动变速器ECU
O/D1 E10－2	点火开关“ON”		蓄电池电压	ECU与巡航控制ECU之间的线路； 发动机与自动变速器ECU

续表

检测端子号	检 测 状 态		正常电压	电压异常时可能的故障部位
O/D2 E10－3	点火开关 "ON"	O/D 开关"ON"	蓄电池电压	O/D 开关或组合仪表； O/D 开关与 ECU 之间线路； 发动机与自动变速器 ECU
		O/D 开关"OFF"	0 V	
2 E10－15	点火开关 "ON"	2 挡	蓄电池电压	挡位开关； 挡位开关与 ECU 之间线路； 发动机与自动变速器 ECU
		其他挡位	0 V	
L E10－16		L 挡位	蓄电池电压	
		其他挡位	0 V	
R E10－18		R 挡位	蓄电池电压	
		其他挡位	0 V	
PWR E10－17	点火开关 "ON"	模式开关 "PWR"位	蓄电池电压	模式选择开关； 模式选择开关与 ECU、蓄电池之间线路； 发动机与自动变速器 ECU
		模式开关 "NORM"位	0 V	
STP E10－19	踩下制动踏板		蓄电池电压	制动灯开关； 制动灯开关与 ECU 之间线路； 发动机与自动变速器 ECU
	松开制动踏板		0 V	
KD E10－20	点火开关 "ON"	不踩加速 踏板	蓄电池电压	强制降挡开关； 强制降挡开关与 ECU、搭铁之间的线路
		完全踩下 加速踏板	0 V	发动机与自动变速器 ECU

说明：对表 4－4 中各端子进行检测前，应先检测 ECU 电源和搭铁，并在 ECU 电源和搭铁检测结果良好之后，进行各端子对搭铁的电压检测。因此，各端子电压异常时可能的故障部位均不包括 ECU 电源控制线路和搭铁线路故障。

4.3 制动防抱死系统

不同类型的 ABS 系统，其 ABS 组成部件和控制电路结构形式有所不同。有的车型还装备了防滑转电子控制系统（ASR），并与 ABS 使用一个 ECU。防滑转电子控制也被称为牵引力控制（TRC），它是通过对滑转车轮施加一个制动力，控制发动机的输出功率，使汽车在起步、急加速时和滑溜路面上其驱动车轮不滑转，以提高汽车起步和加速性能及行驶安全性。

汽车制动时，制动防抱死系统通过车轮转速传感器监测车轮是否抱死。当汽车减速或慢速停车时，由于制动器制动力较小，车轮不会抱死，ABS电子控制器（ECU）无控制信号输出，制动器的制动力完全由驾驶员踩在制动踏板上的力量来控制。在紧急控制时，车轮可能被抱死，ABS ECU就会根据车轮转速传感器信号，对车轮的抱死情况作出判断，并及时输出控制信号，通过制动压力调节器迅速对制动力进行调整，以使车轮不被抱死，确保汽车制动安全。

4.3.1　ABS传感器

1. 车轮转速传感器

车轮转速传感器将车轮的转速转变为电信号，并输送给ABS ECU，是ABS系统进行防抱死控制的重要信号。车轮转速传感器有磁感应式、光电式和霍尔效应式等，其组成和原理与相同类型的发动机转速传感器和曲轴位置传感器相同。目前，ABS系统广泛使用的是磁感应式车轮转速传感器。磁感应式车轮转速传感器由传感器头（铁芯、磁铁及感应线圈）和齿圈组成，按传感器的磁极端部的形状不同，可分为凿式车轮转速传感器和柱式车轮转速传感器。磁感应式车轮转速传感器有不同的安装形式，如图4－33所示。传感器的齿圈安装在随车轮一起转动的部件上，传感器头则安装在附近不转动的部件上。车轮转速传感器有的安装在驱动轮和非驱动轮处，有的安装在主减速器处，有的ABS则是用变速器输出轴处的转速传感器信号作为车轮转速信号。

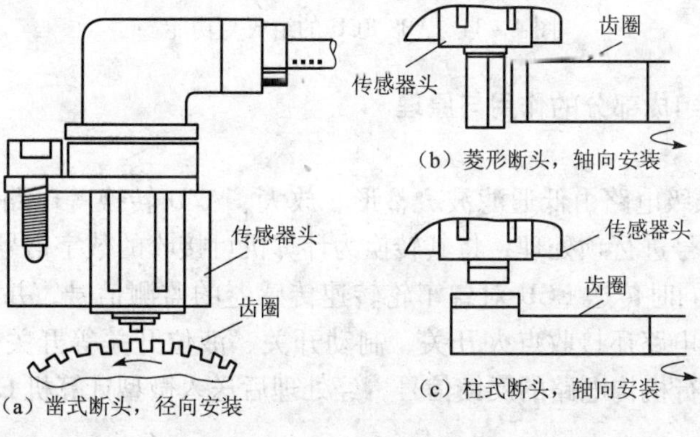

图4－33　磁感应式车轮转速传感器的安装形式

2. 减速度传感器

一些汽车的ABS系统装有减速度传感器。减速度传感器也被称为G传感器，用于监测汽车制动时的减速度，ABS ECU根据G传感器提供的汽车减速度信号，判断路面情况。汽车ABS系统所用的减速度传感器有差动变压器式和水银式等型式。

4.3.2 ABS 电子控制器

1. ABS 电子控制器（ECU）的基本组成与功能

ABS ECU 的主要任务是接收传感器的信号，进行计算分析，判断制动车轮的状况，并据此输出控制信号，控制制动压力调节器工作，及时调节制动力的大小。此外，ABS ECU 还具有故障监控报警和故障自诊断等功能。ABS ECU 的基本组成如图 4－34 所示。

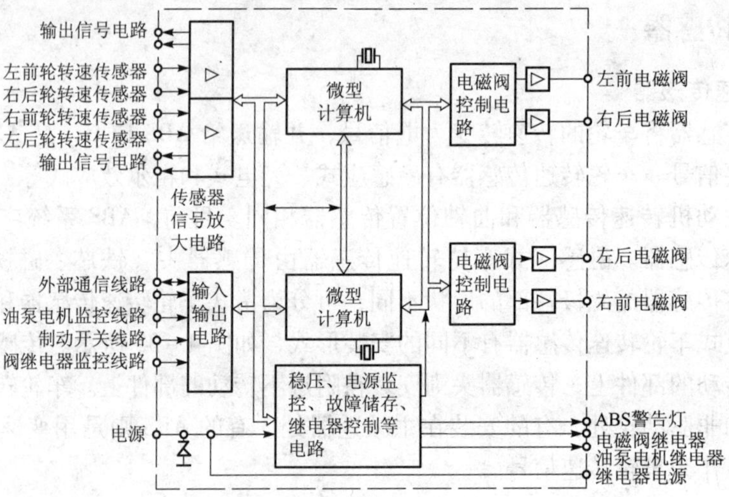

图 4－34　ABS ECU 的组成与功能

2. ABS ECU 各组成部分的作用与原理

1）输入级电路

ABS ECU 的输入级电路由低通滤波、整形、放大、A/D 转换等电路组成，用于对车轮转速传感器的交流信号进行预处理，将其转换为计算机可接收的数字信号后送入微型计算机 CPU。输入放大电路同时传送 ECU 对各车轮转速传感器的监测信号，并将反馈信号送回微型计算机 CPU。输入电路还接收点火开关、制动开关、液位开关等开关信号和电磁阀继电器、油泵继电器等执行机构电路的反馈信号，经处理后送入微型计算机 CPU。

2）运算电路

运算电路的核心是微处理器，运算电路接收传感器等输入的电信号后，按照设定的程序进行计算、分析和处理，并形成相应的控制指令。运算电路通常由两个微处理器组成，以确保系统工作的可靠性。两个微处理器同时接收输入信号进行运算和处理，并进行交互式通信来比较，如果处理结果不一致，微处理器就立即使 ABS 停止工作，以防止系统因发生故障而导致的错误控制。

当运算电路监测到传感器、执行器等外部电路有故障时，会立即向安全保护电路输出停止 ABS 系统工作的指令，以确保汽车仍然有正常的普通制动器制动功能。

3）输出级电路

输出级电路由电磁阀控制电路、油泵电机控制电路等组成，其作用是将运算电路的控制指令转换为模拟控制信号，并通过功率放大器向执行器提供控制电流，使执行器按照运算电路的指令工作。

4）安全保护电路

安全保护电路由电源监控、故障储存、继电器控制、ABS 警告灯控制等电路组成。其主要功能是：对汽车电源电压进行监控，并向 ECU 提供工作所需的 5 V 标准电压；当 ABS 系统出现故障时，能根据 ECU 指令，切断 ABS 继电器电路，使 ABS 停止工作，恢复普通制动功能，同时使 ABS 警告灯亮起；故障储存电路（存储器）将 ABS 系统出现的故障以代码的形式储存起来。

4.3.3　制动压力调节器

制动压力调节器是 ABS 系统的执行器。在汽车制动时，制动压力调节器根据 ECU 的控制信号迅速、准确地动作，及时调节制动器制动压力的大小，使车轮不被抱死。目前，汽车上普遍使用的液压式制动压力调节器有循环流通式和变容积式两种结构类型。

1. 循环流通式制动压力调节器

循环流通式制动压力调节器串联在普通制动管路中，主要由储油器、电磁阀、回油泵及单向阀、制动分泵、制动总泵等组成，如图 4-35 所示。

储油器用于暂时储存在制动分泵压力减小过程中流出的制动液；回油泵的作用是将储油器中的制动液泵回制动总泵；电磁阀由 ECU 控制其动作，用以实现制动分泵压力的升高、保持和降低控制。ABS 制动压力调节器电磁阀最常见的有三位三通、二位二通两种结构形式。三位三通电磁阀有 3 个工作位置，连接 3 个液压通道，ECU 通过控制电磁阀断电、半通电和全通电，使其分别处于 3 种工作状态，三位三通电磁阀式制动压力调节器的工作原理如图 4-36 所示。

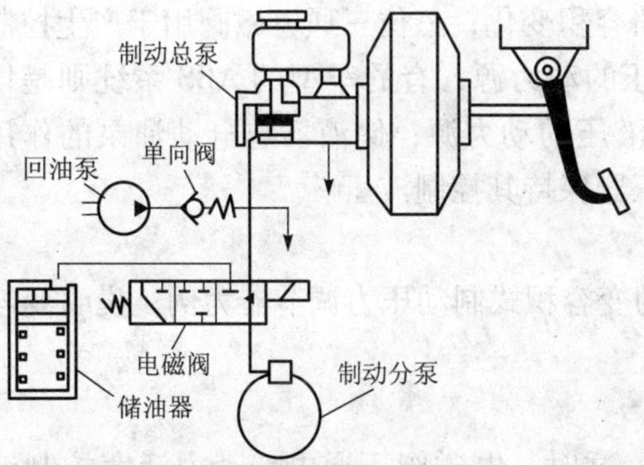

图 4-35　循环流动式制动压力调节器的基本组成

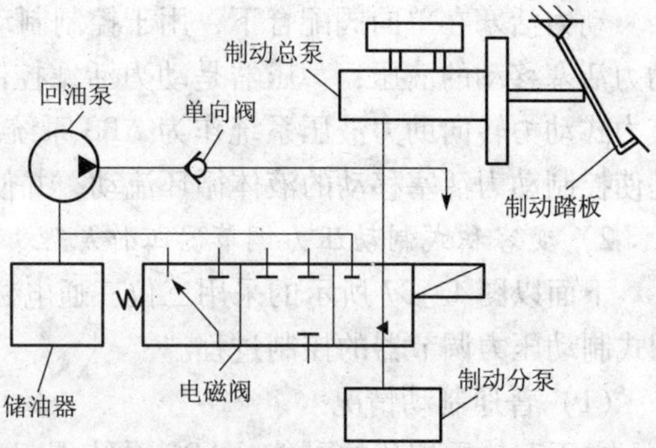

图 4-36　三位三通电磁阀式制动压力调节器工作原理

1）普通制动情况

在通常的减速制动或停车慢速制动情况下，ABS 系统不介入工作，电磁阀不通电，电磁阀处于右位，制动总泵与制动分泵直通。这时，制动分泵的压力直接通过制动踏板控制。普通制动时，回油泵不工作。

2）紧急制动情况

紧急制动时，车轮将出现抱死情况，ABS ECU 立刻投入工作，自动控制制动器制动压力的大小。

① 减压控制：当需要减小制动压力时，ECU 输出减压指令，向电磁阀提供较大的电流，电磁阀处于左位，连接制动总泵的通道被封闭，制动分泵与储油器相通，制动压力降低。此时，回油泵工作，将从制动分泵流入储油器的制动液泵回制动总泵。

② 保压控制：当需要维持制动压力不变时，ECU 输出保压指令，向电磁阀提供较小电流，电磁阀处于中位，电磁阀的 3 个通道都被封闭，制动分泵的压力将保持不变。

③ 增压控制：当需要增大制动压力时，ECU 输出增压指令，使电磁阀断电，电磁阀回到右位，制动总泵与制动分泵相通，制动总泵的高压制动液进入制动分泵，使其压力增大。

ABS ECU 通过控制电磁阀通电、半通电和断电，自动调节制动分泵制动压力的大小，使车轮处于边滚边滑的状态。

当 ABS 系统失效时，电磁阀保持断电状态，这时，制动总泵与制动分泵直通，可保证普通制动器正常起作用。

2. 变容积式制动压力调节器

变容积式制动压力调节器是在汽车原有制动管路上增加一套液压装置，ABS ECU 通过它来控制制动管路容积的增减，从而控制制动器制动压力。

1）变容积式制动压力调节器的基本组成

变容积式制动压力调节器主要由动力活塞、电磁阀、电动油泵、蓄压器、储液器、单向阀等组成，如图 4－37 所示。

动力活塞在单向阀配合下，用于控制制动管路容积变化；三位三通电磁阀用于产生控制动力活塞移动的液压；蓄压器是动力活塞控制液压的动力源，有的车型的 ABS 系统则是以液力式动力转向助力液压系统作为 ABS 系统控制液压的动力源；储液器与电动油泵的作用是使控制动力活塞移动的液体循环流动，并使蓄压器保持其控制液压。

2）变容积式制动压力调节器工作原理

下面以图 4－37 所示的采用三位三通电磁阀的变容积式制动压力调节器为例，说明变容积式制动压力调节器的控制过程。

（1）普通制动情况

由于车轮无抱死的可能，ABS 系统不起作用。这时，电磁阀不通电，动力活塞控制油腔与储液器相通。因此，动力活塞在其弹簧力作用下处于最左位，动力活塞左端的顶杆顶开单向阀，使制动总泵与制动分泵直接连通。因此，制动压力直接由制动踏板力控制。

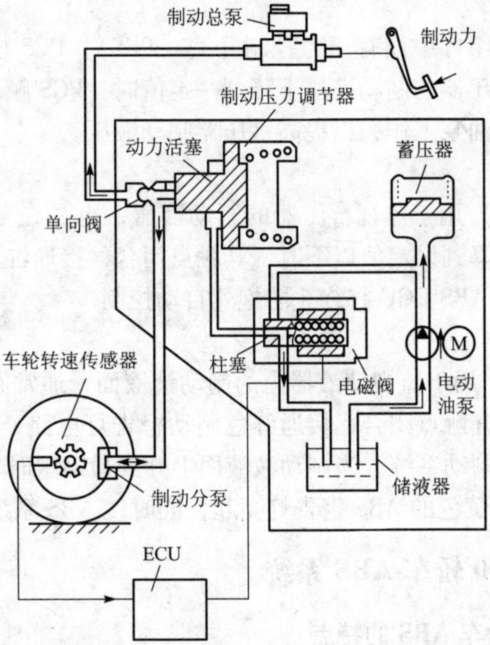

图4－37　变容积式制动压力调节器

（2）紧急制动情况

紧急制动时，ABS系统投入工作，自动控制制动器制动压力的大小，以防止车轮抱死。

① 减压控制：当ECU输出减压控制信号时，向电磁阀提供较大的电流，电磁阀柱塞处于最右位置，动力活塞控制油腔与蓄压器连接，其压力增大，使动力活塞向右移动，单向阀关闭，使制动总泵与制动分泵断开。单向阀关闭后，动力活塞继续右移使其左腔容积增大，制动分泵的制动压力随之降低。制动压力下降的幅度取决于动力活塞的右移程度。

② 保压控制：当ECU输出保压信号时，向电磁阀提供较小电流，电磁阀柱塞处于中位，电磁阀的3个通道都被封闭，动力活塞控制油腔的液压保持不变，动力活塞因两端的受力保持平衡而静止不动，因而制动分泵的压力将保持不变。

③ 增压控制：当ECU输出增压指令时，电磁阀断电，电磁阀柱塞回到最左位。由于动力活塞控制油腔与储液器相通，控制油压下降，动力活塞在其弹簧力的作用下向左移动，使动力活塞左腔容积减小，制动分泵压力增大。当动力活塞移动到最左位时，动力活塞左端的顶杆顶开单向阀，制动总泵与制动分泵相通，制动总泵的高压制动液进入制动分泵，使其压力增大。

3. 其他装置

在制动压力调节器中，一般还设有压力控制开关、压力警告开关及液位指示开关等。

1）压力控制开关

在蓄压器与电动油泵组件中设有压力控制开关（PCS）。PCS 根据蓄压器的制动液压控制电动油泵的工作。当蓄压器的制动液压下降到一定值时，PCS 触点闭合，将电动油泵继电器线圈电路接通，使电动油泵工作，以提高蓄压器制动液压。

2）压力警告开关

压力警告开关（PWS）用于监视蓄压器的制动液压，也是在蓄压器制动液压的作用下动作。当蓄压器制动液压降到设定值以下时，其触点闭合，接通红色制动警告灯，随后黄色的 ABS 警告灯也会亮起，ABS ECU 将终止防抱死自动控制。

3）液位指示开关

液位指示开关（PLI）用于监视储液器内的制动液液面，通常有两个触点，当制动液液面下降到最低限时，其常开触点闭合，接通红色制动警告灯电路，使红色制动警告灯亮起，以警示驾驶员要停车检查制动系统；当制动液液面上开到最高限时，常闭触点打开，断开了 ABS ECU 的电源电路，使黄色的 ABS 警告灯亮起，同时使 ABS 系统停止起作用。

4.3.4 丰田凌志 LS400 轿车 ABS 系统

1. 丰田凌志 LS400 轿车 ABS 的特点

丰田凌志 LS400 轿车有带 TRC 和不带 TRC 两种车型，均采用德国博世（BOSCH）ABS 系统。

1）液压系统

丰田凌志 LS400 轿车的液压系统如图 4－38 所示。该系统采用循环流动式制动压力调节器，有 3 个独立的制动压力控制通道，分别用于控制左前轮、右前轮和两个后轮的制动压力。每个制动压力控制通道均采用了三位三通电磁阀来实现制动压力的减压、保压和增压控制。

2）电子控制系统

ABS ECU 通过对 3 个三位三通电磁阀不通电、半通电和全通电的控制，实现 4 个车轮的制动压力自动控制。

ABS ECU 有 4 个车轮转速传感器，ECU 根据两前轮转速传感器的转速信号分别判断左前轮、右前轮的抱死情况，并通过两个三位三通电磁阀，分别控制左前轮和右前轮的制动力；ECU 根据两个后轮转速传感器的转速信息，判断两个后轮的抱死情况，并通过一个三位三通电磁阀，控制两个后轮的制动力。

2. 电路分析

丰田凌志 LS400 轿车 ABS 系统的控制电路如图 4－39 所示。

1）ABS 电子控制器

ABS ECU 有两个插接器，插接器代号为 A16、A17。插接器端子排列如图 4－40 所示，各端子的连接说明见表 4－5。

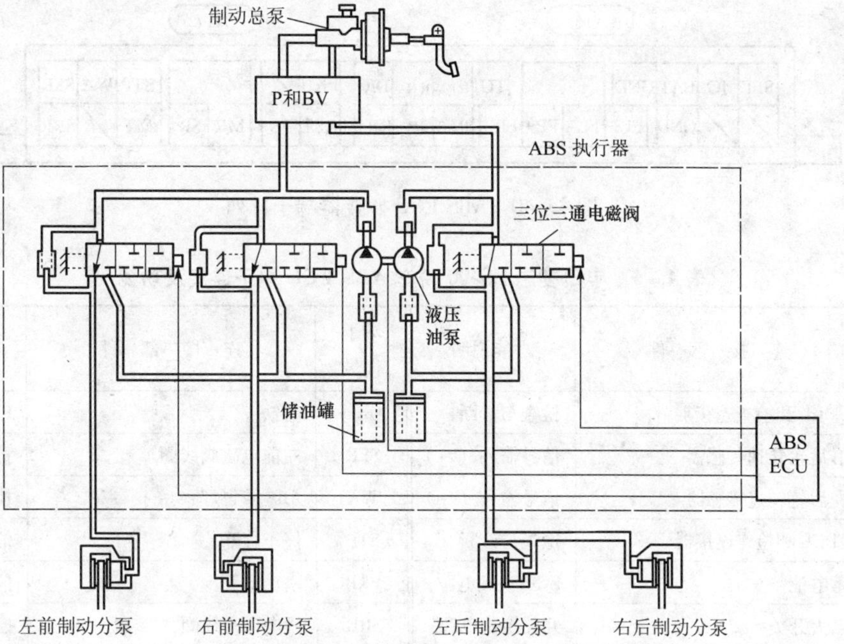

图 4-38 丰田凌志 LS400 轿车 ABS 液压系统

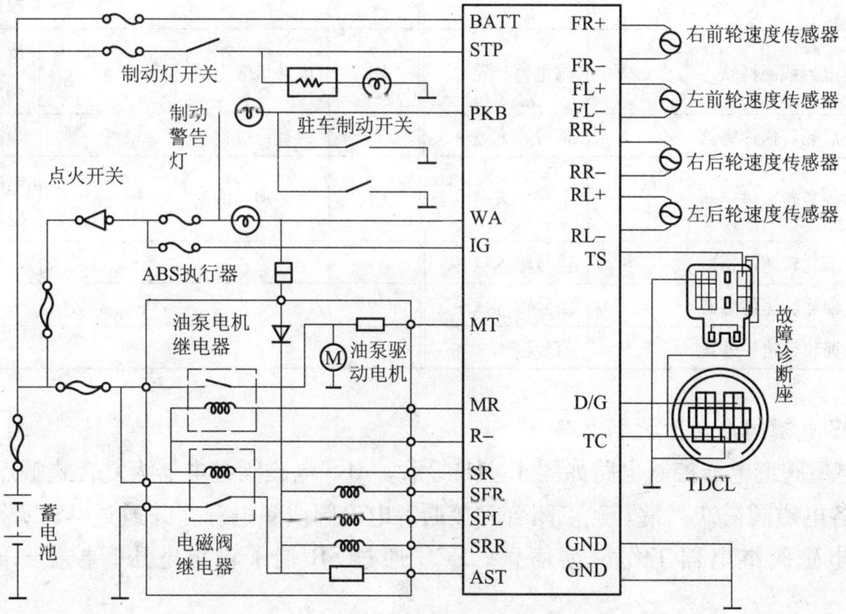

图 4-39 丰田凌志 LS400 轿车 ABS 系统的控制电路

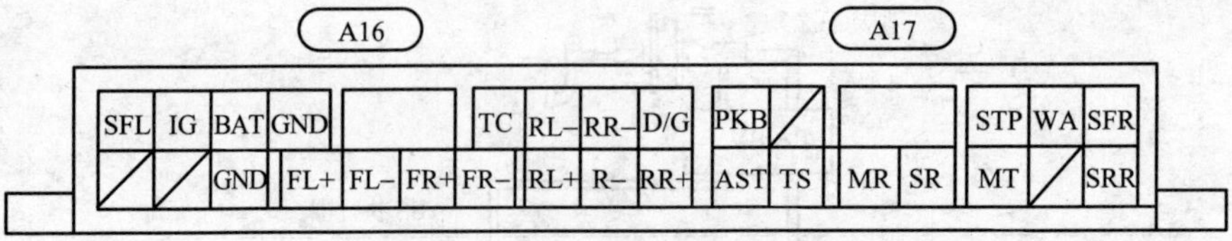

图 4－40 ABS ECU 插接器端子排列

表 4－5 丰田凌志 LS400 轿车 ABS ECU 端子连接及功能

端子代号	连接部件	功能说明	端子代号	连接部件	功能说明
D/G	TDCL 和检查连接器	检查与诊断	GND	搭铁	ECU 搭铁
RR－	右后轮转速传感器	信号输入（－）	SFR	左前电磁阀线圈	控制端子
RL－	左后轮转速传感器	信号输入（－）	WA	ABS 警告灯	控制端子
TC	TDCL 和检查连接器	检查与诊断	STP	停车灯开关	信号输入
BAT	蓄电池	ECU 直接电源	PKB	手动开关	信号输入
IG	点火开关	开关控制电源	SRR	后电磁阀线圈	控制端子
SFL	左前电磁阀线圈	控制端子	MT	制动压力调节器电动机	电动机监控
RR＋	右后轮转速传感器	信号输入（＋）	SR	电磁阀继电器	电磁阀电源控制端子
R－	继电器线圈搭铁	继电器控制	MR	电动机继电器	电动机控制端子
RL＋	左后轮转速传感器	信号输入（＋）	TS	检查连接器	检测与诊断
FR－	右前轮转速传感器	信号输入（－）	AST	电磁阀继电器	电磁阀继电器监控
FR＋	右前轮转速传感器	信号输入（＋）			
FL－	左前轮转速传感器	信号输入（－）			
FL＋	左前轮转速传感器	信号输入（＋）			

2）ABS 电磁阀继电器控制电路

ABS 电磁阀继电器控制电路如图 4－41 所示。ABS 电磁阀继电器为复合式触点，常闭触点使 ABS 各电磁阀搭铁，常开触点闭合时接通各电磁阀线圈电源，并通过 AST 端子向 ECU 提供 ABS 电磁阀继电器工作反馈信息。ECU 通过 SR 端子输出电压，控制 ABS 电磁阀工作。

3）ABS 油泵电动机控制电路

ABS 油泵电动机控制电路如图 4－42 所示。油泵电动机通过以常开触点式继电器接通电

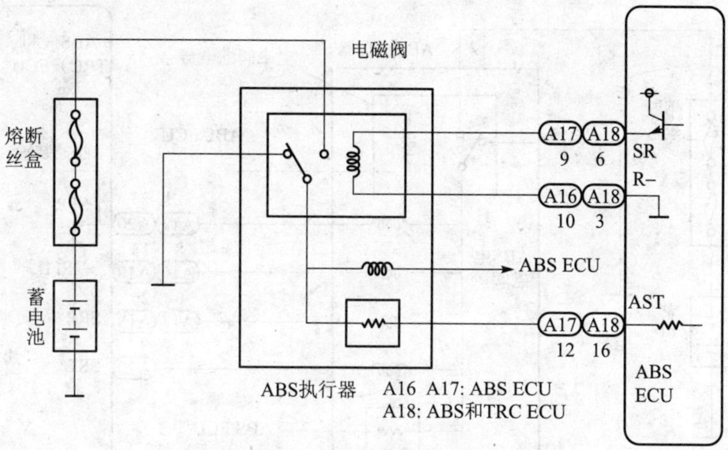

图4－41　ABS电磁阀继电器控制电路

源，ABS ECU通过MR端子控制常开触点式继电器工作。继电器触点闭合时，通过MT端子向ECU提供油泵继电器工作反馈信号。

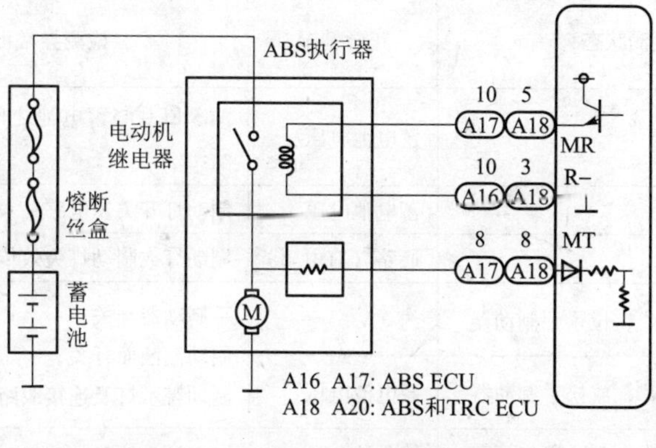

图4－42　ABS油泵电动机控制电路

4）ABS制动压力调节器电磁阀控制电路

ABS制动压力调节器电磁阀控制电路如图4－43所示。当电磁阀继电器线圈通电，其常开触点闭合时，ECU通过SFR、SFL、SRR端子控制相应的电磁阀线圈全通电、半通电和断电。

3. 电路检测要点

通过对ABS ECU有关端子对地电压和通路情况的检测，可判断ECU及相关电路与部件正常与否。丰田凌志LS400轿车（不带TRC）ABS ECU的检测要点如表4－6所示。

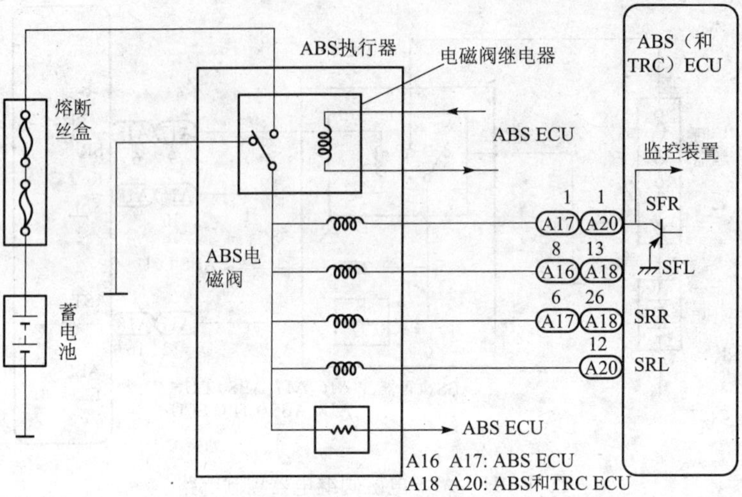

图 4－43　ABS 制动压力调节器电磁阀控制电路

表 4－6　ABS ECU 有关端子对地电压和通断情况的检测

检测端子（端子号）	检测状态	正常情况	检测异常可能的故障部位
BATT（A16－6）	测电压	蓄电池电压	ABS ECU 与蓄电池之间的电源线路与相关的熔断丝
STP（A17－3）	踩下制动踏板	蓄电池电压	制动灯开关及电路
	不踩制动踏板	通路（有电阻）	制动灯或制动灯失效传感器
PKB（A17－5）	点火开关“ON”，拉紧手制动器	约 0 V	手制动器开关；制动液液面开关；制动警示灯及连接线路
	点火开关“ON”，放松手制动器	蓄电池电压	
WA（A17－2）	点火开关“ON”，ABS 警告灯亮	约 0 V	ABS 警告灯及连接线路；ABS ECU
	点火开关“ON”，ABS 警告灯熄灭	蓄电池电压	
IG（A16－7）	点火开关“ON”	蓄电池电压	ECU－IG 熔断器；点火开关及相关线路
	点火开关“OFF”	约 0 V	
MT（A17－8）	点火开关“OFF”	通路	制动压力调节器
MR（A17－10）	变速器在行驶挡位，放松制动器，点火开关“ON”，ABS 警告灯不亮	蓄电池电压	制动压力调节器；制动压力调节器与 ECU 之间的线路；ABS ECU
R－（A16－10）	点火开关“OFF”	通路	ABS ECU

续表

检测端子（端子号）	检测状态	正常情况	检测异常可能的故障部位
SR（A17－9）	点火开关“ON”，ABS警告灯亮	约0 V	制动压力调节器；ABS ECU
	点火开关“ON”，ABS警告灯熄灭	蓄电池电压	
SFR（A17－1）	点火开关“ON”，ABS警告灯亮	约0 V	制动压力调节器；ABS ECU
	点火开关“ON”，ABS警告灯熄灭	蓄电池电压	
SFL（A16－8）	点火开关“ON”，ABS警告灯亮	蓄电池电压	
	点火开关“ON”，ABS警告灯熄灭	约0 V	
SRR（A17－6）	点火开关“ON”，ABS警告灯亮	约0 V	
	点火开关“ON”，ABS警告灯熄灭	蓄电池电压	
AST（A17－12）	点火开关“ON”，ABS警告灯亮	约0 V	
	点火开关“ON”，ABS警告灯熄灭	蓄电池电压	
TS（A17－11）	检查连接器TS－E1不连接	不通	检查连接器；检查连接器与ECU之间的线路
	检查连接器TS－E1连接		
TC（A16－4）	检查连接器TC－E1不连接	不通	检查连接器；检查连接器与ECU之间的线路
	检查连接器TC－E1连接	通路	
GND（A15－5/6）	点火开关“OFF”	通路	ECU搭铁线路

特别说明：检查各端子与搭铁之间的通断情况应用高阻抗的欧姆表，并在点火开关关断时测量。

4.4　汽车空调系统

目前，大多数中级轿车都采用手动调节的汽车空调系统。它是依靠驾驶员拨动控制板上的各种功能键实现对温度、通风机构和风向、风速的控制。

4.4.1　空调控制开关

空调控制面板上设有3个控制开关，分别是鼓风机开关、空调方式选择开关和温度选择开关。

1. 鼓风机开关

鼓风机开关设有不同的挡位，以控制鼓风机的不同转速。鼓风机为直流电机，其转速的改变是通过调整串入鼓风机电路的电阻值来实现的。鼓风机除在停用状态不工作外，在制冷、取暖及通风状态下均可工作。

2. 空调方式选择开关

空调方式选择开关用于确定空调系统的功能，驾驶员通过拨动该开关可选择空调是制冷、取暖、通风，还是除霜。

3. 温度选择开关

温度选择开关是控制温度门的开关，用钢丝和温度门连接。当该开关处于左半区时，温度门关闭通向加热器的风道，送入车内的空气是未经加热的空气，称为冷风区。当该开关处于右半区时，温度门打开通向加热器的风道，送入车内的空气是经过除湿的暖空气，称为热风区。该开关可在左右两半区无级连续调解，可停在任意位置，对应的温度门也有确定的位置。

4.4.2 汽车空调系统的基本电路

汽车空调系统电路是为了保证汽车空调系统各装置之间相互协调工作，正确完成汽车空调系统的各种控制功能和各项操作而设置的。由于车型不同，所装的空调系统的功能及调节、控制原理也不尽相同，但就基本原理和电路来说却有相同之处。

汽车空调系统的基本电路一般包括电源电路、鼓风机控制电路和电磁离合器控制电路，如图 4－44 所示。

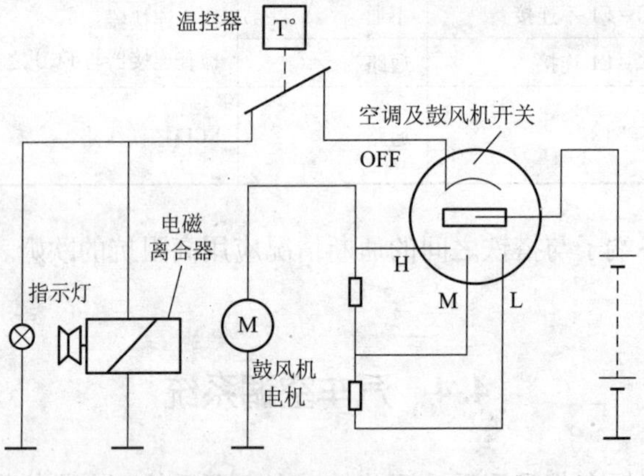

图 4－44　汽车空调系统的基本电路

其工作过程如下：接通空调及鼓风机开关，电流从蓄电池流经空调及鼓风机开关后分为两路。一路从开关上面经温控器至电磁离合器，使电磁离合器线圈通电，压缩机被发动机带动从而开始工作，同时与电磁离合器并联的压缩机工作指示灯也通电发亮。另一路从开关下面经 L，通过两个鼓风机调速电阻到鼓风机电机。这时，鼓风机电机也开始运转。由于电流通过两个电阻才到达鼓风机电机，故此时鼓风机电机转速最低。转动空调及鼓风机开关，开关上面电路不变，下面电路通过开关的 M 点，电流只经一个调速电阻就到鼓风机电机，因此，电机转速升高。再转动开关，开关上面的电路仍不变，开关下面的电路改为通过开关的 H 点，电流不经电阻直接到电机，因此，这时电机转速最高。

温控器的触点在车内温度高于设定温度时是闭合的。如果由于空调的工作使车内温度低于设定温度，温控器触点断开，电磁离合器断电，压缩机停止工作，指示灯熄灭，这时鼓风机仍在工作。空调停止工作后，车内温度上升，当车内温度高于设定温度时，温控器的触点又闭合，电流通过电磁离合器线圈使压缩机再工作，使车内温度控制在设定的温度范围内。

4.4.3　桑塔纳轿车空调系统电路分析

如图4－45所示为桑塔纳轿车空调系统控制电路，它由电源电路、电磁离合器控制电路、鼓风机控制电路和冷凝器风扇控制电路组成。其工作过程如下。

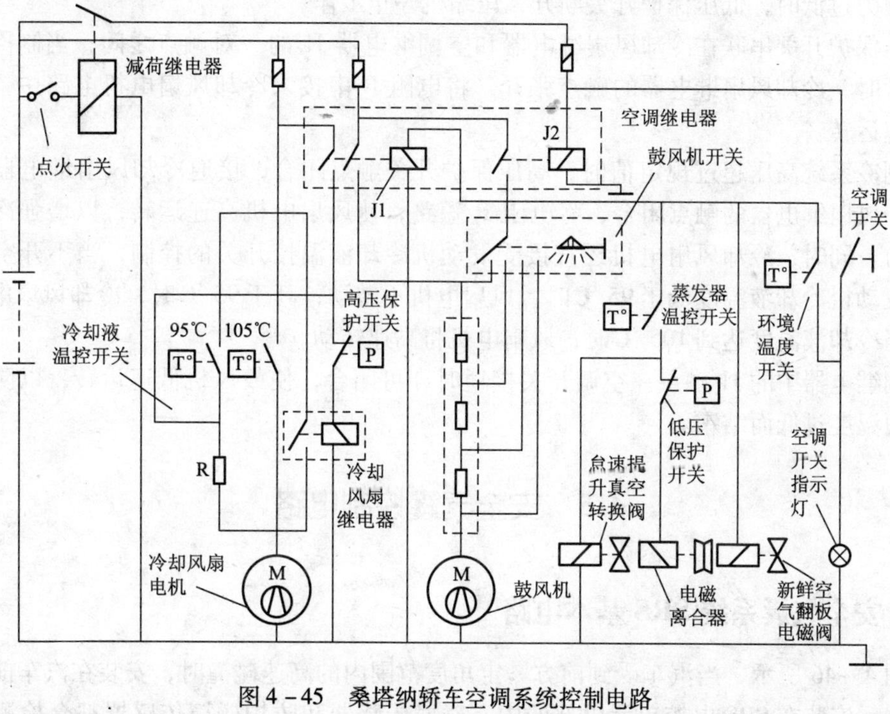

图4－45　桑塔纳轿车空调系统控制电路

点火开关处于断开（OFF）位置时，减荷继电器的线圈电路被切断，其触点张开，空调系统不工作。

点火开关处于起动（ST）位置时，减荷继电器线圈电路被切断，其触点张开，中断空调系统的工作，以保证发动机起动时，蓄电池维持足够的电能。

点火开关处于接通（ON）位置时，减荷继电器线圈电路接通，触点闭合，空调继电器中的线圈J2通电，接通鼓风机电路。此时，可由鼓风机开关进行调速，使鼓风机按要求的转速运转，进行强制通风、换气或送出暖风。

当外界气温高于10 ℃时，才允许使用空调。当需要制冷系统工作时，接通空调开关，空调开关指示灯亮，表示空调开关已经接通。此时，电源经空调开关、环境温度开关可接通下列电路。

① 新鲜空气翻板电磁阀电路接通，该阀动作，接通新鲜空气翻板控制电磁阀的真空通路，使新鲜空气进口关闭，制冷系统进入车内空气内循环。

② 经蒸发器温控开关、低压保护开关对电磁离合器线圈供电，同时电源还经蒸发器温控开关接通化油器的怠速提升真空转换阀，提高发动机的转速，以满足空调动力源的需要。

③ 对空调继电器中的线圈 J1 供电，使两对触点同时闭合，其中一对触点接通冷凝器冷却风扇继电器线圈电路；另一对触点接通鼓风机电路。

低压保护开关串联在蒸发器温控开关和电磁离合器之间，当制冷系统因缺少制冷剂使制冷系统压力过低时，低压保护开关断开，压缩机停止工作。

高压保护开关串联在冷却风扇继电器和空调继电器 J1 的一对触点之间，当制冷系统高压值正常时，冷却风扇继电器的触点张开，将电阻 R 串接入冷却风扇电机电路中，使风扇电机低速运转。

当制冷系统高压超过规定值时，高压保护开关触点闭合，接通冷却风扇继电器线圈电路，冷却风扇继电器的触点闭合，将电阻 R 短路，使风扇电机高速运转，以增强冷凝器的冷却能力。同时，冷却风扇电机还直接受发动机冷却液温控开关的控制，当不开空调开关时，若发动机冷却液温度低于95 ℃时，风扇电机不转动；高于95 ℃时，冷却风扇电机低速转动；当冷却液温度达到105 ℃时，风扇电机将高速转动。

空调继电器中的 J1 触点在空调开关接通时即可闭合，使鼓风机低速运转，以防止蒸发器因表面温度过低而结霜。

4.5 安全气囊控制电路

4.5.1 安全气囊系统 SRS 基本电路

如图 4-46 所示，当汽车受到前方一定角度范围内的高速碰撞时，安装在汽车前端的碰撞传感器和安装在 SRS 电控单元内部的中心碰撞传感器和防护碰撞传感器都会检测到汽车突然减速的信号，传感器电路就会接通，将减速度信号传送到 SRS 电控单元；SRS 电控单元中预先设置的程序经过数学计算和逻辑判断，确定碰撞达到一定程度后，立即向 SRS 气囊组件的点火器发出点火指令，接通引爆电路，引爆电雷管，使点火剂受热爆炸。点火剂引爆时，迅速产生大量热量，使充气剂受热分解，释放大量氮气并充入气囊，气囊便冲开气囊组件的装饰盖板并膨胀，使驾驶员头部和胸部压在充满气体的气囊上，在人体与车内构件之间形成一个气垫，将人体与车内构件之间的碰撞变为弹性碰撞，通过气囊产生的变形来吸收人体碰撞产生的动能，达到保护人体的目的。

SRS 电控单元主要由信号处理电路、备用电源电路、保护电路和稳压电路等组成。SRS 气囊系统有两个电源：一个是汽车电源（蓄电池和发电机）；另一个是备用电源，由电源控制电路和若干个电容器组成。备用电源的功能是：当汽车电源与 SRS 电控单元之间的电路切断后，在一定时间（一般为 6 秒）内，维持 SRS 气囊系统供电，保持 SRS 气囊系统的正常功能。当汽车遭受碰撞而导致蓄电池和交流发电机与 SRS 电控单元之间的电路被切断时，SRS 电控单元备用电源在 6 秒之内向电控单元供给电能，保持电控单元能够测出碰撞、发出点火指令。

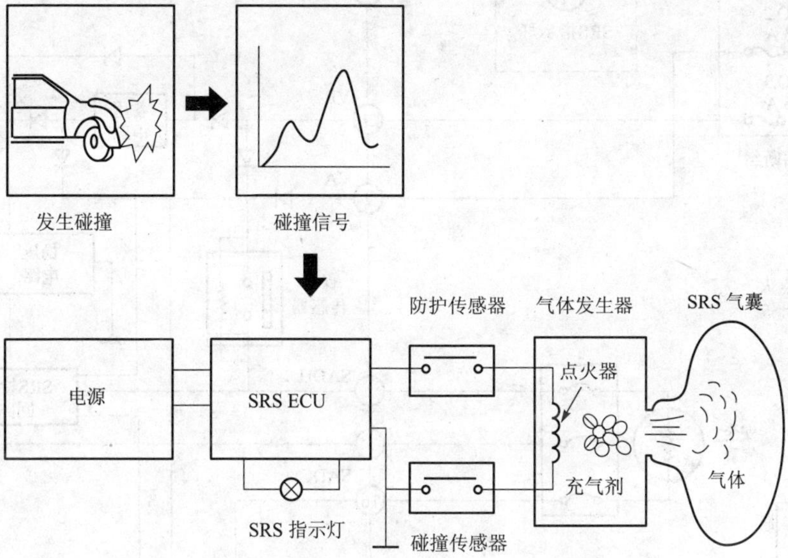

图 4－46　安全气囊系统 SRS 基本电路

4.5.2　安全气囊电路分析

如图 4－47 所示为本田车系 DE 型 SRS 的电路图。

1. SRS 电控单元与电源的连接线路

1）电源电路

① 蓄电池正极→熔断丝 15→熔断丝 19→点火开关“IG”挡→熔断丝 2→SRS 电控单元接线端子 VA。

② 蓄电池正极→熔断丝 15→熔断丝 19→点火开关“IG”挡→熔断丝 3→SRS 电控单元接线端子 VB。

2）搭铁电路

SRS 电控单元接线端子 GNDA、GNDB 搭铁。此外，电控单元内有备用电路，作为后备电源。

2. 信号输入电路

1）左、右碰撞传感器

SRS 电控单元 4、11 接线端子为传感器提供搭铁，传感器经 SRS 电控单元 15、5 接线端子将信号送至检测回路。当左、右碰撞传感器有一个闭合时，就给安全气囊提供了搭铁。

2）内部保护传感器

从图 4－47 可以看出，当保护传感器触点闭合后，电源电压经熔断丝至安全气囊，若左、右碰撞传感器有一个闭合，则安全气囊电路被接通，安全气囊被引爆。

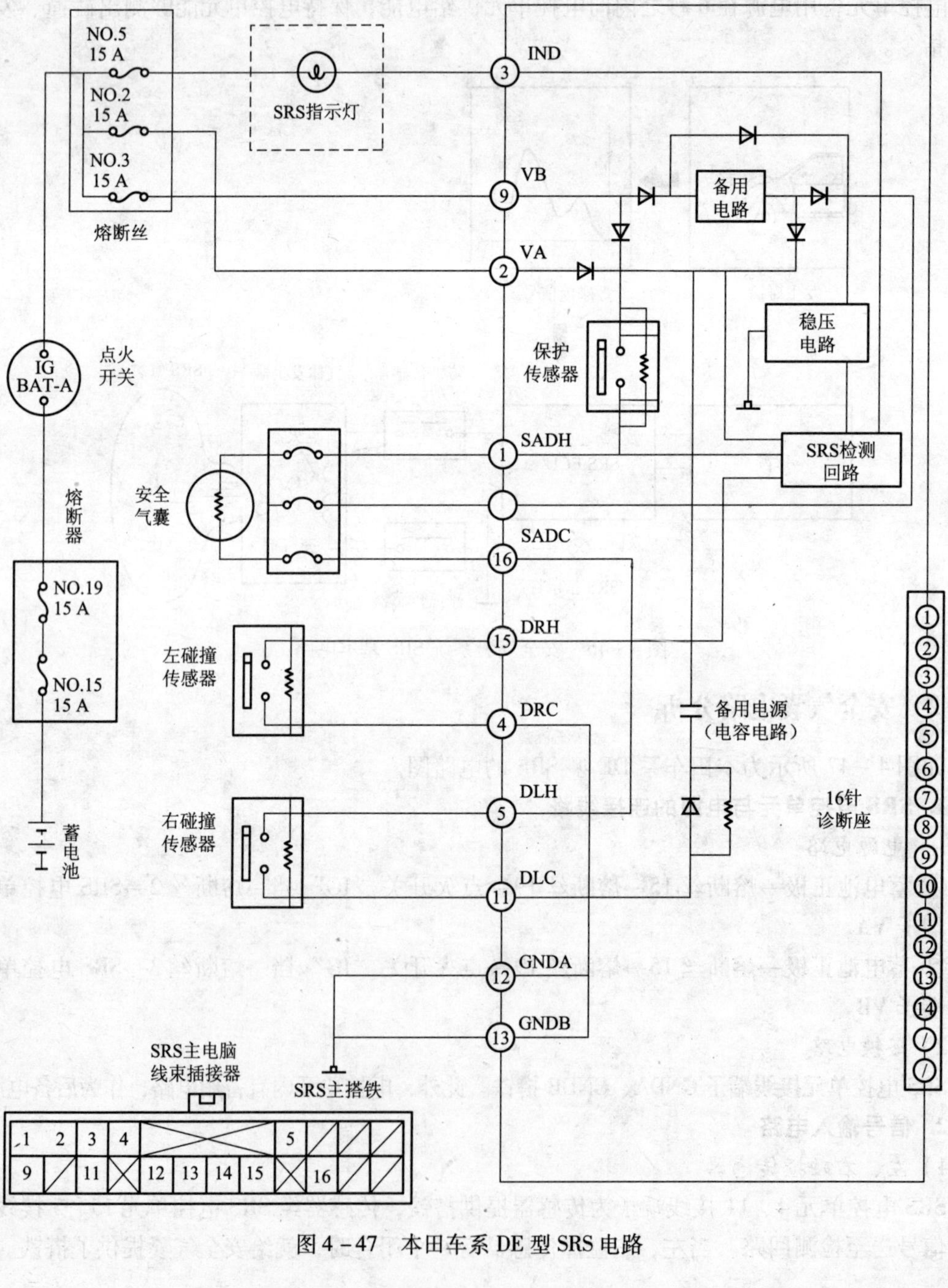

图 4－47 本田车系 DE 型 SRS 电路

4.6 汽车巡航控制系统

汽车巡航控制系统的英文简称为CCS，其作用是自动调节发动机节气门开度，以适应汽车行驶阻力的变化，使车速保持恒定。

1. 汽车巡航控制系统的组成

汽车巡航控制系统主要由巡航控制开关、车速传感器、电控单元和执行器等部分组成。巡航控制开关即驾驶员指令开关，也称主控开关。它通常是杆式开关，安装在转向柱上。大多数巡航控制开关有三个挡位，即设置/巡航（SET/COAST）、取消（CANCEL）和复位/加速（RES/ACC）挡。当巡航控制开关处于不同挡位时，经过不同阻值的电阻后搭铁，从而向ECU输入不同的信号。

当巡航控制开关处于“设置/巡航”挡位时，只要按下按钮开关，车辆就不断加速，当达到要求的车速时，松开按钮，巡航控制系统就使车辆按松开按钮时的车速保持定速行驶。当转换到“取消”挡位时，定速行驶控制自动终止。“复位/加速”挡位用于制动或换挡断开电路后，使车辆重新按调定速度行驶。

车速传感器将产生的车速信号送入电控单元，作为实际车速反馈信号，以便实现定速行驶功能。

电控单元的作用是接收车速传感器、巡航控制开关、制动开关等信号，经计算、记忆、放大及信号转换等处理后，输出控制信号，驱动执行器动作。采用数字式微处理控制器的巡航控制系统电路方框图如图4－48所示。

执行器的作用是接收巡航控制电控单元（ECU）的控制指令信号，以电动或气动方式操纵节气门，改变节气门开度，使车辆作加速、减速及定速行驶。

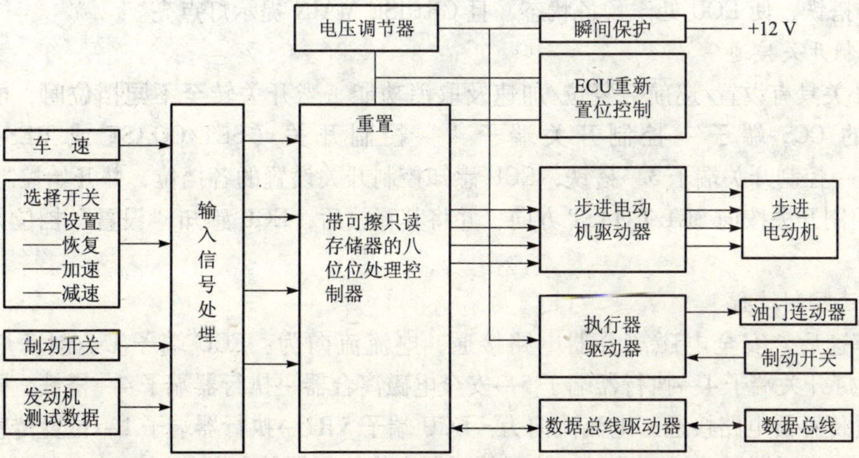

图4－48　采用数字式微处理器的巡航控制系统电路方框图

2. 巡航控制系统的基本原理

闭环巡航控制系统的基本原理方框图如图 4-49 所示。电控单元有两个输入信号：一个是驾驶员按要求的车速调定的指令车速信号，另一个是实际车速反馈信号。当测出的实际车速高于或低于驾驶员调定的车速时，电控单元对这两个信号进行比较，得出来信号之差，即误差信号，再经放大、处理后成为节气门控制信号，送至节气门执行器，驱动节气门执行器动作，调节发动机节气门开度，以修正两输入车速信号的误差，从而使实际车速很快恢复到驾驶员设定的车速，以保持恒定。

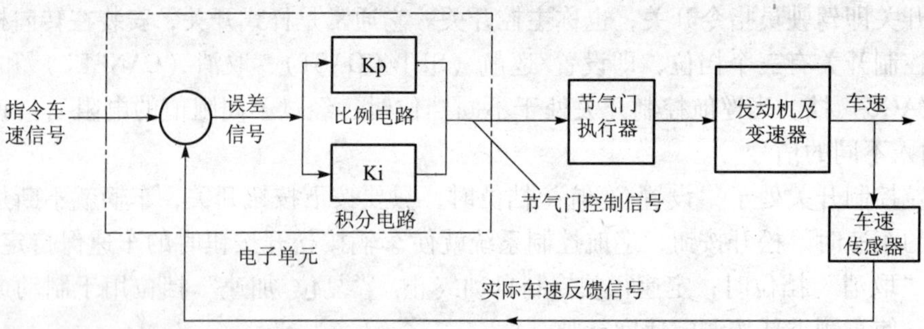

图 4-49 汽车巡航控制系统的基本原理方框图

3. 凌志轿车巡航控制系统

凌志轿车巡航控制系统电路如图 4-50 所示。图 4-50 中巡航控制开关包括主开关（MAIN）和 3 个转换挡位，即设置/巡航（SET/COAST）、复位/加速（RES/ACC）及取消（CANCEL）挡位。其工作过程如下。

1）接通主开关（MAIN）

接通主开关后，电流流向为：ECU 的 CMS 端子→控制开关端子 5→MAIN 开关→控制开关端子 3→搭铁，使 ECU 处于预备状态，且 CRUISE MAIN 提示灯点亮。

2）控制开关接通

控制开关具有设置/巡航、复位/加速及取消功能。当开关转至不同挡位时，电流流向为：ECU 的 CCS 端子→控制开关端子 4→控制开关（SET/COAST 或 RES/ACC 或 CANCEL）→控制开关端子 3→搭铁，ECU 感知控制开关设置的各挡位，并开始控制操作。

当将控制开关按向 SET/COAST 方向，并将其释放后，ECU 感知“设置”挡位并开始实施其控制。

3）车速控制过程

设定车速后，安全电磁离合器电路接通，电流流向为：ECU 端子 L→制动灯开关端子 2→制动灯开关端子 4→执行器端子 5→安全电磁离合器→执行器端子 4→搭铁。同时，执行器的位置传感器电路接通，电流流向为：ECU 端子 VR1→执行器端子 1→位置传感器→执行器端子 3→ECU 端子 VR3。此时，位置传感器会将执行器控制臂位置以一个电压信号从执行器端子 2 送到 ECU 端子 VR2。

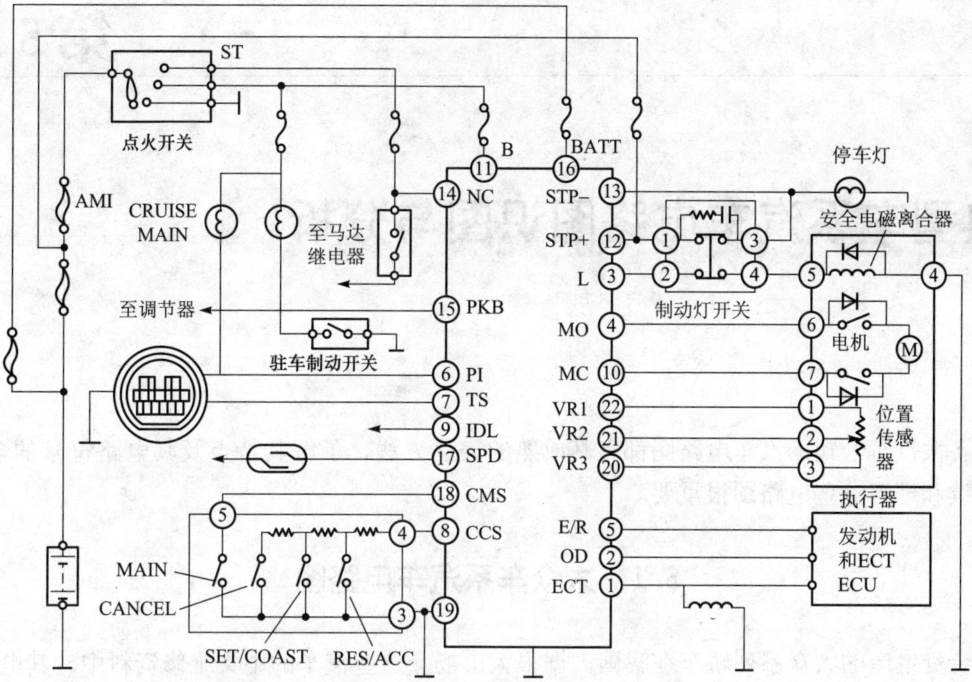

图4－50　凌志轿车巡航控制系统电路

当实际车速下降到低于设置车速时，执行器电机电路接通，电流流向为：ECU 端子 MO→执行器端子 6→执行器电机→执行器端子 7→ECU 端子 MC。此时，执行器电机转动，使执行器控制臂沿节气门打开方向转动，以提高车速。当执行器控制臂转过某一角度后，ECU 即从端子 VR2 接收到信号，并切断从端子 MO 输出的信号。

当实际车速高于设定车速时，电流由 ECU 端子 MC 流出，使执行器电机沿相反方向转动，以降低车速。

4）人工取消巡航控制功能

可通过下述开关，在下列情况下取消巡航控制系统功能。

① 控制开关：将控制开关置于取消（CANCEL）挡位。

② 驻车制动开关：拉紧制动杠杆，驻车制动开关接通，并向 ECU 端子 PKB 发送一个取消信号。

③ 空挡起动开关：当换挡杆位于“N”或“P”挡位时，空挡起动开关打开并向 ECU 端子 NC 发送一个取消信号。

④ 制动灯开关：当踩下制动踏板时，制动灯开关闭合，安全电磁离合器被释放，经制动灯开关向 ECU 端子 STP－发送一个取消信号（蓄电池电压）。

当 ECU 检测到上述任何一个信号时，便会切断向执行器发出的指令信号，并取消巡航控制功能。

第5章

典型车系汽车电路图识图与分析

各大汽车公司的汽车电路图都有其成熟的表达方法，了解其特点及其电路符号的含义，对阅读和理解这些电路图很重要。

5.1 大众车系汽车电路图

合资生产的大众系列轿车在我国占据很大市场。这些汽车的中文维修资料中，其电路图都沿用了德国大众公司的汽车电路图绘制标准，在电路图中反映了接线关系，因此，看起来要比简化了的电路原理图复杂些。

5.1.1 大众车系电路图符号

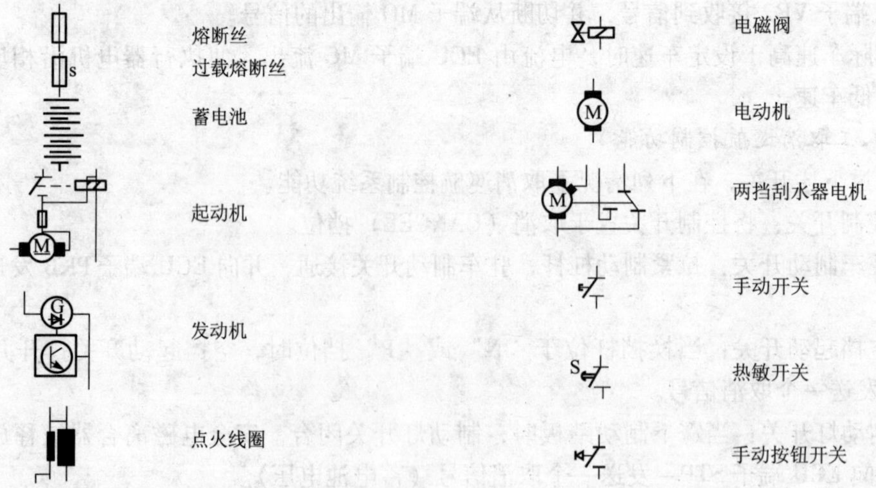

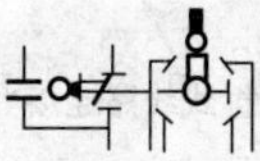
分电器（机械式）

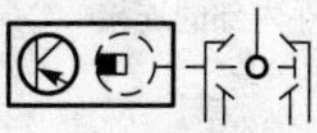
分电器（电子式）

火花塞插头及火花塞

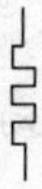
加热器加热电阻

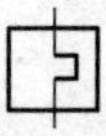
化油器自动阻风门

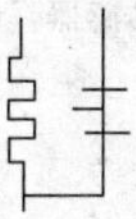
热敏式控制阀

暖风调节器
附加空气阀

电阻

二极管

稳压二极管

发光二极管

指针式仪表

电子控制器

指针式时钟

数字式时钟

机械控制开关

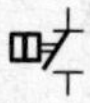
压力开关

手动多级开关

可变电阻

热敏电阻

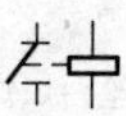
继电器

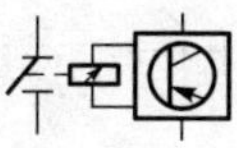
继电器
（电子控制式）

点烟器

后风窗加热装置

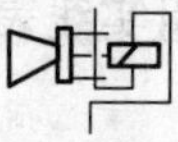
喇叭

插座

多孔插座

线路分配器

多功能显示器

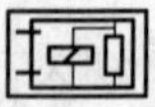
蜂鸣器

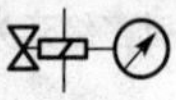
燃油指示器

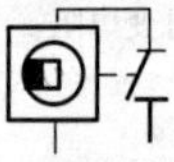
速度传感器

白炽灯

双灯丝白炽灯

内饰灯

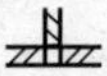
可拆式线路连接

不可拆式线路连接

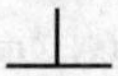
元件内部的连接

电阻导线

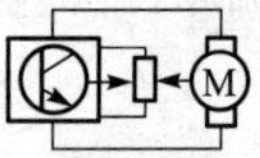

灯光调节电动机

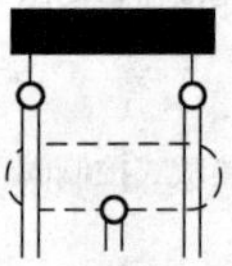
上止点传感器

滑动触点

5.1.2 大众车系电路图的表达方式

1. 大众车系电路图示例

大众车系电路图的表示方法示例如图 5－1 所示。

2. 大众车系电路图的特点

① 电路图的连接导线用粗实线表示，并都标明导线的颜色和截面积，内部连接（非导线连接）用细实线表示。

② 电路图中的电器元件都用规定的符号画出，并用字母和数字组成的代号来表示。

③ 电路图中通常还标出了线路铰接点和搭铁点的位置。

3. 大众车系电路图标注说明

电路图中代号和编号的含义如下。

1）继电器插接器端子代号

例如：图 5－1 中“2/30”、“3/87”、“4/86”、“6/85”分别表示继电器插接器的 2、3、4、6 号端子连接的接线柱标记为 30、87、86、85。德国大众各电器元件的接线柱标记都列入德国工业标准（DIN72552），德国汽车电路图上的部分线路接点标记与导线颜色如表 5－1 所示。

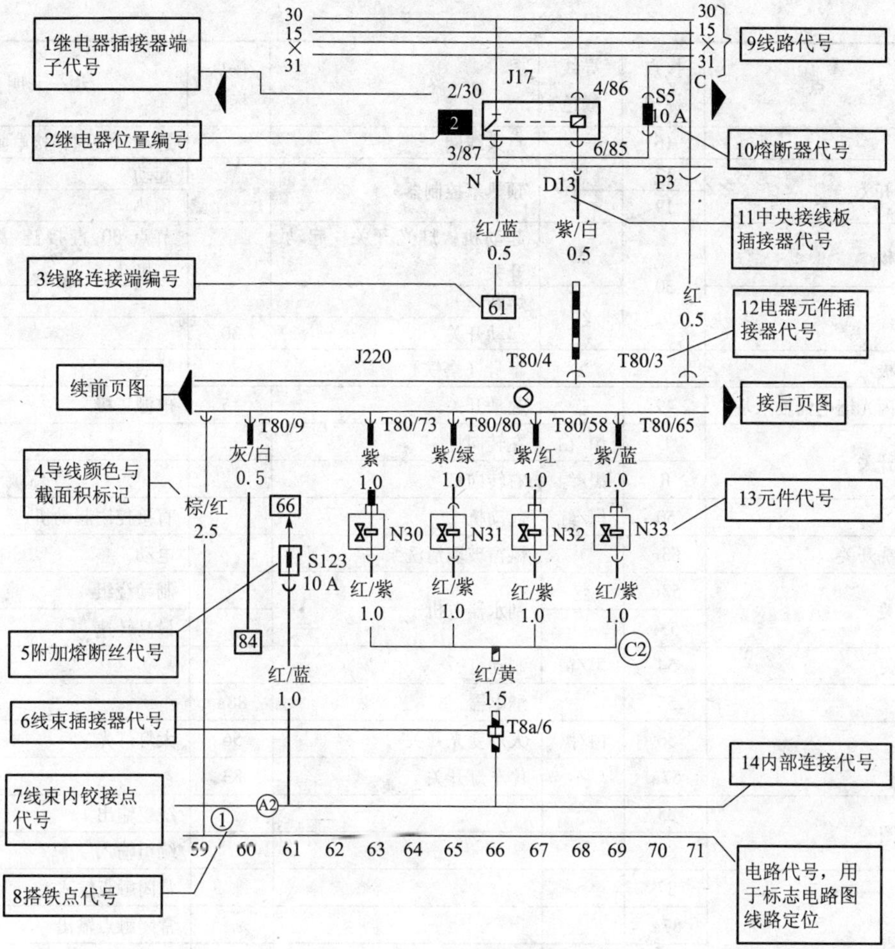

图5－1　大众车系电路图表示方法

表5－1　德国汽车电路图上部分线路接点标记与导线颜色

起　　点	接点标记	导线颜色	终　　点	接点标记	说　　明
点火线圈	1	绿	分电器	1	低压电
短路保护开关	2		磁电机	2	磁电机点火
点火线圈	4	黑	分电器	4	高压电
起动开关	15	黑	点火线圈；熔断丝；固定的负载		接入蓄电池的正极
点火线圈串联电阻输出端	15a	黑	高压电容点火装置的输入端，晶体管点火装置的控制器	15	

续表

起　　点	接点标记	导线颜色	终　　点	接点标记	说　　明
起动机	16		点火线圈		起动时接通串接电阻
预热起动开关	17	黑	预热塞控制器		起动
	19				预热
蓄电池正极	30	黑	起动机；灯光开关；起动开关		节点 30 直接连接蓄电池正极
灯光开关		红	熔断丝		
			起动开关	30	
蓄电池负极		黑	车身（搭铁）		导线
转向信号闪光继电器输入端	49	蓝	起动开关	15	电源正极
转向信号开关	L	黑/白	左转向灯		
	R	黑/绿	右转向灯		
起动开关	50	黑/红	起动机		直接控制起动机
刮水器清洗开关	53c		风窗玻璃清洗泵		电动
刮水器开关	53e	蓝	刮水器电机		制动绕组
	53i				最高转速
制动灯开关	54	黑/黄	制动灯		
防雾大灯	55		继电器	88a	
灯光开关	56	白/黑	大灯变光开关	56	大灯灯光
灯光开关	57a		停车灯开关	83	
继电器线圈	85				绕组输出
	86				绕组输入
继电器触点	87				常闭触点输入
	87a				常闭触点输出
	88				常开触点输入
	88a				常开触点输出

2）继电器的位置编号

用方框黑底白字的数字表示该继电器在继电器盒中的位置，比如：图中“2”表示该继电器在继电器盒中的 2 号位置。该继电器的名称和作用，可通过元件代号了解到。

3）线路连接端编号

电路图线路从该处中断，方框中的数字表示该断开点接续的导线。接续的导线可能在本页图中，也可能在另页图中。

4）导线颜色与截面积标记

导线的颜色通常用代码标记，各代码的含义为：Ws 白色；Sw 黑色；Ro 红色；Br 棕色；Gn 绿色；Bl 蓝色；Gr 灰色；Ge 黄色；Li 紫色。

在有些大众汽车的图书资料中，电路图导线的颜色直接用汉字标记。双色线的两种颜色用“/”分隔。比如：“棕/红”，表示导线的主色是棕色，辅助色是红色。颜色标记上方或下方的数字表示导线的截面积，单位为 mm^2。

5）附加熔断丝代号

图5－1中的附加熔断丝代号“S123”表示在中央线路板上的第123号10 A熔断丝。

6）线束插接器代号

线束插接器代号表示连接的两线束、插接器的端子数和连接的端子号，可从图注或元件说明表中查到该代号所代表的插接器所连接的线束。例如，图5－1中的线束插接器“T8a/6”中T8a是连接发动机线束的线束插接器，该连接线路接该8端子插接器的6号端子。

7）线束内铰接点代号

线束内铰接点代号表示线路在此处有一个铰接点，铰接点所在的线束可从图注中查得。例如，图5－1中的“(A2)”表示是正极接线，在发动机线束内。

8）搭铁点代号

搭铁点代号表示该接地点的位置，可以从图注或元件说明表中查得接地点在车身上的具体位置。例如，图5－1中的“①”表示搭铁点在发动机ECU旁的车身上。

9）线路代号

线路代号表示特定的线路，例如，图5－1中“30”表示直接来自蓄电池正极的电源线；“15”表示点火开关在点火位置或接小容量电源线；“X”表示点火开关接大容量电源线；“31”表示接地线；“C”则表示是中央线路板中的内部线。

10）熔断器代号

熔断器代号表示熔断器的作用、位置、额定电流等。例如，图5－1中“S5”表示该熔断器是燃油泵电路的熔断器，在熔断器盒中的5号位置；10 A则表示该熔断器的额定电流为10 A。

11）中央接线板插接器代号

中央接线板插接器代号表示中央接线板的多端子或单端子插接器、端子号和导线的位置。例如，图5－1中的“D13”表示该导线由D插接器的13号端子连接。

12）电器元件插接器代号

电器元件插接器代号表示电器元件插接器的端子数、连接的端子号等。例如，图5－1中的“T80/3”表示该元件连接线束的插接器有80个端子，该导线连接的是3号端子。

13）电器元件代号

大众车系电路图中的元件均用字母和数字组成的代号表示，并通过图注或元件说明表说明各元件代号所代表的电器元件。

14）内部连接代号

内部连接代号表示该导线与其他页电路图中标注相同字母的内部连接是相连的。

5.2　丰田车系汽车电路图

日本丰田汽车是我国进口汽车中数量最多的车种，丰田系列车型在我国有一定的保有量。天津一汽与丰田汽车公司合资生产的威驰、卡罗拉等轿车在国内也有一定的市场占有率。这些车型的中文维修资料都源自丰田公司原厂资料，其电气系统与电子控制系统电路图通常都保留了丰田原厂资料汽车电路图的绘图风格。

5.2.1 丰田车系电路图符号

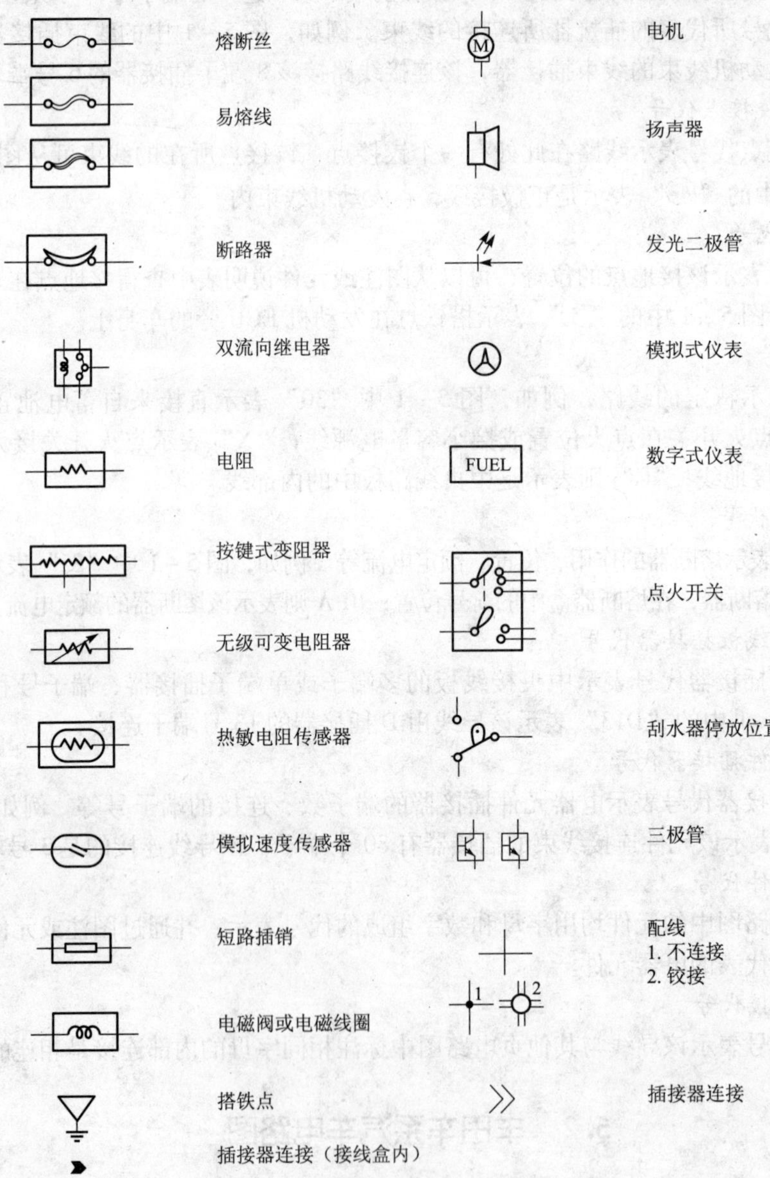

5.2.2　丰田车系电路图的表达方式

1. 丰田车系电路图示例

丰田车系电路图的表示方法示例如图 5－2（a）和图 5－2（b）所示。

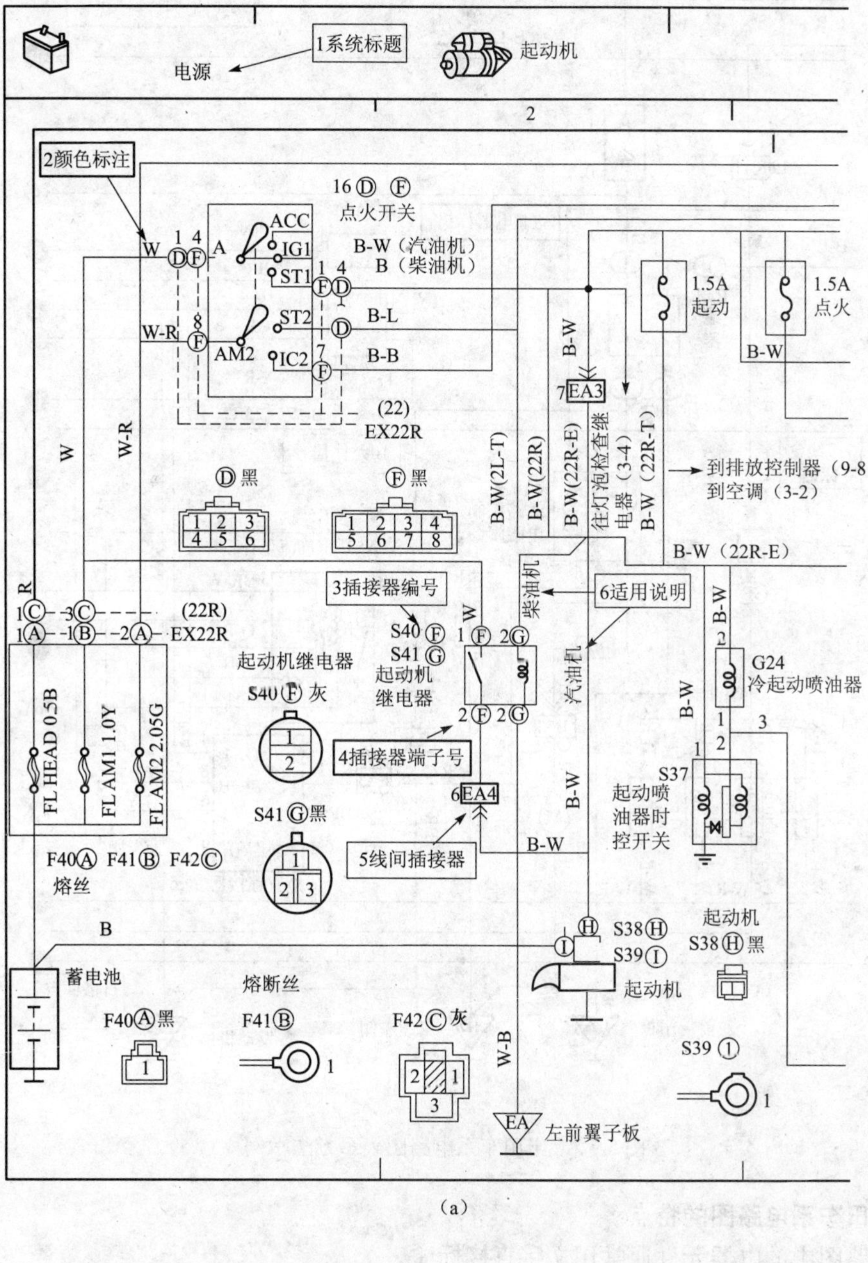

(a)

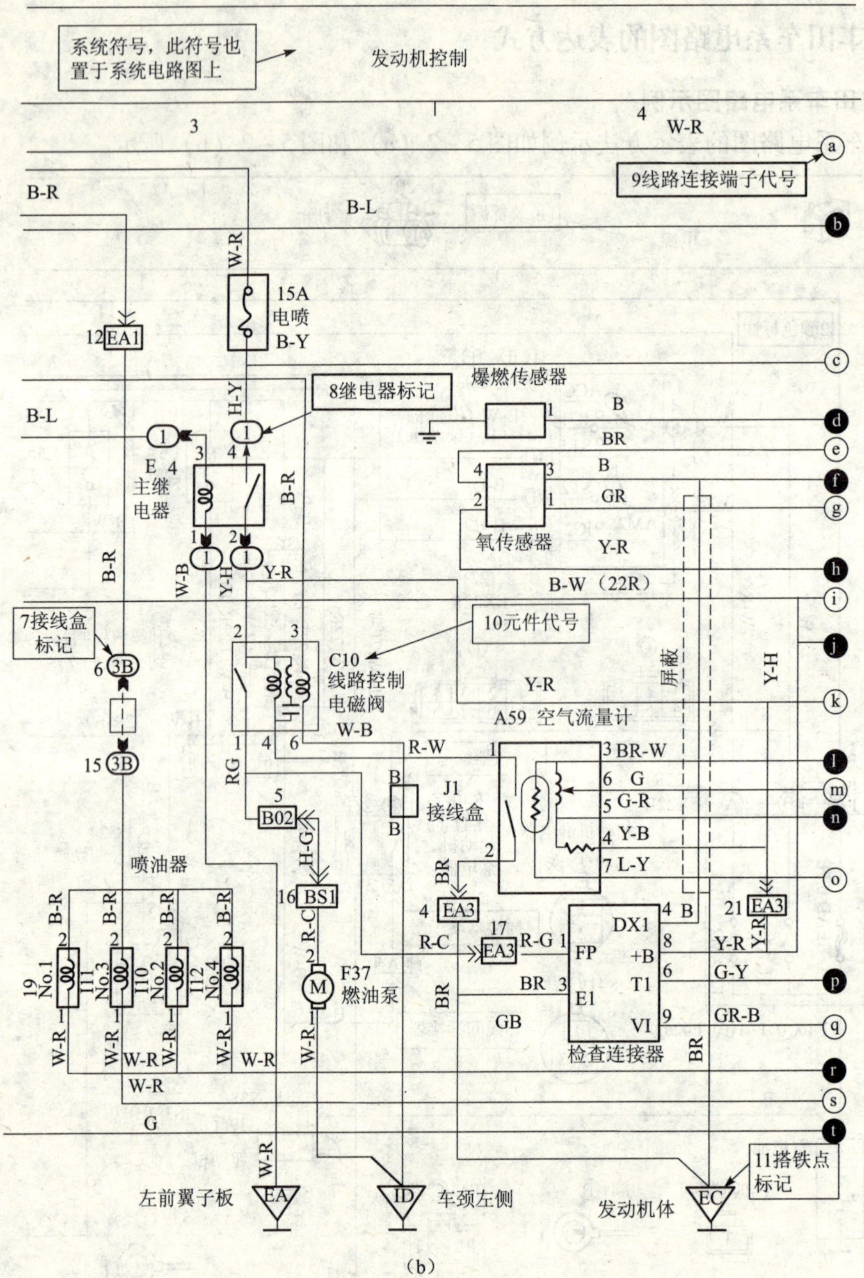

图 5－2　丰田车系电路图表示方法示例

2. 丰田车系电路图的特点

① 电路图中的电器元件通常用文字直接标注。

② 电路总图中各系统电路按长度方向逐个布置，并在电路图的上方标出各系统电路的区域和代表该电路系统的符号或文字说明，使电路图的阅读比较清晰、方便。

③ 电路图中绘出了接地点，并标注了代号与文字说明，读者可从电路图中了解线路接地点，直观明了。

④ 电路图中，有的还直接标出线路插接器的端子排列和各端子的使用情况，给识图和电路故障查寻提供方便。

5.2.3 丰田车系电路图标注说明

丰田车系电路图标注说明如下。

1. 系统标题

在电路图上方用刻线划分区域，用文字和系统符号表示下方电路系统的名称。丰田车系电路系统的符号如下。

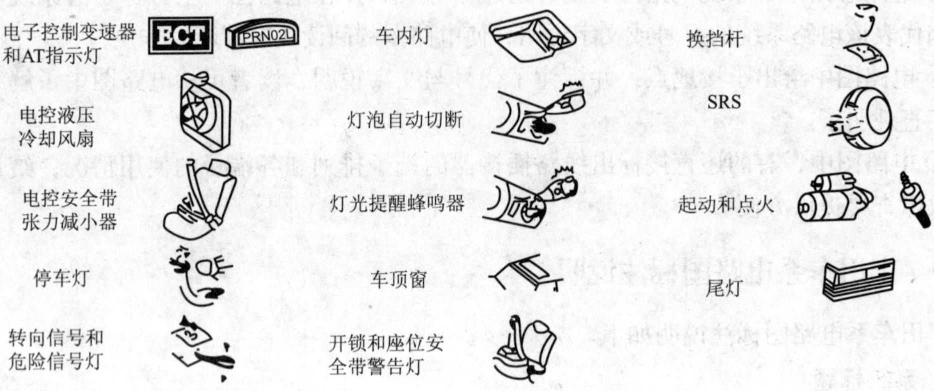

2. 导线颜色标注

导线颜色用代码标注在线路的旁边，各颜色代码如表 5－2 所示。

双色线用代表两种颜色的代码中间加“－”表示。比如：“W－R”表示导线的底色是白色，条纹为红色。

3. 插接器编号

插接器编号表示与电器元件连接的插接器，例如，图 5－2（a）中 S40 和 S41 表示与起动继电器连接的插接器。插接器的端子排列情况列于图中的某个位置，或在其他图中表示。通常还标有插接器的颜色，其中未标注的为乳白色。

表 5－2　丰田车系电路图导线颜色代码

颜色代码	导线颜色	颜色代码	导线颜色
B	黑色	G	绿色
L	蓝色	O	橙色
R	红色	W	白色
BR	棕色	GR	灰色
LG	浅绿	P	粉红
V	紫色	Y	黄色

4. 插接器端子编号

插接器端子号用数字表示，可从插接器端子排列图中找到该端子的具体位置。插座各端子的编号从左到右排列，插头端子的编号则相反，如图 5－3 所示。

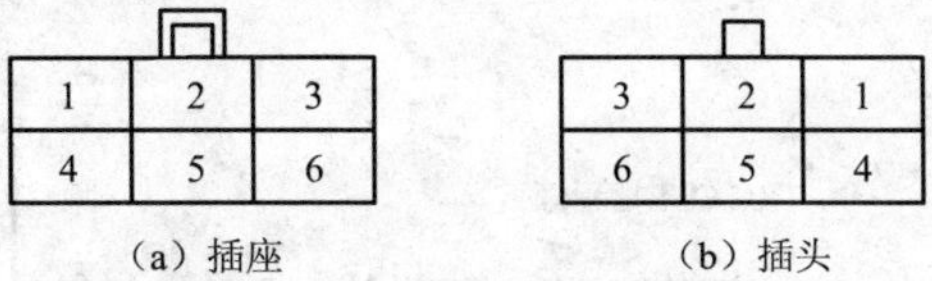

（a）插座　　（b）插头

图5－3　插座和插头端子编号

5. 线间插接器标记

用符号“≫”表示导线与导线间用插接器连接。线框中间的字母和数字，如图5－2（a）中“EA4”为插接器代号，线框外的数字表示连接该导线的插接器端子号。

插接器代号中的第一个字母表示插接器的位置。E指发动机室，I指仪表盘及周围区域，B指车身及周围区域。

6. 适用说明

用“（　）”中的文字说明该线路、电器元件或连接所适用的发动机、车型或技术条件。

7. 接线盒标记

用带黑影的“≫”符号表示导线从接线盒插接，圆线框中间的数字和字母，如图5－2（b）中的“3B”为插接器代号，其中数字“3”表示该插接器位于3号接线盒，圆线框外的数字“6”表示该导线连接插接器的6号端子。

8. 继电器标记

用带黑影的“≫”符号表示导线从继电器盒插接，圆线框中间的数字表示继电器盒号码，如图5－2（b）中数字“1”表示该继电器位于1号位置；圆线框外的数字表示继电器端子号。

9. 线路连接端代号

用圆圈内的字母表示该线路与下一页标有相同字母的导线相连接。

10. 元件代号

用字母或字母加数字表示电器元件，通常在该元件代号旁注有元件的中文名称，无中文注释的，可根据元件代号从相关的表中查得该元件代号所代表的元件。

11. 搭铁点标记

用符号“▽”表示搭铁点位置，符号中间的字母为搭铁点代号，代号中的第一个字母表示搭铁点位置：E为发动机室；I为仪表盘及周围区域；B为车身及周围区域。电路图中通常在搭铁点标记旁用中文说明搭铁点的具体位置。

5.2.4　丰田车系局部电路图

丰田车系的检修资料中提供了局部电路图，将所需电路的连接关系表达得很详细，给电路故障查寻提供了方便。如图5－4所示是丰田凌志LS400车型牵引力控制系统的TRC OFF指示灯和TRC开关电路。为方便故障查寻，该电路图表达了TRC OFF指示灯和TRC开关电路的所有连接关系。

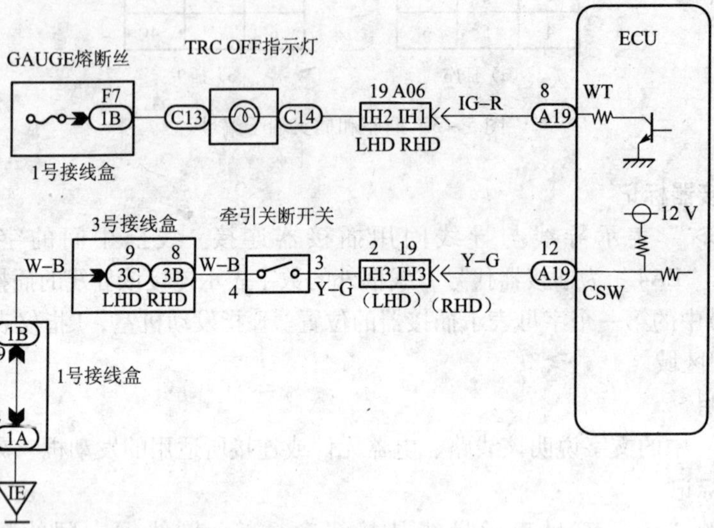

图 5 – 4　TRC OFF 指示灯和 TRC 开关电路

局部电路图与总电路图和系统电路图的标注方法是一致的，只是局部电路图标注得更为细致。如：ABS 和 TRC ECU 的连接端子除标注了插接器“A19”、连接端子“8”、“12”外，还标注了端子代号“WT”、“CSW”；将适用于左转向盘车型“LHD”和右转向盘车型“RHD”的线路和插接器及端子号均在图上予以标注。

例如，图 5 – 4 中的“F7”是表示 1 号接线盒“1B”插接器 F 区 7 号端子；“E9”表示 1 号接线盒“1B”插接器 E 区 9 号端子；“A06”表示“IH1”插接器 A 区 6 号端子。

5.3　本田汽车电路图

5.3.1　本田汽车电路图中符号的含义

本田汽车电路图中各种符号的含义如下。

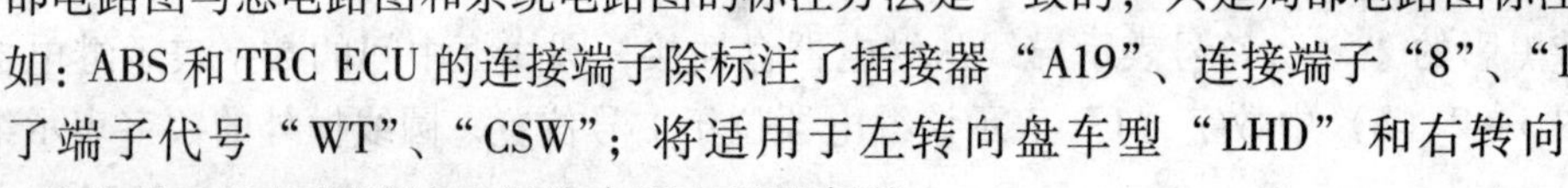

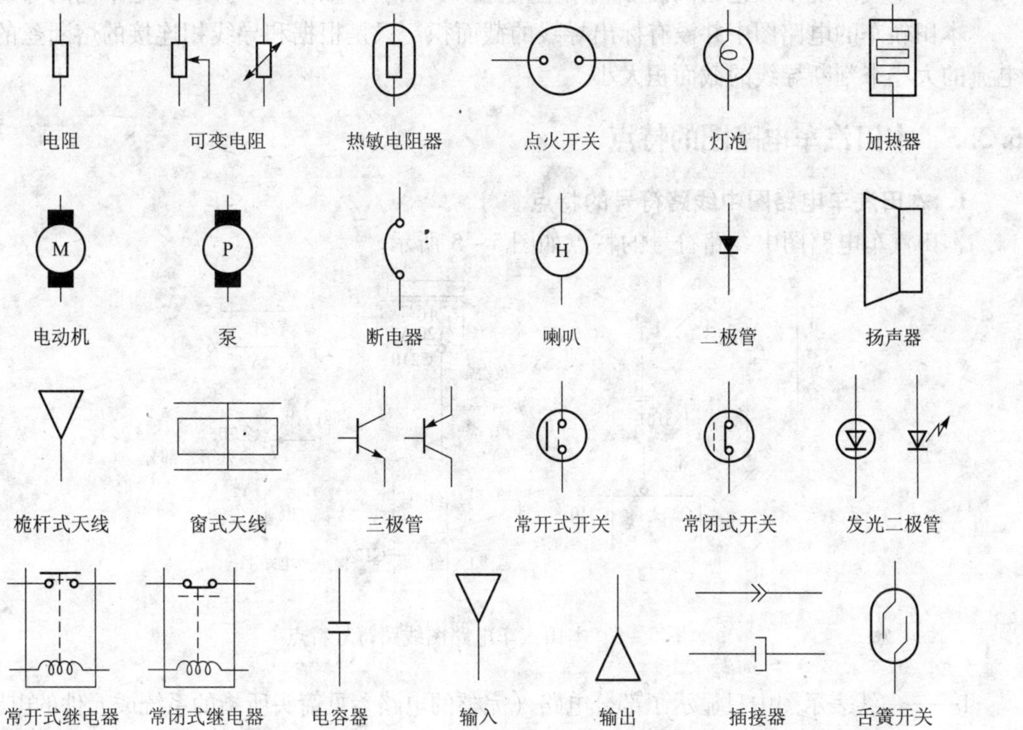

5.3.2　导线

在电路图中，线路部分都是以粗实线画出，集中在图的中间部分。每条导线上都标注有颜色，其颜色是指导线绝缘层的颜色。导线有单色线和双色线两种，导线颜色以英文缩写来表示，对应关系如表5－3所示。

表5－3　本田车系导线颜色

代号	颜色	代号	颜色	代号	颜色
BLK	黑色	GRN	绿色	PUR	紫色
WHT	白色	ORN	橙色	LT BLU	淡蓝色
RED	红色	PNK	粉红色	LT GRN	淡绿色
YEL	黄色	BRN	棕色		
BLU	蓝色	GRY	灰色		

如果导线是双色的，则以两种颜色的英文缩写共同组成，如“WHT/BLK”，“/”前面的“WHT”指导线的本色或底色，后面的“BLK”指条纹部分的颜色，为方便起见，把它叫作白黑线。

同一电气系统中颜色相同的导线用上角标以示区别，如 BLU^2 与 BLU^3 是不同的导线。

本田轿车的电路图中并没有标出导线的截面积，只是根据和导线相连接的熔断丝的通电电流的大小来判断导线的截面积大小。

5.3.3 本田汽车电路图的特点

1. 本田汽车电路图中线路符号的特点

本田汽车电路图中线路符号的特点如图 5－5 所示。

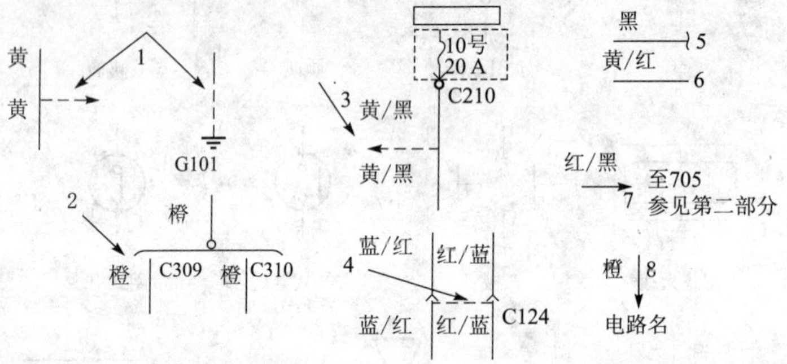

图 5－5 本田汽车电路图线路符号特点

1——虚线表示图中只显示了部分电路（完整的电路参见箭头所指的系统或元件的电路）。

2——根据不同的车型或选装件来选择不同的线路（左边或右边）。

3——在导线的连接处只标出了线接头，接线的详情参见箭头所指的系统或元件的电路。

4——虚线表示蓝/红和红/蓝导线端子均在 C124 插接器的接线端子上。

5——线端带波浪线表示该导线在下页继续。

6——导线的绝缘皮可为单色或一种颜色配上不同的条纹。

7——表示导线接至另一侧（箭头表示电流方向）。

8——表示导线与另一路相接。

2. 本田汽车电路图中接线端子、搭铁线连接符号的特点

本田汽车电路图中接线端子、搭铁线连接符号的特点如图 5－6 所示。图 5－6 中各项说明如下。

1——插接器“C”。

2——插孔。

3——插头。

4——每个插接器都有标号（以字母“C”开头），以备在元件位置索引中查找。其插头的接线端子的编号从左上开始，对每个接线端子的插孔和插头进行编号，使对应的插孔和插头号相同。

5——表示接线端子直接与元件连接。

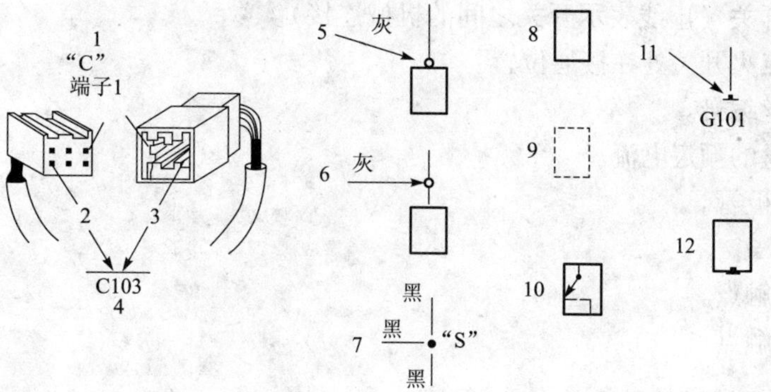

图5－6　接线端子、搭铁线连接符号特点

6——接线端子与元件的引线连接。

7——导线连接，“S”线路图上的圆点表示线接头。

8——实线表示显示了整个元件。

9——虚线表示只显示了元件的一部分。

10——接线通过端子连接。

11——接线端子与汽车车身连接（每根导线的搭铁都标有以字母“G”开头的搭铁符号，以备在元件位置索引中查找）。

12——元件外壳直接与汽车车身连接搭铁。

3. 本田汽车电路图中开关、熔断丝符号的特点

本田汽车电路图中开关、熔断丝符号的特点如图5－7所示。

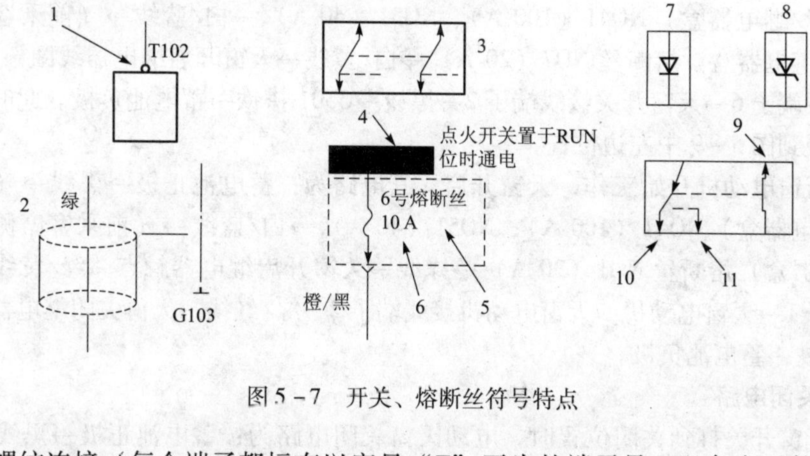

图5－7　开关、熔断丝符号特点

1——螺纹连接（每个端子都标有以字母“T”开头的端子号，以备在元件位置索引中查找，端子“T”是一种采用螺钉或螺丝进行连接的接头而不是采用推拉型插头的接头）。

2——屏蔽（代表电线周围的无线电频率干涉屏蔽，该屏蔽总是搭铁）。

3——联动开关（虚线表示开关之间的机械连接）。

4——表示点火开关处在接通位置。

5——熔断丝编号。

6——熔断丝的额定电流。

7，8——二极管。

9——线圈。

10——常闭触点。

11——常开触点。

5.3.4 本田汽车电路图范例

本田汽车电路图范例如图 5-8 所示。

5.3.5 本田汽车电路图识图实例

如图 5-9 所示为广州本田雅阁轿车电动天窗电路图，下面以此为例介绍本田汽车电路图的识读方法。

1. 电动天窗继电器电路

当打开点火开关时，电动天窗继电器电路为：蓄电池正极→多路控制装置（前乘客席侧）→电动天窗继电器线圈（前乘客席侧仪表盘下熔断丝/继电器盒）→黑线→G581 搭铁→蓄电池负极。电动天窗继电器接通。

2. 天窗开启电路

当电动天窗开关打到开启位置时，电动天窗开启电路为：蓄电池正极→黑线→（发动机盖下熔断丝/继电器盒）NO41（100 A）、NO51（40 A）→白/蓝线→（前乘客席侧仪表板下熔断丝/继电器盒）熔断丝 NO7（20 A）→白/黄线→天窗开启继电器线圈→灰/黄线→天窗开关接线端子 6→天窗开关接线端子 2→黑线→G501 搭铁→蓄电池负极。此时，天窗继电器将触点吸到图 5-9 中左边位置。

此时，天窗电动机开始工作，天窗开启。其电路为：蓄电池正极→黑线→（发动机盖下熔断丝/继电器盒）NO41（100 A）、NO51（40 A）→白/蓝线→（前乘客席侧仪表板下熔断丝/继电器盒）熔断丝 NO1（30 A）→绿线→天窗开启继电器触点→绿/黄线→天窗电动机接线端子 1→天窗电动机→天窗电动机接线端子 2→绿/红线→天窗关闭继电器触点→黑线→G501 搭铁→蓄电池负极。

3. 天窗关闭电路

当电动天窗开关打到关闭位置时，电动天窗关闭电路为：蓄电池正极→黑线→（发动机盖下熔断丝/继电器盒）NO41（100 A）、NO51（40 A）→白/蓝线→（前乘客席侧仪表板下熔断丝/继电器盒）熔断丝 NO7（20 A）→白/黄线→天窗关闭继电器线圈→绿/红线→组合灯开关接线端子 1→组合灯开关接线端子 3→灰/红线→天窗开关接线端子 4→天窗开关→天窗开关接线端子 2→黑线→G501 搭铁→蓄电池负极。此时，天窗关闭继电器接通，将触点吸到图 5 - 9 中右边位置。

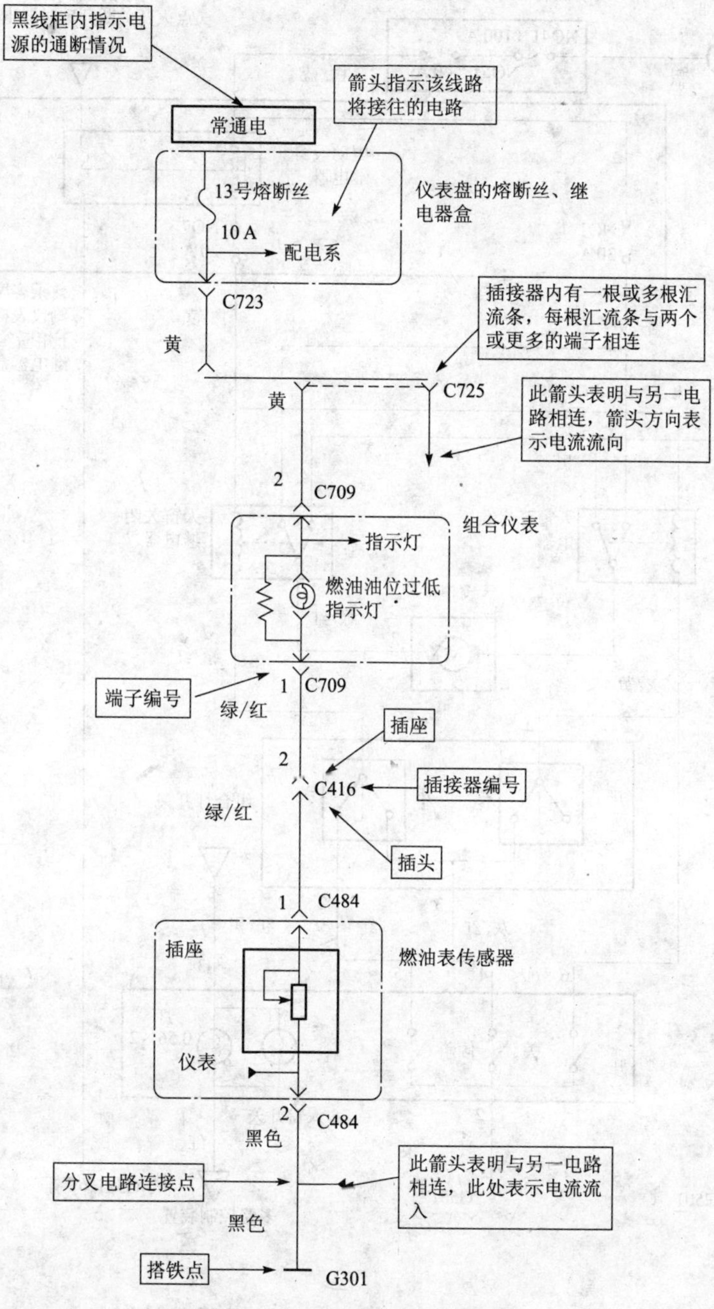

图 5 - 8 本田汽车电路图范例

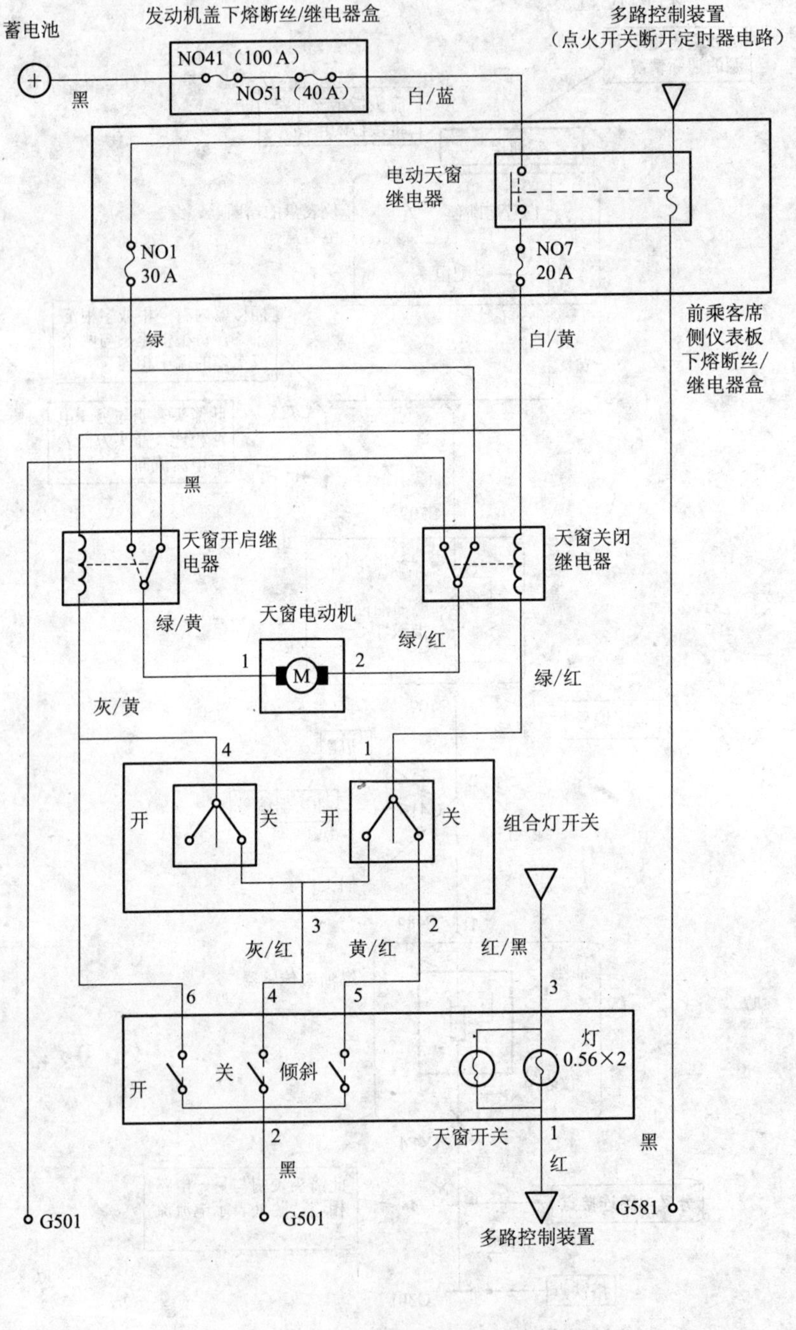

图 5－9　广州本田雅阁轿车电动天窗电路图

此时，天窗电动机开始工作，天窗关闭。其电路为：蓄电池正极→黑线→（发动机盖下熔断丝/继电器盒）NO41（100 A）、NO51（40 A）→白/蓝线→（前乘客席侧仪表板下熔断丝/继电器盒）熔断丝 NO1（30 A）→绿线→天窗关闭继电器触点→绿/红线→天窗电动机接线端子 2→天窗电动机→天窗电动机接线端子 1→绿/黄线→天窗开启继电器触点→黑线→G501 搭铁→蓄电池负极。

5.4 通用车系汽车电路图

通用汽车也是我国主要的进口车系之一，上海通用汽车公司成立后，通用车系在我国的保有量迅速上升。通用车系电路图与前述几种车系的电路图有明显的区别。

5.4.1 通用车系电路图符号

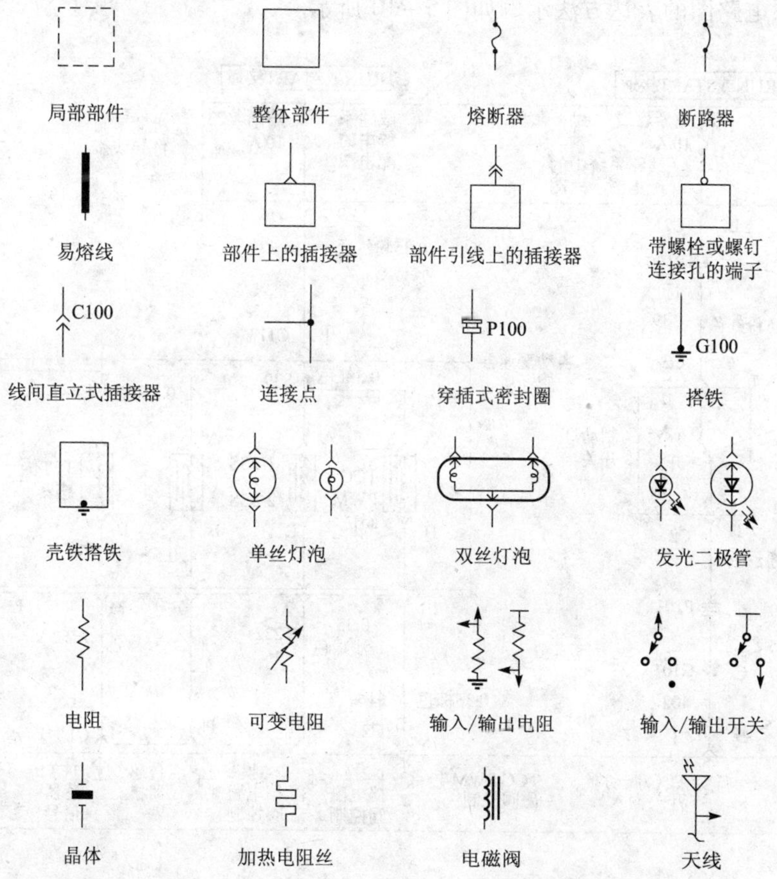

屏蔽

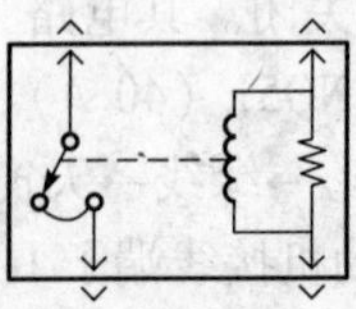

单级单掷继电器

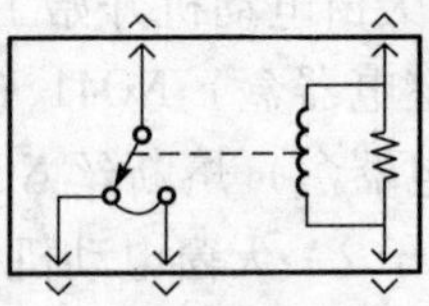

单级双掷继电器

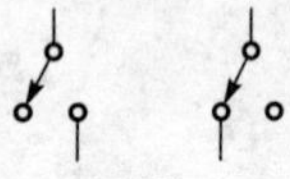

开关

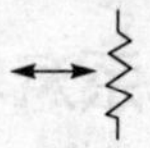

位置传感器

5.4.2 通用车系电路图的表达方法

1. 通用车系电路图示例

通用车系电路图的表达方法示例如图 5－10 所示。

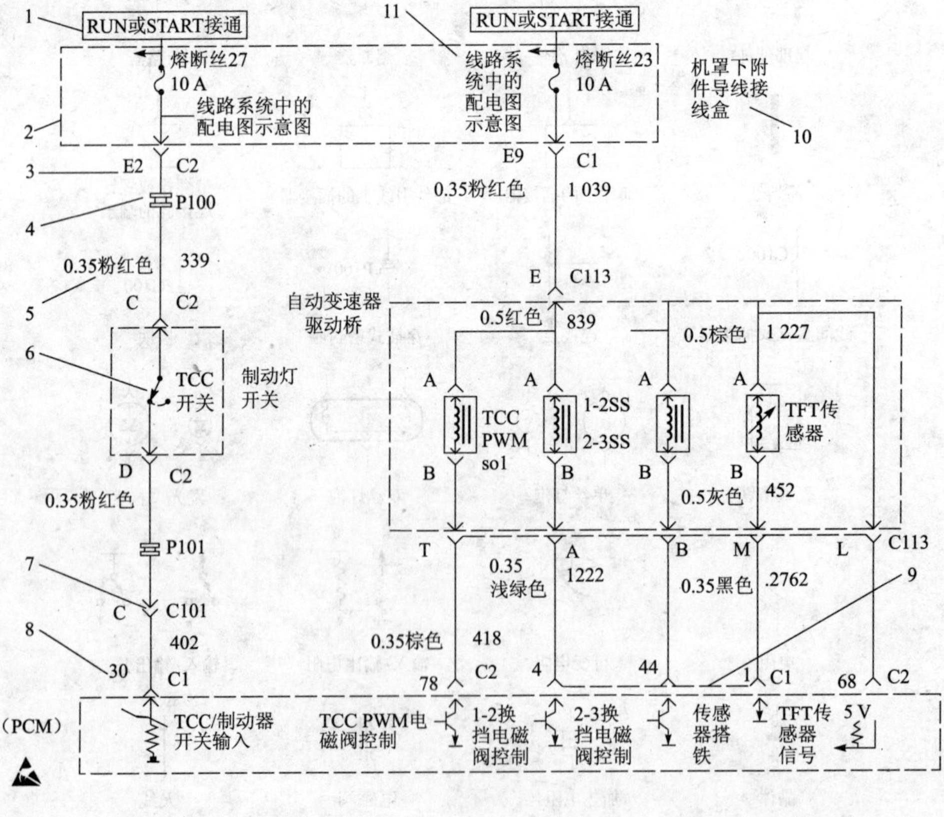

图 5－10　通用车系电路图表达方法示例

2. 通用车系电路图的特点

1）电路图中标有特殊的提示符号

通用车系电路图中的特殊提示符号如图5－11所示。

图5－11 通用车系电路图中的特殊提示符号

① 静电敏感符号，用于提醒检修人员，该系统含有对静电放电敏感的部件，在做检修操作时应注意以下几点。

- 在检修操作前，应先触摸金属接地点，以除去身体接触的静电。
- 在检修操作中不要用手触摸裸露的端子，也不要用工具接触裸露的端子。
- 若无必要，不要将零件从保护盒中取出。
- 除非是故障诊断必须，不要随意将零部件或插接器跨接或接地。
- 打开零部件保护性包装之前应先将其接地。

② 安全气囊符号，用于提醒检修人员，该系统为安全气囊系统或与安全气囊系统相关，在检修时应注意以下几点。

- 在检修操作前，要进行安全气囊系统的检查。
- 在检修操作中，先要使安全气囊失效，并在完成检修操作后，恢复安全气囊功能。
- 将在车辆交与用户前要进行安全气囊诊断系统的检查。

③ 故障诊断符号，用于提醒读者该电路在车载诊断（OBDⅡ）范围内，当该电路出现故障时，故障指示灯就会亮。

④ 注意事项符号，用于提醒检修人员还有其他附加系统维修信息。

2）电路图中标有电源接通说明

电路图中的电源通常是从该电路的熔断器起，并用黑框中的文字说明在什么样的情况下该电路接通电源。

3）电路图中标有电路编号

通用车系的电路图中，各导线除了标明颜色和截面积外，通常还标有该电路的编号，通过电路编号可以知道该电路在汽车上的位置，以方便读图和故障查询。

3. 通用车系电路图标注说明

1）电源接通说明

在电路图 5－10 上方，用黑框表示，框内文字说明熔断丝在点火开关处于点火（RUN）和起动（START）时电源接通。

2）电路配电盒

在图 5－10 中，用虚线框表示框内的 27 号（10 A）熔断丝和 23 号（10 A）熔断丝，只是接线盒中的一部分。

3）接线盒插接器连接标记

在图 5－10 中，“C2”是发动机罩下导线接线盒插接器代号，“E2”是插接器端子代号。通常插接器代号在右侧，端子号在左侧，该标注表示 339 号线路从 C2 插接器的 E2 号端子接出。

4）密封圈代号

在图 5－10 中，贯穿式密封圈符号旁的“P100”为密封圈代号，其中，P 表示密封圈。

5）电路标注

表示该电路导线的截面积和颜色。

6）元件标注

在图 5－10 中，TCC 开关处于接通状态，其开关信号经过 P101 和 C101，由动力控制模块 PCM 中的 C1 插头 30 号插脚进入 PCM。

7）线间插接器标记

在图 5－10 中，导线右侧 C101 是直立式线束插接器代号，其中“C”表示连接插头。该导线左侧的“C”表示该线路通过 C101 插接器的 C 端子连接。

8）控制器插接器标记

在图 5－10 中，导线右侧代号“C1”表示是控制器上的 C1 插接器，左侧数字“30”表示是 C1 插接器的 30 号端子。

9）同一插接器标记

在图 5－10 中，用虚线表示 4、44、1 插脚均为 C1 插接器端子。

10）元件标注

用文字直接注明元件的名称及位置。

11）电路省略标注

用文字注明连接的电路，那些电路与本电路不相关，故而省略。

4. 通用车系车辆位置分区代码

通用车系电路图上的接地点、插接器、密封圈和接头及线路都有可识别位置的编号，该编号与车辆的某个区域所对应。因此，通过位置识别编号，就可以知道在车辆上的具体位置。通用车系车辆位置分区示意图如图 5－12 所示，位置分区代码说明如表 5－4 所示。

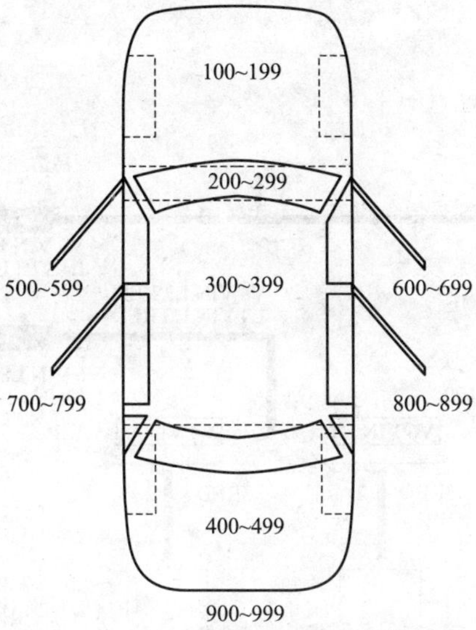

图 5－12　通用车系车辆位置分区示意图

表 5－4　车辆位置分区表

车辆位置分区代码	区 位 说 明
100 ～ 199	发动机舱（全部在仪表板前部），001 ～ 099 代表发动机舱内附加号（仅在使用完所有 100 ～199 后使用）
200 ～ 299	位于仪表板区域内
300 ～ 399	乘员室（从仪表板到后车轮罩）
400 ～ 499	行李舱（从后车轮罩到车辆后部）
500 ～ 599	位于左前车门内
600 ～ 699	位于右前车门内
700 ～ 799	位于左后车门内
800 ～ 899	位于右后车门内
900 ～ 999	位于行李舱盖或储物舱盖

5. 通用汽车电路图的组成

通用汽车电路图通常由 4 类电路图组成，分别是：电源分配简图（见图 5－13）、熔断丝盒详图（见图 5－14）、系统电路图（见图 5－15）和搭铁线路图（见图 5－16）。系统电路图中电源线从图上方进入，通常从熔断丝处开始，并于熔断丝上方用黑线框标注此处与电源之间的通断关系；用电器在中部，搭铁点在最下方。如果是电控系统，电路图中除该系统的工作电路外还会包括与该系统工作有关的信号电路（如传感器等）。

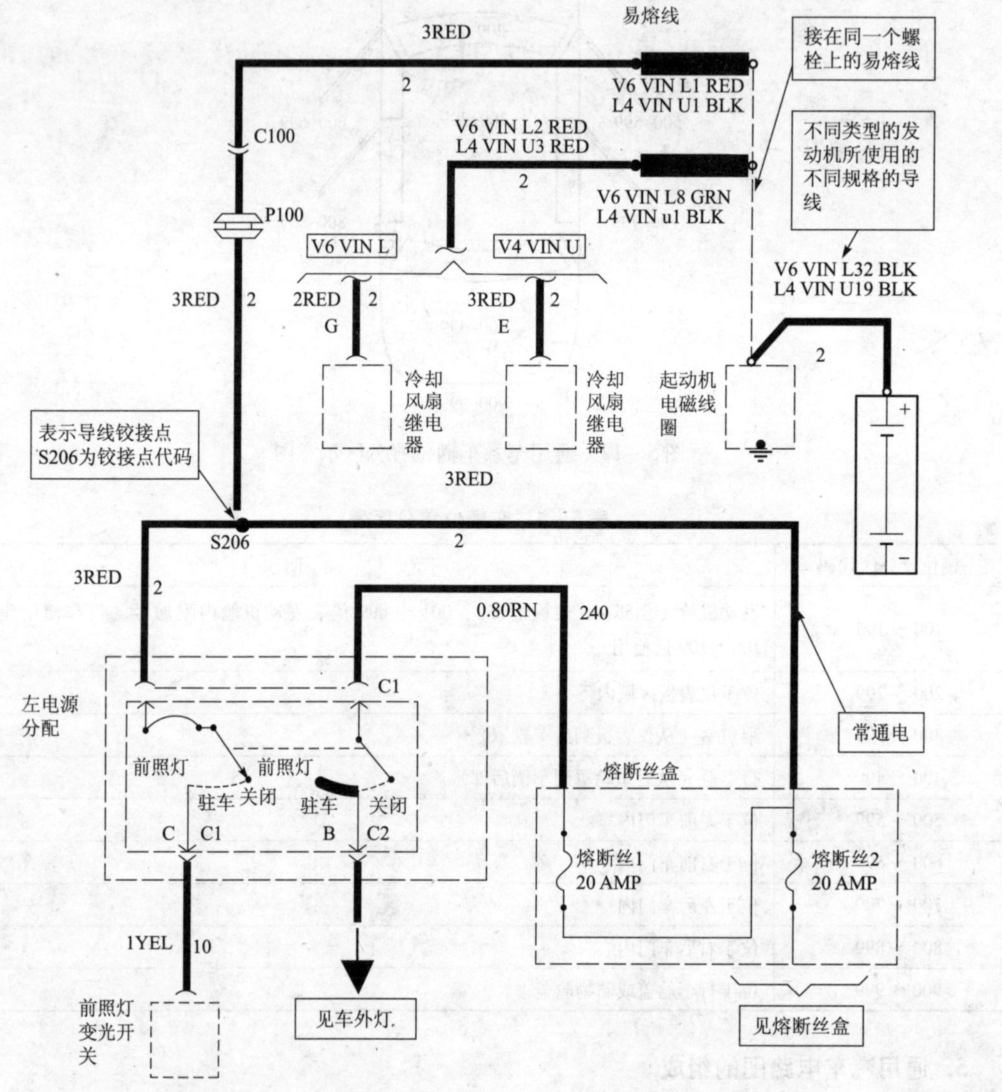

图 5－13 通用车系电源分配简图

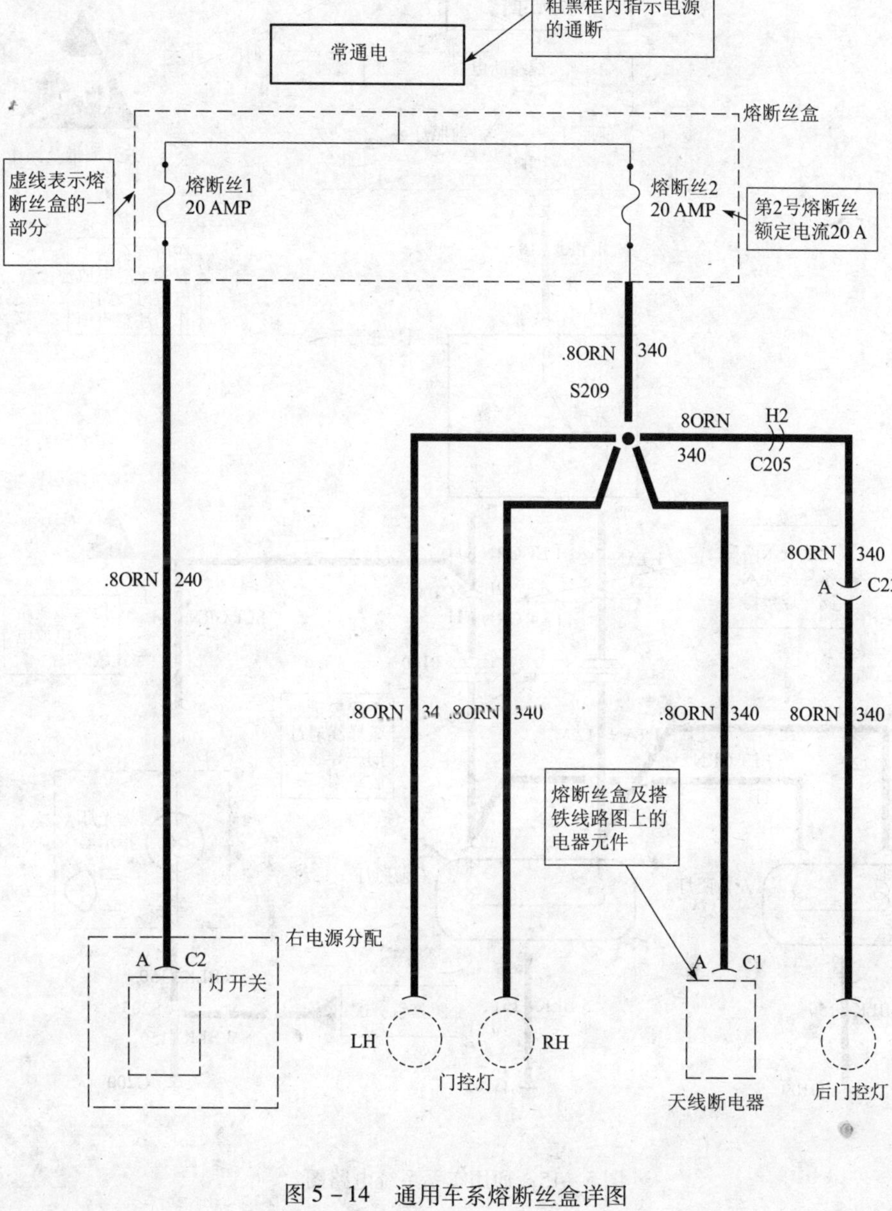

图5－14　通用车系熔断丝盒详图

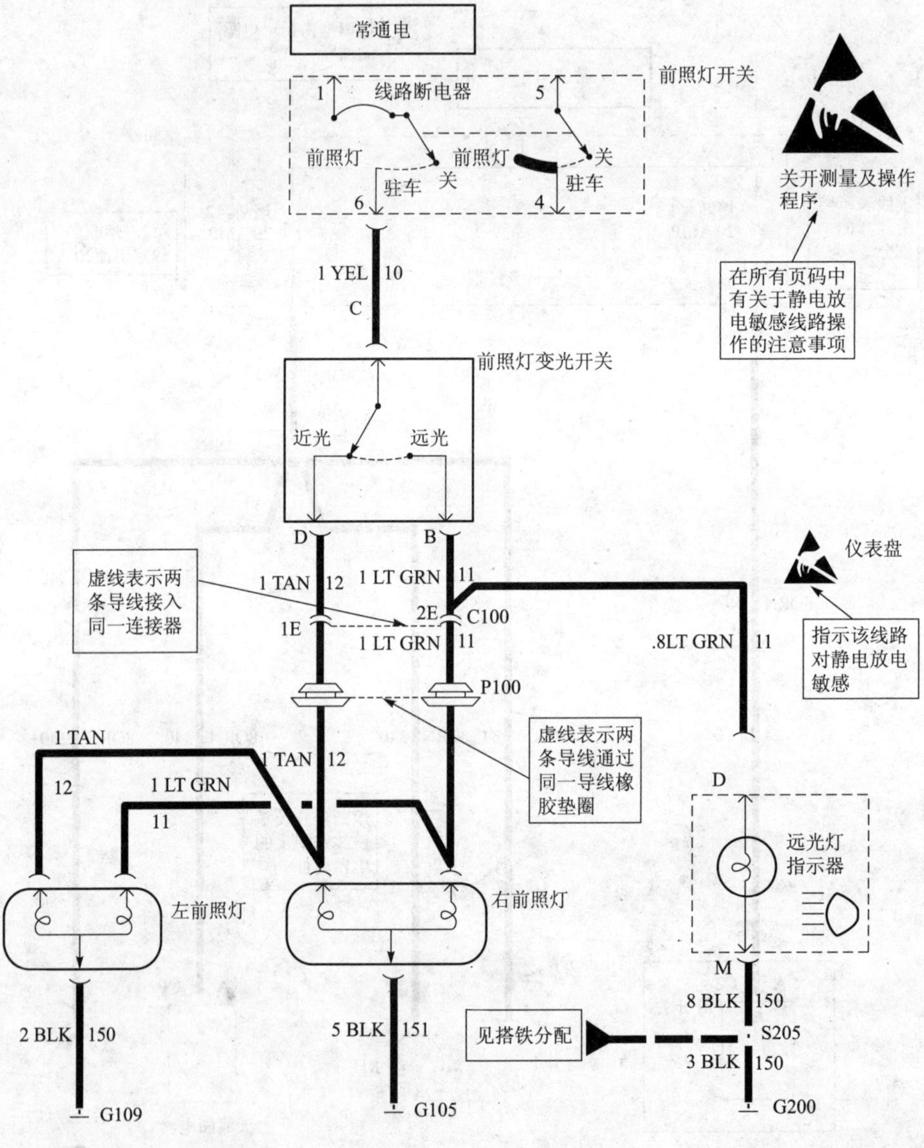

图 5－15　通用车系系统电路图

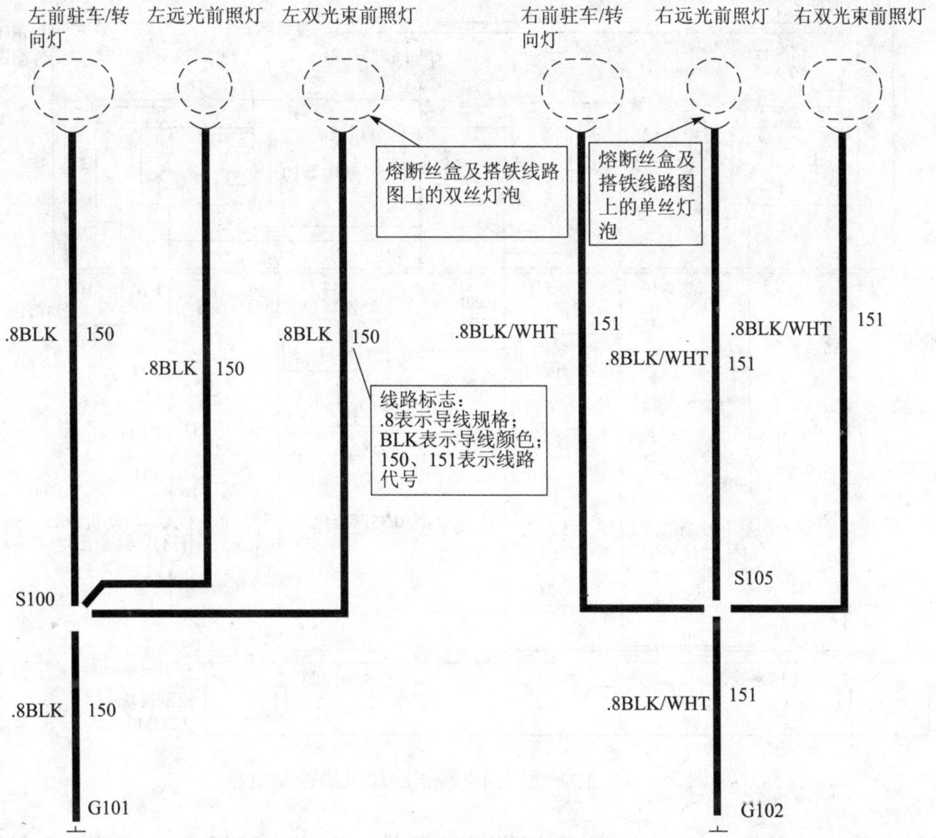

图 5 – 16　通用车系搭铁线路图

6. 上海通用别克轿车冷却风扇控制电路分析实例

如图 5 – 17 所示为上海通用别克轿车冷却风扇控制电路，下面以此为例来介绍通用汽车电路图分析方法。

该冷却风扇由两个熔断丝（6 号 40 A 和 21 号 15 A）分别向发动机冷却风扇供电。

1）冷却风扇低速工作时的电路

PCM 控制继电器 12 的电磁线圈通电。其电路为：所有时间热（与电源直接连接）→熔断丝 6（40 A）→继电器 12→PCM 的低速风扇控制电路→搭铁。于是，继电器 12 的线圈中有电流通过，控制继电器 12 触点闭合，向冷却风扇电机供电。此时，由于左侧的冷却风扇电机与右侧的冷却风扇电机串联，所以冷却风扇低速运转。电流通路为：所有时间热（与电源直接连接）→熔断丝 6→继电器 12→左侧冷却风扇电机→继电器 9 的触点→右侧的冷却风扇电机→导线系统搭铁分配器搭铁。

2）冷却风扇高速工作时的电路

PCM 首先经低速风扇控制电路对继电器 12 提供搭铁路径。经 3 s 延时后，PCM 经高速

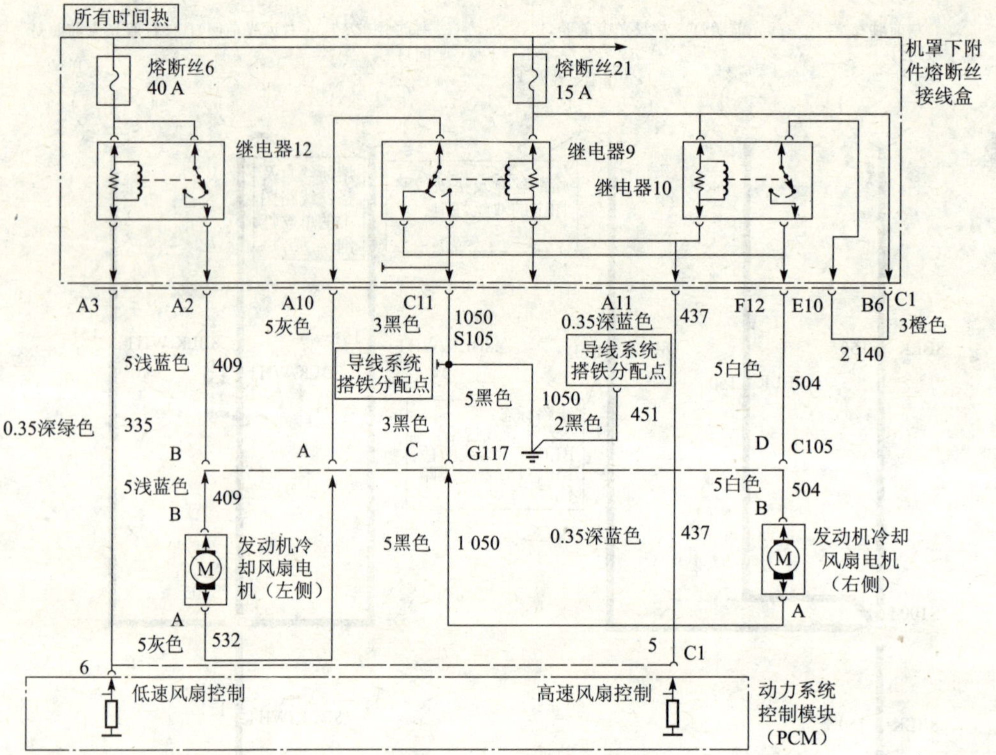

图 5－17 上海通用别克轿车冷却风扇控制电路

风扇控制电路为继电器 9 和继电器 10 提供搭铁路径。左侧冷却风扇电机继续由熔断丝 6（40 A）提供电流。但熔断丝 21（15 A）为右侧冷却风扇电机提供电流。各风扇接受不同的搭铁路径。因此，风扇高速运转。左侧冷却风扇电机的电流路径为：所有时间热（与电源直接连接）→熔断丝 6→继电器 12→左侧冷却风扇电机→继电器 9 的触点→导线系统搭铁分配器搭铁。右侧冷却风扇电机电流路径为：所有时间热（与电源直接连接）→熔断丝 21→继电器 10 的触点→右侧的冷却风扇电机→导线系统搭铁分配器搭铁。

看懂电路图的同时还应清楚 PCM 在什么情况下控制继电器 12 搭铁，其条件为：

① 发动机冷却液温度超过 106 ℃；

② 环境温度高于 50 ℃；

③ A/C 制冷剂压力大于 1. 31 MPa；

④ 点火关闭且发动机冷却液温度高于 140 ℃。

对于风扇高速控制，PCM 延后右侧冷却风扇电机和继电器 10 控制达 3 s。3 s 延时后可确保冷却风扇电负荷不超过系统的容量。

PCM 在以下情况下为继电器 12、继电器 9 和继电器 10 提供搭铁：

① 发动机冷却液温度超过 110 ℃；

② A/C 制冷剂压力大于 1.655 MPa。

5.5　雪铁龙车系汽车电路图

我国二汽与法国雪铁龙汽车公司合资的神龙汽车公司从 1992 年起生产汽车，上市的车型有富康、爱丽舍、毕加索、赛纳等多种，在国内占有一定的市场。这些汽车的中文维修资料中的电路图都沿用法国雪铁龙汽车公司的规定画法。

5.5.1　雪铁龙车系电路图符号

雪铁龙车系电路图中电路的连接和电器元件都有规定的画法，有的与其他车系相同或相似，有的则与众不同。雪铁龙车系电路图的符号如下。

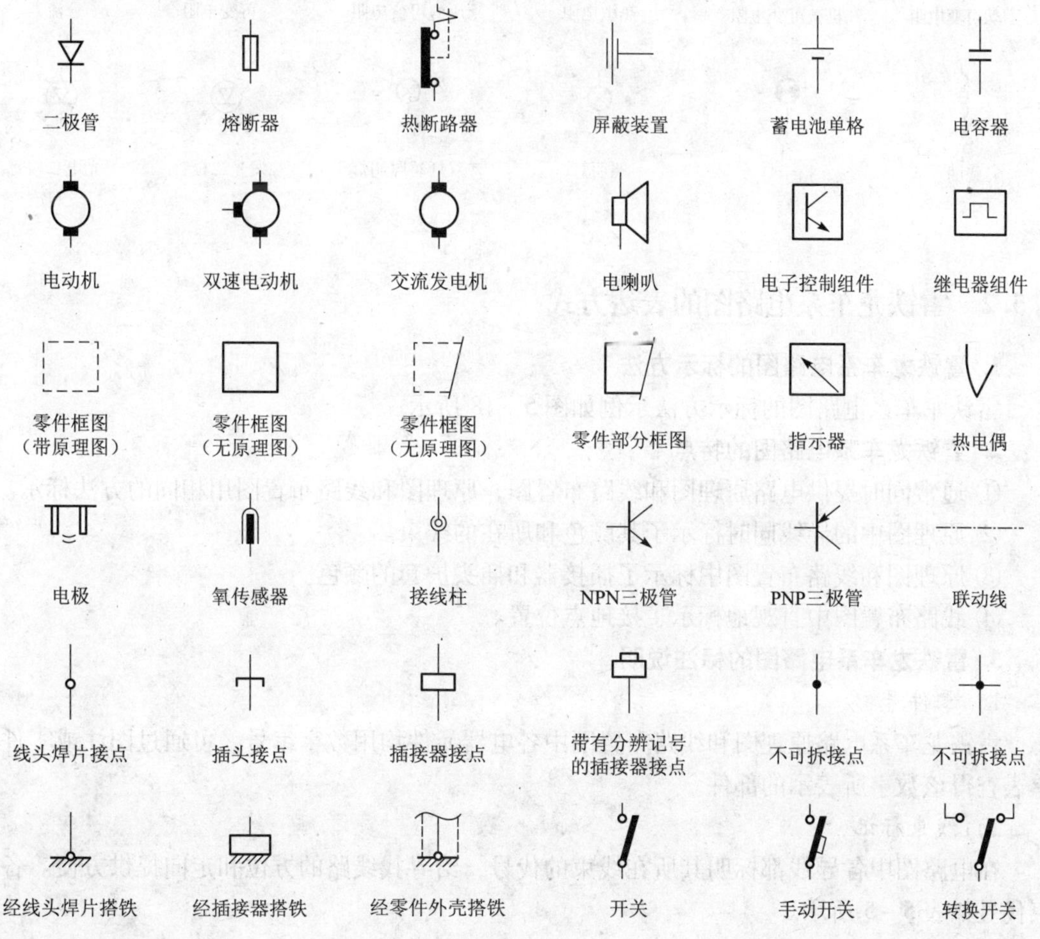

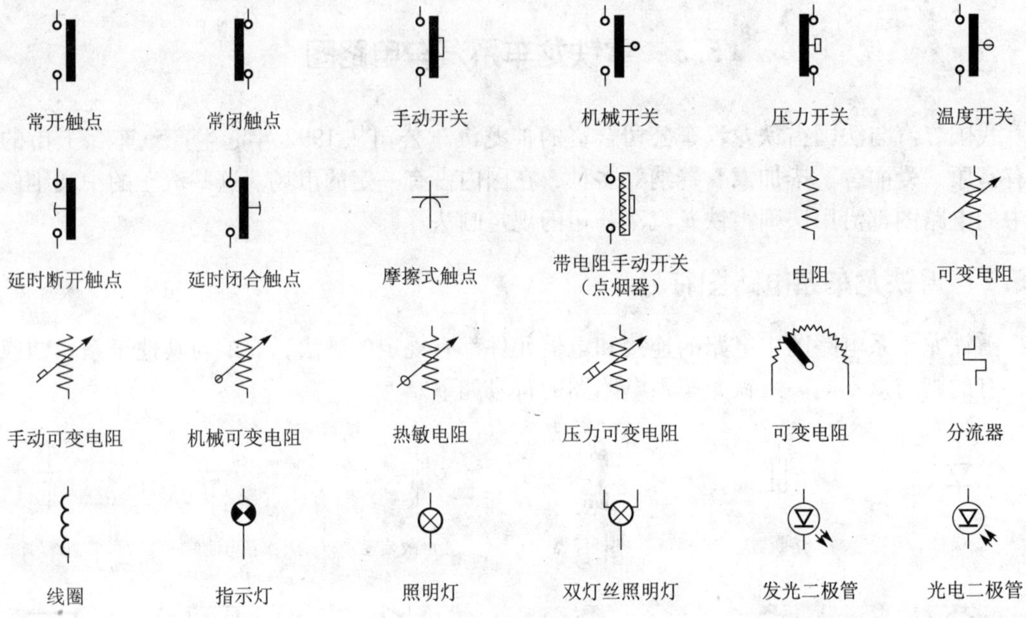

5.5.2 雪铁龙车系电路图的表达方式

1. 雪铁龙车系电路图的标示方法

雪铁龙车系电路图的标示方法示例如图 5 - 18 所示。

2. 雪铁龙车系电路图的特点

① 通常同时提供电路原理图和线路布置图，原理图和线路布置图用相同的方法标示。

② 原理图中的导线同时标示了其颜色和所在的线束。

③ 原理图和线路布置图中标示了插接器和插头护套的颜色。

④ 线路布置图中直观地标示了接地点位置。

3. 雪铁龙车系电路图的标注说明

1）零件号

雪铁龙车系电路原理图和线路布置图中各电器元件均用数字编号，可通过图注或零件清单表查得该数字所表示的部件。

2）线束标记

在电路图中各导线都标明其所在线束的代号，给寻找线路的方位和走向提供方便。各线束代号如表 5 - 5 所示。

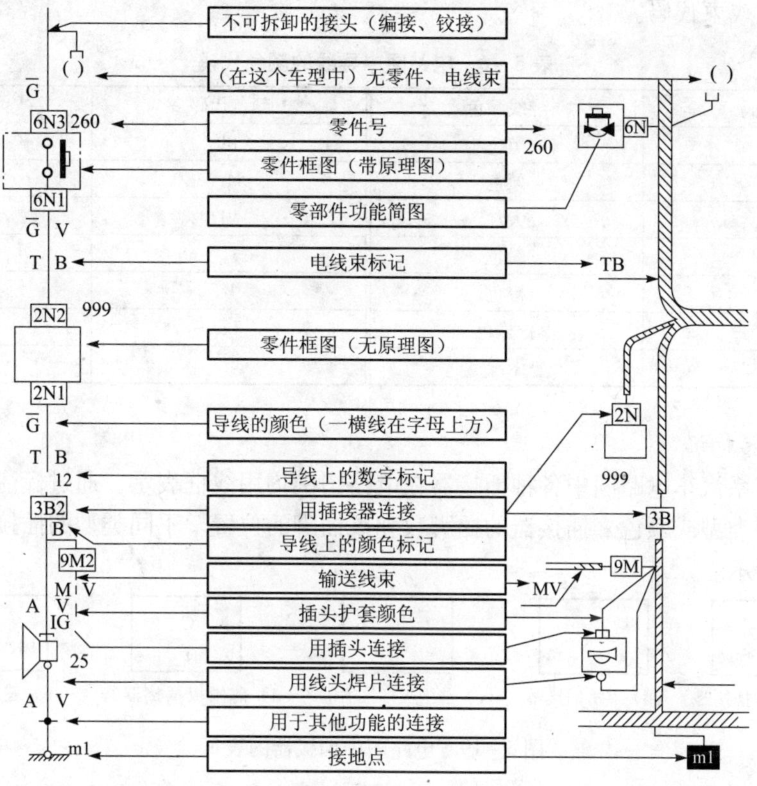

图 5-18 雪铁龙车系电路图标注方法示例

表 5-5 线束代号

线束代号	线束名称	线束代号	线束名称	线束代号	线束名称
AV	前部	MT	发动机	PP	乘客侧门
CN	蓄电池负极电缆	MV	电动风扇	RD	右后部
CP	蓄电池正极电缆	PB	仪表板	RG	左后部
EF	行李箱照明灯	PC	司机侧门	RL	侧转向灯
FR	尾灯	PD	右后门	UD	右制动蹄片磨损指示器
GC	空调	PG	左后门	UG	左制动蹄片磨损指示器
HB	驾驶室	PL	顶灯		

3）导线颜色标记

电路图中用字母代码标明各导线的颜色，导线的颜色代码如表 5-6 所示。

导线代码标注在该电路的左边，双色线则将表示两种颜色的代码分别标注在该电路的两侧，左侧代码表示导线底色，右侧代码表示条纹颜色。有的导线颜色代码字母上方加了一横杠，用于区别线束代码。

表 5－6　电路图中导线的颜色代码

颜色代码	导线颜色	颜色代码	导线颜色
N	黑色	Bl	湖蓝
M	栗色	Mv	深橙
R	大红	Vi	紫罗兰
Ro	粉色	G	灰色
Or	橙色	B	白色
J	柠檬色	Lc	透明
V	翠绿		

4）插接器标记

雪铁龙车系汽车电路图中各种插接器在电路图中均用线框表示，通过标注字母和数字来表示插接器的类型或颜色、插接器的插脚数和该插脚的位置。不同类型的插接器其表示方法如图 5－19 所示。

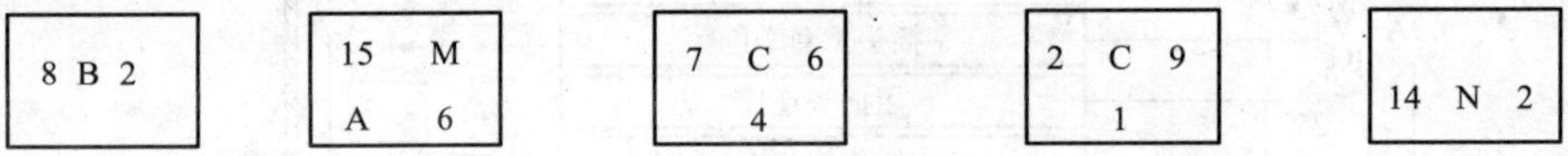

（a）单排插接器　（b）双排插接器　（c）前围板插接器①　（d）前围板插接器②　（e）圆脚插接器

图 5－19　电路图中插接器的表示

（1）单排插接器

单排插接器只有一排插脚或插孔，插接器及各插脚在电路图中的表示如图 5－19（a）所示，其标注说明如下：

- 左边的数字表示脚（孔）数，此例“8”表示该插接器有 8 脚（孔）；
- 中间的字母表示颜色，此例“B”表示该插接器为白色；
- 右边的数字表示第几号线，此例“2”表示是该插接器中的第 2 号线。

（2）双排插接器

双排插接器有两排插脚或插孔，插接器及各插脚在电路图中的表示如图 5－19（b）所示，其标注说明如下：

- 上排数字表示脚（孔）数，此例“15”表示该插接器有 15 脚（孔）；
- 上排字母表示颜色，此例“M”表示该插接器为栗色；
- 下排字母表示列数，此例“A”表示是该插接器中的 A 列；
- 下排数字表示第几号线，此例“6”表示是 A 列的第 6 号线。

（3）前围板插接器

前围板插接器位于风窗玻璃左下侧的车身内，用于前部线束和仪表板线束的连接，它共有 62 个插孔，如图 5－20 所示，由 8 个 7 脚接线板和两个 2 脚接线板与之连接。前围板插接器各插脚在电路图中的表示如图5－19（c）和图5－19（d）所示。

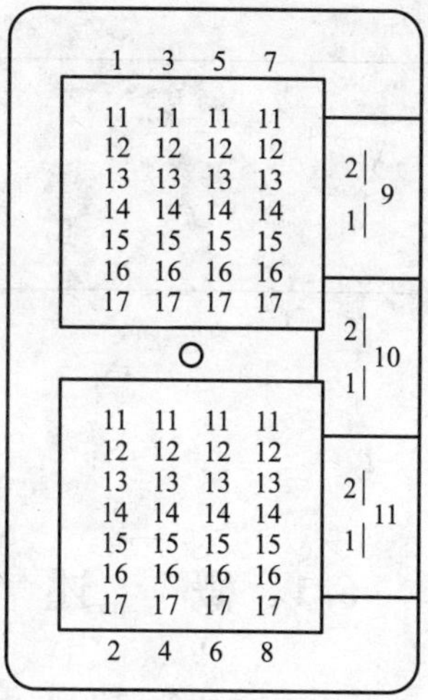

图5－20　62孔插接器排列

图5－19（c）的说明如下：

- 上排左边数字表示脚（孔）数，此例“7”表示该插接器有7脚（孔）；
- 上排中间字母“C”表示是前围板插接器；
- 上排右边数字表示组数，此例“6”表示是第6组插接器；
- 下排数字表示第几号线，此例“4”表示是该插接器的第4号线。

图5－19（d）的说明如下：

- 上排左边数字表示脚（孔）数，此例“2”表示该插接器有2脚（孔）；
- 上排中间字母“C”表示是前围板插接器；
- 上排右边数字表示组数，此例“9”表示是第9组插接器；
- 下排数字表示第几号线，此例“1”表示是该插接器的第1号线。

（4）圆脚插接器

该插接器位于发动机罩下左侧的熔断器盒内，用于前部AV线束与发动机MT线束的连接，呈黑色，插接器及各插脚在电路图中的表示方法如图5－19（e）所示，说明如下：

- 左边的数字14表示是14脚插接器；
- 中间的字母N表示插接器为黑色；
- 右边的数字表示第几号线，此例“2”表示是该插接器中的第2号线。

第6章

车载诊断系统

6.1 概　　述

车载诊断（On-Board Diagnostic，OBD）功能是汽车电子控制技术在汽车电控系统中的扩展和延伸。现代汽车在进行电控系统设计的同时，增设了可对自身故障进行诊断的功能模块，具有就车自诊断功能，即车载诊断功能。借助车载诊断功能可以实时监测汽车各个电控系统的工作情况，发现故障后及时发出故障信号并以故障代码的形式存储故障类型，同时自动启动汽车故障运行程序，这不仅可以向驾驶员和维修人员提供故障情况，便于检修；而且还可以保证汽车在有故障的情况下继续行驶到修理厂。

6.1.1　车载诊断系统的组成

车载诊断系统和其他电控系统一样也由 3 部分组成，即电控部分、输入元件、输出元件。电控部分由装在电控单元（ECU）内的故障诊断模块、存储器、监控回路等构成，输出元件由故障指示灯和故障诊断接口构成，其输入元件共用电控单元（ECU）的传感器，如图 6 -1 所示。

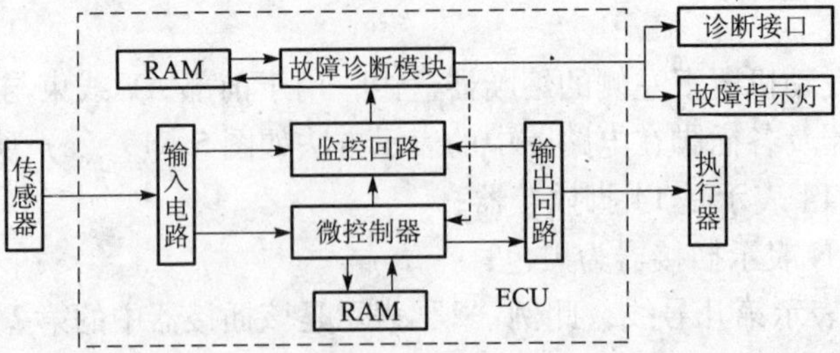

图 6 -1　车载诊断系统组成简图

6.1.2　车载诊断系统的工作原理

车载诊断系统监测的对象是汽车电控系统各传感器、电控单元（ECU）自身及各执行元件，故障诊断是针对上述3种对象进行的。在汽车运行过程中，某一传感器的输入信号、ECU输出信号或执行元件反馈信号，超出了预设范围值且这一现象在一定时间内不会消失，故障诊断模块便会判断这一信号对应的电路或元件出现故障，点亮仪表盘上的故障指示灯，并把这一故障以代码的形式存入内部存储器RAM。只要蓄电池保持向ECU供电，这些故障代码将一直保存在存储器中，以便维修时将故障代码从中读出，作为检修电控系统的依据。

1. 传感器故障诊断

在发动机运转时，如果传感器输入ECU的信号电压超出规定的范围，故障诊断模块即判定相应器件发生故障。例如，丰田车系水温传感器正常时，其输入信号电压在0.1～4.8 V范围内变化，若信号电压低于0.1 V（相当于水温高于139 ℃）或高于4.8 V（相当于水温低于－50 ℃）时，即判定为发生故障，将故障代码22存入存储器。

2. 电控单元（ECU）故障诊断

故障诊断模块的监控回路可以监视电控单元是否按正常的控制程序工作。在监控回路内设有监视时钟，可定时对电控单元进行复位，当电控单元发生故障时，程序不能正常执行，时钟不能使电控单元复位，造成溢出，据此可判断电控单元发生故障，将点亮故障指示灯并且存储故障信号，同时启动后备功能程序。

3. 执行元件故障诊断

在发动机运转过程中，电控系统按照发动机的工况不断地向执行元件发出各种指令，若执行元件不能正常工作，则由监控回路把故障信息反馈给故障诊断模块，故障诊断模块存储故障信息、发出故障信号并及时采取相应措施以确保发动机安全运转。例如，当发动机点火系的功率管工作异常时，监控回路就没有正常工作的确认信号反馈给电控单元，这时电控单元就会发出报警信号并向执行系统发出停止喷油指令，以防止点燃的混合气进入三元催化装置，造成该装置的损坏。

6.1.3　车载诊断系统的故障诊断过程

车载诊断系统的故障诊断过程包括故障的显示、故障码的读取和维修工作结束后故障码的清除。

1. 车载诊断系统故障的显示

当接通点火开关时，车载诊断系统进入工作状态。ECU首先运行初始化程序，并对系统进行自检，此时，故障指示灯会闪烁。发动机起动后，故障指示灯会熄灭。

车辆运行过程中，位于仪表盘上的故障指示灯点亮时，表明电控系统发生故障。常见的故障指示灯有发动机故障指示灯CHECK ENGINE、MIL，自动变速器故障指示灯O/D OFF、ABS警告指示灯ABS、安全气囊指示灯SRS等，如图6－2所示。

2. 车载诊断系统故障码的读取

车载诊断系统故障码的读取方法常见的有两种：一种是利用随车自诊断元件读取，即通过仪表板故障指示灯、发光二极管等读取，较老的车型多采用此法；另一种是利用故障诊断

图 6-2　常见故障指示灯

仪读取，即将故障诊断仪连接到诊断座上读取，大多数汽车生产厂商提供专用故障诊断仪，汽修设备厂商也生产通用故障诊断仪，现在几乎所有的车型都采用故障诊断仪读取故障码。

1）随车自诊断元件读取法

随车自诊断元件读取法俗称人工读取法。早期的电控系统在出现故障时，通过对自诊断系统部分元件的特定操作（如有规律地开关点火开关，或者短接诊断插座某端子），存储在 ECU 中的故障码可以通过故障指示灯闪烁显示。如果有多个故障信息，则按由小到大的顺序依次闪烁。其可以查阅维修资料获得故障码表示的故障，不同的汽车生产厂家和不同的车型其故障码含义不尽相同。由于此方法简便易行，修理成本低，不需要专门的诊断仪器，真正实现自诊断，现在许多汽车生产厂商在采用车外故障诊断仪诊断的同时，也保留此功能。

2）车外故障诊断仪读取法

故障诊断仪俗称解码器，是专门用于电控系统设置、检测、故障诊断的仪器，只要将其与汽车故障诊断接口正确连接，按其使用方法操作按键，就可以把汽车电控系统储存的各种信息提取出来。根据这些信息，维修人员可以查阅该车型的维修资料，准确、快捷地判断故障的类型和发生的部位；同时，还可以向汽车电控系统发出工作指令，对一些有疑问的信息加以质询或修正，进行静态或动态诊断。

3. 车载诊断系统故障码的清除

维修电控系统和处理故障后，一定要把储存在 ECU 中的故障码清除，以便其在今后的运转中记录、储存新的故障码。如果不及时清除原有的故障码，当电控系统再出现故障时，ECU 会把新、旧故障代码一起输出，容易造成不必要的诊断错误。

对于采用随车自诊断元件读取故障码的人工诊断方法，切断 ECU 的电源是清除故障码的基本方法。如丰田车系，断开点火开关后拆下 EFI 熔断丝或拆下蓄电池负极搭铁线 30 s 或更长时间。对于采用故障诊断仪读取故障码的诊断方法，按下故障诊断仪上的故障码清除键即可清除故障码。

6.1.4　车载诊断系统的发展历程

1976 年美国通用汽车公司推出了世界上第一个电子点火控制自动系统 MISAR，其具备了诊断功能。随着汽车电子控制技术的发展，故障自诊断技术不仅应用于发动机电子控制系统中，而且在自动变速箱 ECT、防抱死制动装置 ABS、安全气囊 SRS 等电子控制系统中广泛使用。自 20 世纪 80 年代开始，世界各汽车制造厂就在车辆上配备功能齐全的故障诊断系统。这时期的故障诊断系统是以加快故障诊断过程、缩短维修时间为目的设置的，这便是早期的 OBD 车载诊断系统。

到了 1985 年，美国加利福尼亚州大气资源局（CARB）开始制定法规，要求各车辆制造厂在加利福尼亚州销售的车辆必须装备 OBD 系统，这些车辆上配备的 OBD 系统被称为 OBD-Ⅰ（第一代车载诊断系统）。强制安装 OBD-Ⅰ的目的是减少车辆废气排放及简化维修流程，但是 OBD-Ⅰ不够严谨，遗漏了三元催化器的效率检测、油气蒸发系统的泄漏侦测及发动机是否缺火的检测。再加上 OBD-Ⅰ的检测线路敏感度不高，等到发觉车辆有故障再进厂维修时，事实上已经排放了大量的废气。OBD-Ⅰ除了无法有效地控制排放外，它还引起了另一个严重的问题：各汽车制造厂发展了自己的诊断系统、检修流程、专用工具等，给维修工作带来了许多问题。针对上述情况，1988 年美国汽车工程师协会提出了第二代车载诊断系统（OBD-Ⅱ）。

OBD-Ⅱ对排放系统的故障诊断，除了对元件进行完全失效诊断外，还要对由于老化、部分失效引起的排放超标进行诊断。OBD-Ⅱ真正实现了对在用车整个使用寿命范围内的排放控制。同时 OBD-Ⅱ使用统一的诊断标准，只要用一台仪器即可对各种车辆进行诊断检测，这为全球汽车维修检测提供了极大方便。1996 年美国环保局就规定以后生产的轿车和轻型卡车（载重在 6.5 t 以下）的电控系统都要求配置 OBD-Ⅱ系统。加拿大于 1998 年开始实施 OBD-Ⅱ系统。欧盟则从 2000 年开始逐步实施符合欧洲排放法规体系的车载诊断系统——EOBD 系统。

我国现行排放法规是根据欧盟相关标准套用改编而来的，其中对 OBD 的规定并未改变。目前，国产汽车电控系统基本是直接采用国外成熟产品，OBD 系统均是引进原车型的系统，国内对 OBD 领域的研究尚处于起步阶段。2006 年 12 月 1 日北京市率先实施国Ⅲ排放标准。2007 年 1 月 1 日广州市也开始实施国Ⅲ排放标准。为了满足国Ⅲ排放标准，国Ⅲ排放标准强制规定：新上市的所有 3.5 t 以下轻型汽油车必须安装 OBD 车载诊断系统。随着我国排放法规的不断提升，必将促使国产汽车电控系统及 OBD 系统的研发迈上一个新台阶。

6.2　OBD-Ⅱ车载诊断系统

6.2.1　OBD-Ⅱ车载诊断系统的特点

1. 故障诊断标准化

1）诊断插座标准化

OBD-Ⅱ诊断插座统一制成 16 端子插座，且统一在汽车仪表板的左下方横装或竖装，统一外形尺寸。其形状如图 6－3 所示，各端子的编号和用途如表 6－1 所示。

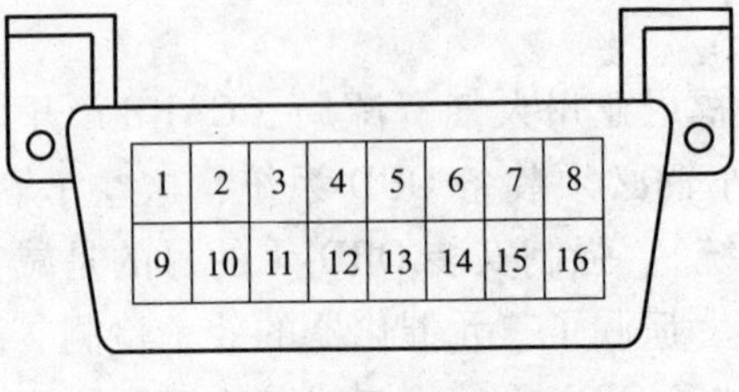

图 6-3 OBD-Ⅱ诊断插座

表 6-1 OBD-Ⅱ诊断插座端子的编号和用途

编号	用途	编号	用途
1	制造厂用	9	制造厂用
2	SAE-J1850 数据资料传输线	10	SAE-J1850 数据资料传输线
3	制造厂用	11	制造厂用
4	车身搭铁	12	制造厂用
5	信号回路搭铁	13	制造厂用
6	制造厂用	14	制造厂用
7	ISO-9141-2 数据资料传输线	15	ISO-9141-2 数据资料传输线
8	制造厂用	16	接蓄电池“+”极

2）数据资料传输标准化

OBD-Ⅱ采用两种通信协议标准传送数据信号：其一是 ISO——欧洲统一标准（ISO-9141-2），利用 7、15 脚传输资料；其二是 SAE——美国统一标准（SAE-J1850），利用 2、10 脚传输资料。

3）故障代码标准化

OBD-Ⅱ故障代码由 5 位数（字）组成，第 1 位为英文代码，第 2～5 位为数字代码。

（1）第 1 位字母——代表被检测的系统

B——车身电控系统；

C——底盘电控系统；

P——发动机变速器电控系统；

U——车载局域网系统。

（2）第 2 位数字——代表故障码定义权属

0 代表 SAE 定义的故障码；

1、2、3 代表各汽车制造厂自行定义的故障码。

（3）第 3 位数字——SAE 定义的故障范围，见表 6-2

表6－2　SAE定义的故障范围

编号	故　障　范　围	编号	故　障　范　围
1	燃料和进气系统故障	5	怠速控制系统故障
2	燃料和进气系统故障	6	ECU或执行元件系统故障
3	点火系统不良或发动机间歇熄灭	7	电控变速器控制系统故障
4	废气控制系统故障	8	电控变速器控制系统故障

（4）第4、5位数字——代表汽车故障码编号

部分发动机OBD-Ⅱ标准故障码见表6－3。

表6－3　部分发动机OBD-Ⅱ标准故障码

P0000～P0120	
P0000	没有故障
P0100	空气流量计线路不良
P0101	空气流量计不良（信号值错误）
P0102	空气流量计线路输入电压太低
P0103	空气流量计线路输入电压太高
P0104	空气流量计线路间歇故障
P0105	空气压力传感器线路不良或无信号输出
P0106	空气压力传感器系统电压值不正确
P0107	空气压力传感器输入电压太低
P0108	空气压力传感器输入电压太高
P0109	进气温度传感器线路间歇性不良
P0110	进气温度传感器线路间歇性不良
P0111	进气温度传感器线路连接故障（信号值错误）
P0112	进气温度传感器线路输入电压太低
P0113	进气温度传感器线路输入电压太高
P0114	进气温度传感器线路间歇故障
P0115	水温传感器线路不良
P0116	水温传感器线路连接故障（信号错误）：引擎发动20分钟以上，温度仍在30 ℃以下
P0117	水温传感器电压太低
P0118	水温传感器电压太高
P0119	水温传感器线路间歇故障
P0120	节气门传感器线路不良

2. 明确的排放针对性

1994年美国加利福尼亚州以立法的形式提出了利用车载诊断技术对排放控制装置实行故障监测的要求，使OBD车载诊断技术增加了新的内涵。OBD-Ⅱ扩大了诊断范围，增加了

对系统的诊断要求，完善了对发动机排放的监测。当车辆排放的碳氢化合物 CH、碳氧化合物 CO 和氮氧化合物 NO_x 或燃油蒸发污染量超过排放标准时，报警灯闪烁。即使车辆无任何实际行驶性能故障，排放异常时，报警灯也会闪烁。

6.2.2 OBD-Ⅱ增加的对排放系统的监测项目

1. OBD-Ⅱ对三元催化器失效的监测

在三元催化器上、下游分别装有一个氧传感器。ECU 通过比较两个氧传感器的输入信号就可以判断三元催化器的转化效率。在正常情况下，三元催化器上游的氧传感器输出用于控制喷油量的检测信号，下游氧传感器反映三元催化器对尾气的处理能力。上、下游氧传感器输入 ECU 的信号差值越大，说明三元催化器的尾气处理效率越高。如果上、下游氧传感器输入 ECU 的信号完全一样，说明三元催化器没有起任何作用。

2. OBD-Ⅱ对发动机失火的监测

失火是指混合器在气缸内没有被点燃，直接排入排气管，致使 HC、CO 排放增加，同时还会影响三元催化器的正常工作。发动机失火会导致发动机曲轴转速不稳。根据这一特性，发动机 ECU 根据发动机的曲轴转速传感器来监测发动机曲轴旋转平稳情况，判断失火的存在。在发动机相对稳定的运行状态下，如果从曲轴信号测得前后两次各转一周所需时间的差大于某一指定限值，则判断可能发生失火。

3. OBD-Ⅱ对燃油蒸发泄漏的监测

为了检测燃油蒸气控制系统的密封性，在普通的燃油蒸气控制系统中又增加了诊断空气泵。诊断空气泵既是执行器又是传感器。当系统处于诊断过程时，通过活性炭罐电磁阀将真空管与燃油蒸气系统隔绝，通过诊断空气泵对燃油蒸气系统加压，发动机 ECU 将检测燃油蒸气系统中的气体压力，从而判断系统的密封性能。

OBD-Ⅱ车载诊断系统的标准化，使现代汽车故障诊断和修理简化，使用一台故障诊断仪就可以对各种车型进行故障诊断，修理成本极大降低。OBD-Ⅱ车载诊断系统对排放的针对性，使汽车在整个使用期内实现对排放的实时监测。

6.3 典型汽车（丰田车系）车载诊断系统

1. OBD-Ⅱ在丰田车系中的应用

丰田车系从 1994 年开始采用 OBD-Ⅱ诊断系统，但有的车型还保留原有的故障诊断座。OBD-Ⅱ要用专用仪器读出故障码，但也可以通过跨接端子 5 和 6，借助故障警告灯的闪烁，人工读取发动机及自动变速器故障码。丰田（TOYOTA）OBD-Ⅱ故障诊断座的编号和用途见表 6－4。

表6-4 丰田（TOYOTA）OBD-Ⅱ故障诊断座的编号和用途

编号	用途	编号	用途
1	未用	9	未用
2	数据资料传输	10	未用
3	未用	11	未用
4	搭铁	12	未用
5	搭铁	13	未用
6	发动机及自动变速器故障码输出	14	未用
7	未用	15	未用
8	未用	16	电源“+”极

2. 丰田（TOYOTA）OBD-Ⅱ诊断模式

丰田汽车的自诊断系统有两种故障检测模式，即正常模式和试验模式。正常模式下读取故障码时，接通点火开关，但不起动发动机。试验模式下读取故障码时，起动发动机，以高于10 km/h的速度行车。与正常模式相比，试验模式探测故障的灵敏度更高，它可以检查出接头端子之间接触不良或配线之间瞬间断开等故障，而这类故障在正常模式下是很难检测出来的。而且，在正常模式下可以检测的项目在试验模式中都能检测出来。

3. 丰田车系（TOYOTA）使用OBD-Ⅱ故障诊断仪的诊断过程

① 关闭点火开关。

② 将OBD-Ⅱ故障诊断仪连接到仪表板左下方诊断座上。

③ 将点火开关转至ON，并接通OBD-Ⅱ故障诊断仪的开关。

④ 将OBD-Ⅱ故障诊断仪置于正常监测模式，读取故障码并记录。

⑤ 起动发动机，模拟车主描述的故障条件，读取故障码。注意，在检测过程中，一定要使点火开关始终位于ON位。

⑥ 利用OBD-Ⅱ故障诊断仪的各种功能按键，观察和分析故障参数。

⑦ 对失效元件进行检修并清除故障码。

⑧ 断开点火开关，拆下OBD-Ⅱ故障诊断仪。

4. 丰田车系（TOYOTA）OBD-Ⅱ发动机部分故障码表（见表6-5）

表6-5 丰田车系（TOYOTA）OBD-Ⅱ部分发动机故障码表

故障码	诊断内容
P0100	空气流量计电路故障
P0121	节气门位置传感器调整不合适

续表

故障码	诊 断 内 容
P0101	怠速时空气流量计电压大于2.2 V
P0125	发动机不能进入闭环控制状态
P0110	进气温度传感器电路开路或短路
P0130	主氧传感器电压一直偏低或偏高
P0115	水温传感器电路开路或短路
P0133	主氧传感器变动频率太低
P0116	发动机运转20分钟后，温度在30 ℃以下
P0135	主氧传感器加热器或电路短路
P0120	节气门信号电压低于0.1 V，大于4.9 V
P0136	发动机在负载状态下，副氧传感器电压偏高或偏低
P0141	副氧传感器加热器或电路短路
P0340	发动机在起动或运转中，凸轮传感器信号未送入ECU
P0150	后氧传感器电压偏低或偏高
P0401	发动机达到工作温度，车速在80 km/h以上，行驶3～5 min后，EGR温度低于40 ℃
P0153	后氧传感器变动率太低
P0420	催化器效果不佳
P0172	氧传感器电压高，混合气稀
P0500	无法取得车速信号
P0201	1缸喷油器电路不良
P0202	2缸喷油器电路不良
P0203	3缸喷油器电路不良
P0204	4缸喷油器电路不良
P0205	5缸喷油器电路不良
P0206	6缸喷油器电路不良
P1300	IGF或IGT点火信号不良
P1500	无起动信号

第7章

汽车局域网中的现场总线

7.1 概　述

7.1.1 现场总线的基本概念

1. 现场总线简介

现场总线是应用在生产最底层的一种总线型拓扑网络，进一步讲，这种总线是用作现场控制系统的，直接与所有受控（设备）节点进行相连的通信网络。由于许多受控设备和网络所处环境可能很特殊，对信号的干扰往往是多方面的，因而要求控制必须实时性很强。

现场总线控制系统既是一个开放通信网络，又是一种全分布控制系统。它作为智能设备的联系纽带，把挂接在总线上、作为网络节点的智能设备连接为网络系统，并进一步构成自动化控制系统，使系统成为具有测量、控制、执行和过程诊断等综合能力的网络。它是一项集控制、计算机、数字通信和网络于一体的综合技术。也可以说现场总线是控制技术与计算机网络技术二者的边缘产物。现场总线从规模上说，应属于局域网、总线型结构，它简单但能满足现场的需要。它要传输的信息帧都比较短小，要求实时性强、可靠性高。然而现场的环境干扰因素较多，有些很强烈且带有突然性，这就决定了现场总线有别于一般网络，是一个具有自己特色的新型领域。

2. 现场总线的发展

自20世纪80年代末以来，几种现场总线技术已经逐渐发展成熟，并在一些特定的应用领域显示出其影响和优势，如：可寻址远程变换器数据链路HART、控制器局域网CAN（Controller Area Network）、局域网互联LIN（Local Interconnect Network）、过程现场总线PROFIBUS（Process Fieldbus）和基金会现场总线FF（Foundation Fieldbus）。这些现场总线各具特色，对于现场总线技术的发展必将继续发挥各自的重要作用。

其中CAN总线和LIN总线是汽车电控系统中应用最广泛的两种总线。

3. CAN总线的发展

CAN的全称是“Controller Area Network”，即控制器局域网。CAN是国际上应用最广泛的现场总线之一。CAN最初出现在20世纪80年代末的汽车工业中，由德国BOSCH公司最先提出。当时，由于消费者对于汽车功能的要求越来越多，而这些功能的实现大多是基于电子操作的，这就使得电子装置之间的通信越来越复杂，同时意味着需要更多的信号连接线。这会导致电控单元针脚数增加、线路复杂、故障率增多及维修困难。提出CAN总线的最初动机就是为了解决现代汽车中庞大的电子控制装置之间的通信问题，减少不断增加的信号线。

CAN为控制器之间的通信，在汽车各电子控制装置ECU之间交换信息，形成汽车电子控制网络。现代汽车典型的控制单元有：电控燃油喷射系统（EFI）、制动防抱死系统（ABS）、防滑控制系统（ARS）、巡航控制系统（CCS）等。这些系统均采用单片机作为直接控制单元，用于对传感器和执行部件进行直接控制。每个单片机都是控制网络上的一个节点。一辆汽车不管有多少个电控单元，不管信息容量有多大，每个电控单元都只需引出两条线共同接在节点上，这两条线就称作数据总线（BUS），如图7－1所示。数据总线也称为BUS线。在国外，尤其是欧洲，CAN网络被广泛应用在汽车上。一汽大众汽车有限公司生产的宝来（BORA）轿车，已于2001年12月9日上市，该车融合了许多高新技术，在动力传动系统和舒适系统中装备了两套CAN数据传输系统。

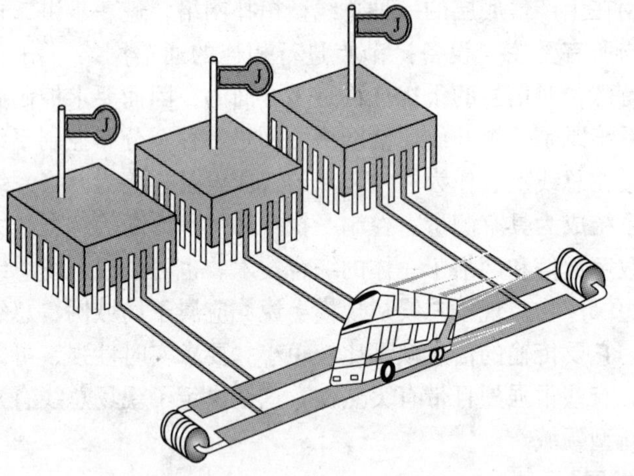

图7－1　CAN总线

7.1.2　CAN总线的特点及组成

1. CAN总线的特点

CAN总线将各个控制单元组合成一个整体，使所有信息都沿总线传输，与所连接的控制单元数及所涉及的信息量的大小无关，这就解决了随着新增信息量的加大，线路及控制单元上插头的数目不断增加的问题，并且使不同信息需要不同线路的问题也得以解决。

由于采用了许多新技术及独特的设计，CAN总线与其他的总线相比，具有突出的可靠性、实时性和灵活性。其主要特点可归纳如下。

① CAN 是到目前为止唯一具有国际标准且成本较低的现场总线。

② CAN 以多主方式工作。网络上任一节点均可在任意时刻主动地向网络上的其他节点发送信息，而不分主从，有极高的总线利用率。

③ 在报文标识符上，CAN 上的节点分成不同的优先级，可满足不同的实时性要求，优先级高的数据最长可在 134 μs 内得到传输。

④ CAN 采用非破坏总线仲裁技术。当多个节点同时向总线发送信息，出现冲突时，优先级低的节点会主动退出发送，而优先级高的节点可不受影响地继续传输数据，从而大大节省了总线冲突仲裁时间。尤其是在网络负载很重的情况下，也不会出现网络瘫痪的情况。

⑤ CAN 节点只需通过报文的标识符滤波即可以点对点、一点对多点及全局广播等几种方式传送/接受数据。

⑥ CAN 的直接通信距离最远可达 10 km；通信速率最高可达 1 Mb/s。

⑦ CAN 上的节点数主要取决于总线驱动电路。

⑧ 报文采用短帧结构，传输时间短，受干扰概率低，使数据的出错率降低。

⑨ CAN 的每帧信息都有 CRC 校验及其他检错措施，具有极好的检错效果。

⑩ CAN 的通信介质可选择双绞线、同轴电缆或光纤，选择十分灵活。

⑪ CAN 节点在错误严重的情况下，具有自动关闭输出的功能，以便总线上其他节点的操作不受影响，而且发送的信息遭到破坏后，可自动重发。

如前所述，各节点之间挂接在总线上，从而构成了多主机结构，即每一个节点都是一个主机，因而 CAN 是一种多主方式的串行通信总线。CAN 能够使用多种物理介质，如差分驱动平衡双绞线、单线（加地线）、光纤等。最常用的是双绞线。总线上的数据可具有两种互补的逻辑值之一：显性（主控）和隐性。“显性”表示为逻辑“0”，“隐性”表示为逻辑“1”。在 ISO 标准中总线上的电平如表 7－1 所示。如果总线上的两个控制器同时向总线上发送显性电平（主控电平）和隐性电平，则总线上始终是显性电平。

表 7－1　ISO 标准对电平值的定义

CAN		显性电平/V	隐性电平/V
高速 CAN	CAN－H	3.5	2.5
	CAN－L	1.5	2.5
低速 CAN	CAN－H	5	0
	CAN－L	0	5

在 CAN 总线中，以报文为单位进行信息传递且各节点使用相同的位速率。CAN 总线上任意两个节点之间的最大通信距离与位速率有关，表 7－2 所示为相关的数据。这里的最大通信距离指的是同一总线上两节点间的距离。

表 7-2　CAN 总线任意两个节点间的最大通信距离

位速率/kbps	1 000	500	250	125	100	50	20	10	5
最大距离/m	40	130	270	530	620	1 300	3 300	6 700	10 000

2. CAN 总线的组成

CAN 总线由一个控制器、一个收发器、两个数据传输终端及两条数据传输线组成。除数据传输线外，其他元件都置于控制单元内。控制单元功能不变，如图 7-2 所示。

1）CAN 控制器

CAN 控制器用于接收控制单元中微控单元传来的数据，对这些数据进行处理并将其传往 CAN 收发器。同样，CAN 控制器也接受由 CAN 收发器传来的数据，对这些数据进行处理并将其传往控制单元中的微控单元。

2）CAN 收发器

CAN 收发器将 CAN 控制器传来的数据转化为电信号并将其送入数据传输线，它也为 CAN 控制器接收和转发数据。

3）数据传输终端

数据传输终端是一个电阻器，其作用是防止数据在线端被反射，并以回声的形式返回。为了防止外界电磁波的干扰和向外辐射，CAN 总线将两条线缠绕在一起（双绞线），如图 7-3 所示。这两条线的电位相反，如果一条是 5 V，另一条则是 0 V，始终保持电压总和为一常数。通过这种方法，CAN 数据总线得到了保护，使其免受外界电磁场干扰，同时 CAN 总线向外辐射也保持中性，即无辐射。

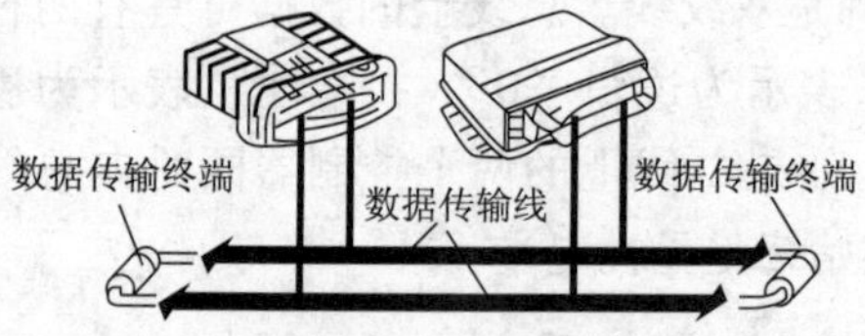

图 7-2　CAN 总线的组成

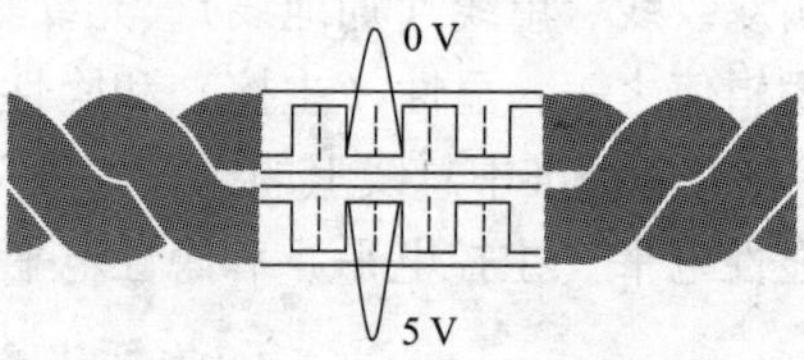

图 7-3　双绞线式 CAN 数据传输线

7.1.3　CAN 总线的传输原理与过程

1. CAN 总线的传输原理

如图 7-4 所示为电动汽车 CAN 总线系统原理框图。该总线系统由中央控制器、电池管理控制器、电机控制器、制动控制器、仪表控制器等组成。各个控制器之间通过 CAN 总线进行通信，以实现传感器测量数据的共享及控制指令的发送和接收等，并使各控制器的控制性能都有所提高，从而提高系统的控制性能。通信的信息类型为信息类和命令类。信息类主要是发送的一些信息，如传感器信息、诊断信息、系统的状态等；命令类主要是发送给其他执行器的命令。通信的主要内容如下。

① 车辆起动时的自检。中央控制器负责向各个模块发送自检命令，并收集各个模块的返回信息。通过分析、处理，及时发现问题并解决问题。

② 加速过程通信。加速操作时，中央控制器采集加速踏板信号，根据控制模式，通过 CAN 总线设置电机转速、电池管理参数等参数。

③ 制动过程通信。在制动过程中，制动踏板信号直接下传到制动控制器，同时通过 CAN 总线上传到中央控制器。中央控制器根据控制规划，通过 CAN 总线设置电机转速、电池管理参数等参数。

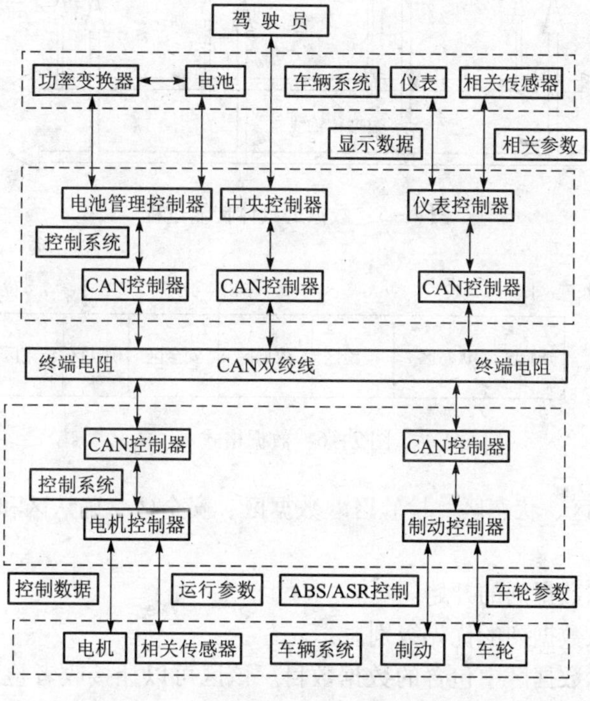

图 7－4　电动汽车 CAN 总线系统原理框图

④ 周期性数据刷新通信。电机控制器采集电机的电枢电流、电机转速等信息，判断是否缺相，接收设定转速；电池管理控制器采集电池温度、荷电状态等信息，接收是否充电的指令及充电门限系数；制动控制器采集车轮转速信息，接收并执行制动指令；仪表控制器采集并显示电机转速、车速、电池的荷电状态值等信息。

⑤ 运行过程监控。在车辆运行过程中，检测总线上数据帧的收发情况，及时发现总线异常，自动作出紧急处理，甚至向驾驶员发出警报。

2. CAN 数据总线的传输过程

CAN 数据总线的传输过程如图 7－5 所示，其具体传输过程如下。

① 提供数据。控制单元向 CAN 控制器提供数据用于传输。

② 发出数据。CAN 收发器从 CAN 控制器处接收数据，将其转化为电信号发出。这些数据以数据列的形式进行传输，数据列是由一长串二进制（高电平与低电平）数据组成，其格式如图 7－6 所示。

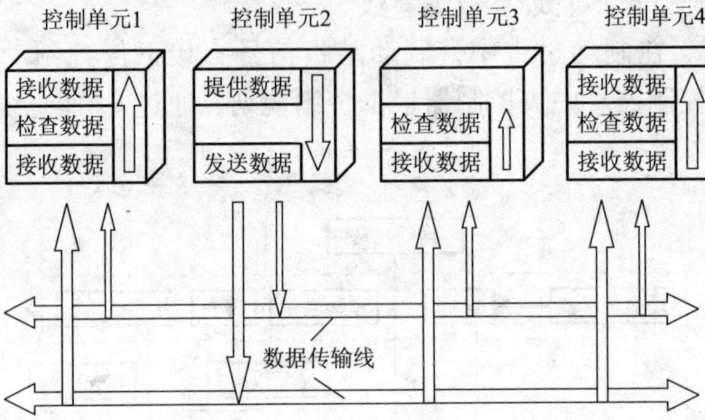

图 7－5　数据的具体传输过程

长度：1	11	6	最大64	16	2	7 位
开始区	状态区	检验区	数据区	安全区	确认区	结束区

图 7－6　数据格式

数据列包括开始区、状态区、检验区、数据区、安全区、确认区和结束区。各个区的作用如下。

- 开始区：标志数据列的开始。
- 状态区：确认数据列的优先级别。
- 检验区：显示数据区中包含的数据数目。该区可以让接收者检验其是否收到传输来的全部信息。
- 数据区：传给其他控制单元的信息，其大小由总线的宽度决定。
- 安全区：检验传输错误。
- 确认区：用于确认是接收者发给发送者的信息，用来告知已正确地收到数据列。
- 结束区：标志数据列的结束。

③ 接收数据。

④ 检验数据。控制单元对接收到的数据进行检测，确认是否是功能所需。

⑤ 认可数据。如果所接收的数据是重要的，它将被认可及处理，反之将被忽略。

7.2　汽车网络可用的传输介质

1. 双绞线

双绞线是由两根各自封装在彩色塑料套内的铜线扭绞而成的，如图7－7所示。扭绞在一起的目的是降低它们之间的干扰。多对双绞线之外再套上一层保护套就构成了双绞线电缆。

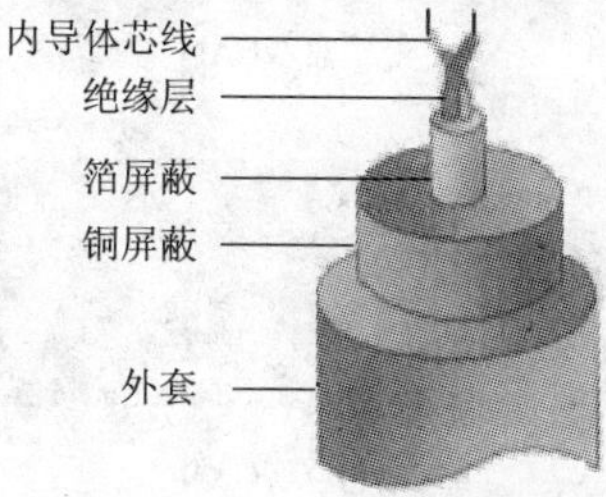

（a）双绞线结构示意图

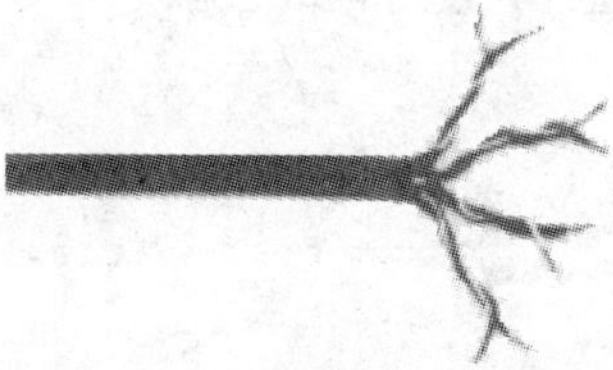

（b）非屏蔽双绞线

（c）屏蔽双绞线

图7－7　双绞线

双绞线分为屏蔽型（STP）和非屏蔽型（UTP）两类。STP是在UTP外面加上一层由金属丝纺织而成的屏蔽层构成的，以提高其抗电磁干扰能力。因此，STP抗外界干扰的性能优于UTP，但价格要比UTP贵。相互扭绞的一对双绞线可作为一条信息通路。

在汽车网络中，许多汽车制造厂都使用专用的双绞线。图7－8所示是一汽大众Golf车型中所使用的CAN总线。

2. 光纤

光纤是有线传输介质中性能最好的一类。它是一种直径为50～100 μm的柔软的传导光波的介质，一般由玻璃纤维和塑料构成。在折射率较高的纤芯外面，再用折射率较低的玻璃包层包住，就构成了一条光波通道，再在外层外面加上一层保护套，就构成了一根单芯光缆，如图7－9所示。

光纤传输数字信号是利用光脉冲的有无代表“1”和“0”的。典型的光纤传输系统如图7－10所示。在发送端，可用发光二极管（LED）或激光二极管（LD）等光电转换器件把电信号转换成光信号，再耦合到光纤中进行传输。在接收端，通过光电二极管（PIN）等器件进行逆变换，把光纤传来的光脉冲转换成电信号输出。

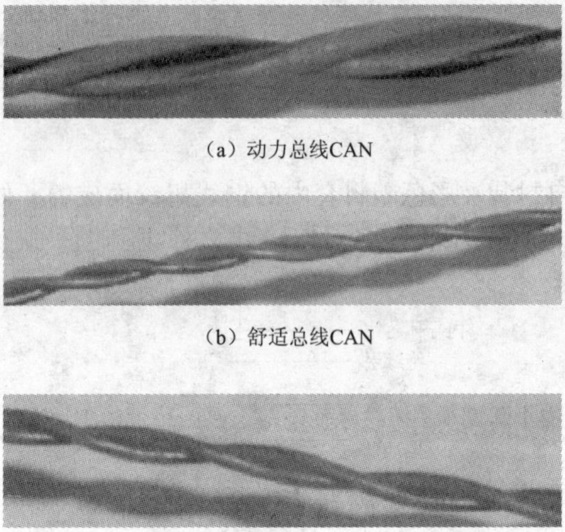

（a）动力总线CAN

（b）舒适总线CAN

（c）信息总线CAN

图 7－8　一汽大众 Golf 车型中所使用的 CAN 总线

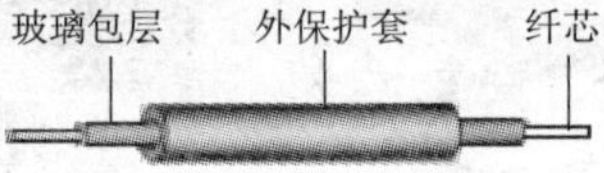

图 7－9　单芯光缆

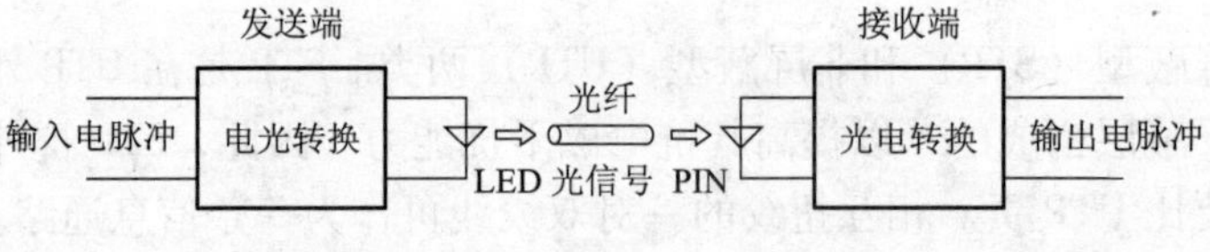

图 7－10　光纤传输系统

光纤以其抗电磁干扰能力强、信号传输速度快和音频响应好等优点，将逐渐取代传统的同轴电缆和双绞线。

3. 同轴电缆

同轴电缆如图 7－11 所示。电缆的中央是一条单根的铜导线，其外部被一层绝缘材料包围，在绝缘层的外部是一个网状金属屏蔽层。网状金属屏蔽层既可以屏蔽噪声，也可以作信号的地线，最外面一层是塑料封套。

4. 无线电

值得一提的是短程无线通信标准——蓝牙（Bluetooth）技术。它在汽车中的实现，使汽车网络更加丰富多彩。

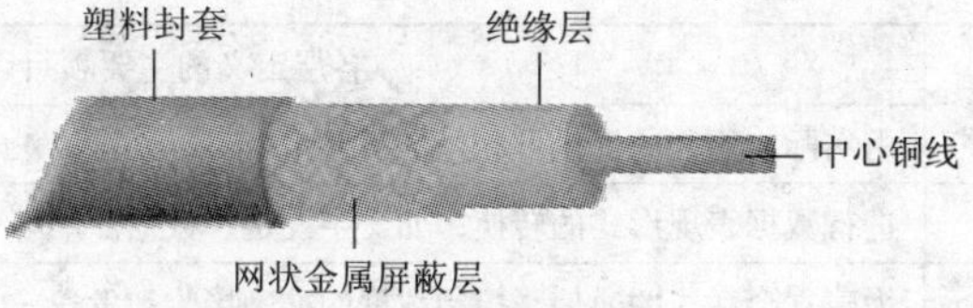

图7－11　同轴电缆

蓝牙技术是一种无线数据与语音通信的开放性全球规范，它将取代目前的多种电缆连接方式，以低成本的近距离无线连接为基础，使各种电子装置在无线状态下相互连接并传递数据。

应用蓝牙技术，可以通过嵌入在电子装置上的一个写有程序的微电子芯片，使所有相关设备在有效范围内完成交换信息、传递数据等工作，从而省去那些将移动电话、个人信息处理系统及其他一些电子设备互相连接的电缆装置。

7.3　CAN 协议

7.3.1　CAN 协议的基本概念

CAN 网络结构如图 7－12 所示。CAN 协议涵盖了 ISO 规定的 OSI 基本参照型中的传输层、数据链路层及物理层的协议，如表 7－3 所示。

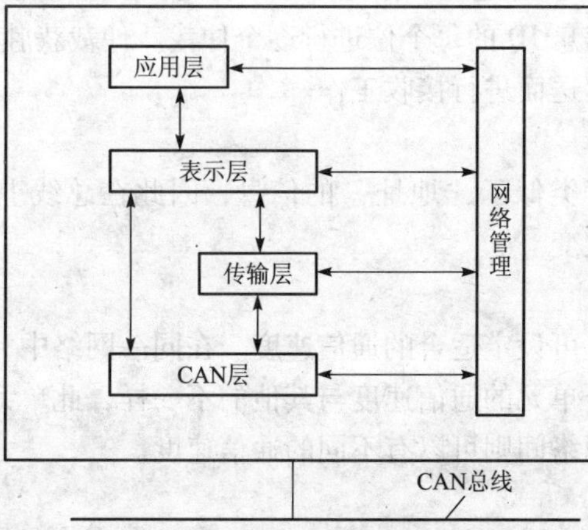

图7－12　CAN 网络结构图

表 7-3 ISO/OSI 基本参照模型

ISO/OSI 基本参照模型		各层定义的主要项目
软件控制	7 层：应用层	由实际应用程序提供可利用的服务
	6 层：表示层	进行数据表现形式的转换，如文字设定、数据压缩等
	5 层：会话层	为建立会话式的通信，控制数据的准确接收和发送
	4 层：传输层	控制数据传输的顺序、传送错误的恢复等，保证通信的品质，如错误修正等
	3 层：网络层	进行数据传送的路由或中继，如单元间的数据交换、地址管理
硬件控制	2 层：数据链路层	将物理层收到的信号（位序列）组成有意义的数据，提供传输数据。传输数据控制流程，如访问方式、同步方式等
		包（帧）构成位的调制方式
	1 层：物理层	规定了通信时使用的电缆、连接器等媒体及电气信号规格等，以实现设备间的信号传送，如信号电平、收发器等的形态

7.3.2 CAN 协议的特点

（1）多主控制

在总线空闲时，所有的单元都可以开始发送信息。最先访问总线的单元可获得发送权。多个单元同时开始发送时，发送优先级高的单元可获得发送权。

（2）信息的发送

在 CAN 协议中，所有的信息都以固定的格式发送。总线空闲时，所有与总线相连的单元都可以开始发送新信息。两个以上的单元同时开始发送信息时，根据标识（ID）决定优先级。ID 并不是表示发送的目的地址，而是表示访问总线的信息的优先级。两个以上的单元同时发送信息时，对各信息 ID 的每个位进行逐个仲裁。仲裁获胜的单元可继续发送信息，仲裁失利的单元立刻停止发送而进行接收工作。

（3）系统的柔软性

与总线相连的单元没有类似于“地址”的信息，因此在总线上增加单元时，其他单元的软件及应用层都不需要改变。

（4）速度

根据整个网络的规模，可设定适合的通信速度。在同一网络中，所有单元必须设定成统一的通信速度。即使有一个单元的通信速度与其他的不一样，此单元也会输出错误信息，妨碍整个网络的通信。不同网络间则可以有不同的通信速度。

（5）远程数据请求

可通过发送“遥控帧”请求其他单元发送数据。

（6）错误检测、错误通知、错误恢复功能

所有的单元都可以检测错误，检测出错误的单元会立即通知其他所有单元，正在发送信息的单元一旦检测出错误，会强制结束当前发送。强制结束发送的单元会不断重新发送此信息直到成功发送为止。

（7）故障封闭

CAN 可以判断错误的类型是总线上暂时的数据错误，还是持续数据错误。判明错误时，可将引起此故障的单元从总线上隔离出去。

（8）连接

CAN 总线是可以同时连接多个单元的总线。可连接的单元总数理论上是没有限制的，但实际上可连接的单元受总线上的时间延迟及电气负荷的限制。降低通信速度，可连接的单元数增加；提高通信速度，可连接的单元数减少。

7.3.3　CAN 协议与标准

CAN 协议经 ISO 标准化后有 ISO11898 标准和 ISO11519－2 标准两种。ISO11898 标准和 ISO11519－2 标准对于数据链路层的定义相同，但对物理层的定义不同。

1）关于 ISO11898 标准

ISO11898 标准是通信速度为 125 Kbps ～ 1 Mbps 的 CAN 高速通信标准。目前，ISO11898 标准追加新规约后，成为 ISO11898－1 新标准。

2）关于 ISO11519－2 标准

ISO11519－2 标准是通信速度为 125 Kbps 以下的低速通信标准。ISO11519－2 标准是 ISO11519－1 追加新规约后的版本。

CAN 协议的物理层定义了 3 个子层，ISO11898 和 ISO11519－2 在物理层中的 PMA 和 MDI 层有所不同。

不仅 ISO，SAE 对 CAN 协议进行了标准化，其他的组织、团体、企业也对其进行了标准化。基于 CAN 的各种标准，如面向汽车的通信协议以通信速度为准进行分类。

CAN 协议和标准如表 7－4 所示。

表 7－4　CAN 协议和标准

名　称	波特率	规　格	适 用 领 域
SAE J1939－11	250 Kbps	双线式、屏蔽双绞线	卡车、大客车
SAE J1939－12	251 Kbps	双线式、屏蔽双绞线、12 V 供电	农用机械
SAE J2284	500 Kbps	双线式、双绞线（非屏蔽）	汽车（高速：动力、传动系统）
33.3 K、83.3 K	单线式	汽车（低速：车身系统）	

参 考 文 献

[1] 董宏国，廖苓．汽车电路分析．北京 ：北京理工大学出版社，2006.
[2] 麻友良．汽车电路构成与阅读理解．北京：人民交通出版社，2005.
[3] 周建平．汽车电气设备构造与维修．北京：人民交通出版社，2005.
[4] 张宪等．怎样看轿车电路图．北京：国防工业出版社，2003.
[5] 王可才．汽车电器原理与维修．北京：国防工业出版社，1999.
[6] 任成尧．汽车电工与电子基础．北京：人民交通出版社，2005.
[7] 关秀君．汽车单片机及局域网技术．北京：人民交通出版社，2005.
[8] 高洪一，康国．汽车电子技术．北京：北京交通大学出版社，2007.